法律学講座双書
債権各論

Ⅰ上 契約総論

平井宜雄著

弘文堂

　　　　は　し　が　き

　なによりもまず読者にお断りすべきなのは、本書の内容が基本的にはほぼ10年前に執筆されたままである、という点である。そのようなものを、しかも今になって、刊行する理由は、後述のように私のみに責めがある全く個人的な事情に由来するものであるけれども、ともかくその結果として、この間に発行された契約法の体系書の記述や膨大な量にのぼるであろう契約法についての研究論文の成果が本書にほとんど反映されていない、というのが冒頭でお断りをしたい点なのである。無論、刊行に際しては多少手を加え、気付いたかぎりでの判例の変更や追加をしたし、契約法に関する立法や改正についても全く気を配らなかったわけではない。しかし、本書の内容が基本的には10年前のままであることを明らかにして読者のご了解を得るとともに、そのような内容のものを刊行することを幾重にもお詫びしたい、というのが私の今の気持ちである。私としては、本書の内容が契約法の基礎理論を扱ったものであって、その理論についての評価はともかく、これまで論じられてきたものと必ずしも同じではない、という点をせめてもの言い訳にできるならば、大変有り難いと願っている次第である。

　今述べたように、本書は契約法の基礎理論を扱うものであるけれども、「契約総論」と題されている。一般に、「契約総論」とは契約総則についての解説をするものだと解されているが、ここにいわゆる「契約総論」とは、契約総則のみを叙述の対象とするという意味ではなく（むしろ本書では、契約総則に属する規定の意味は現実の取引の上で大きくないことが強調されている）、契約法またはそれに関する学問的活動である契約法学（以下、両者を併せて契約法と言う）の基礎理論についての叙述を大幅に含んでおり、したがって契約法の基礎理論という講学上の概念を意味するものとして用いられている。誤解を招きかねない題名をあえて用いたのは、契約法においては、条文の解説よりも基礎理論がとくに重要だと考えるからである。その理由はこうである。

私は長年にわたって大学で民法の講義を担当してきたが、とくに契約法の講義を担当したとき、私の頭にいつも去来したのは、取引界における現実を知らないままに、それと大きく遊離した内容を学生に伝えているのではないか、という不安感であった。第一線の契約実務家（いわゆる企業法務部に属する方々）の多くから、「契約法の体系書など参考にならないから読んだこともない」と言われたことも、この不安感を増幅させた。というのは、取引ではその目的に応じて各種の法律的手段が組み合わされて用いられるのが常であり、契約法の講義の中心である典型契約に関する規定は、それら無限の形態を生み出している取引のごく一部を扱うものに過ぎず、それを講義しても意味が少ないのではないか、という思いに、いつもとらわれていたからであり、実務家の発言はそれを裏書きしているように感じられたからである。さりとて、典型契約の規定の解説に重きを置く代りに、判例中心の講義をしてみても、主として経済的価値の取得を目的とする取引における紛争は、たとえば不法行為法上の紛争と異なり、取引主体の経済的考慮（いわゆる費用便益の計算）に従って処理されることが多いであろうから、訴訟に現れることなく解決されるのが一般であり、したがって判例に現れた事案は、取引界の中心的問題点を示すものでなく、周辺的かつ特異なものではないか、取引の中心的問題点が何かを判例から得るのは不可能ではないのか、という、また別の不安感が湧き起こってくる。そのような不安感を解消するには、取引界の実態を調査し、そこから法規範を構成して現実に即した契約法を示すことが1つの方法である（来栖三郎『契約法』は、まさにこれを意図したものであったと思われる）。しかし、契約法のルールは経済活動の法的枠組みないし法的表現形態の1つであり、そして経済社会は景気の変動や政治の動向に応じて常に変化するものであって、取引もそれに応じてただちに変容する。したがって、いくら取引の実態を調査しても（調査それ自体も多大の時間と費用とを要し、多くの契約法の研究者や教師にとっては不可能であろう）、それによって得られた知見はすぐに「陳腐化」するであろう（来栖前掲書における苦心の実態調査をこのように評するのはまことに心苦しいが、たとえば経済社会と最も密接に関連する研究分野である組織理論における学説の盛衰を見ると、こう言わざるをえないのではないかと思われる）。この結果、取引の実態調査によって契約法の現実を説こうとする試みも、必ずしも上記の不安感の解消に役立

つものではないのである。もちろん、このほかに、各種の契約書の書式や約款例を活用することにより取引の現実に迫るという方法も十分な考慮に値する（北川善太郎『現代契約法』は、このような方法を採用した労作である）。しかし、書式や約款が用いられている取引は、日常的に繰り返されかつ定型化された取引であるものが多く、それに重点を置きすぎると、現在における重要な取引形態（たとえば、本書が「組織型契約」と呼ぶもの）を見逃すことになるのではないかというおそれがないではない。以上要するに、民法の当該部分の規定の解説やそれに関する判例法理の整理・抽出という、他の分野（たとえば債権総論や不法行為）における伝統的な記述方法は、取引の現実に即した法理を示そうと意図するかぎり、契約法においては不適切であり、取引の実態調査や契約書を素材とする等の工夫もまた適切とは思われない、というのが現時点における私の結論である。そうだとすると、上記した不安感を少しでも減じる契約法とは、取引界の現実を探求するのに役立つような、そしてそれによって中心的な取引とその法律問題の所在を示すことができるような、「理論」の構築によってしか基礎づけられないのではないか、という考えに導かれる。本書が契約法の再定義（すなわち「特定人間の権利義務の設計を任務とする契約法」）を試み、それからの帰結として、契約の解釈の基準の明確化の必要性および具体的基準の提唱・市場型契約と組織型契約という概念化・契約総則の限定的機能の指摘・権利義務設計の道具の1つとしての典型契約の役割の位置づけ等々というような、伝統的な契約法の体系書ではほとんどあるいは全く言及されていない理論的問題の論及に力を注いだのはこのためである。「契約総論」と題された本書は、このような意味での契約法の基礎理論を示そうとするものである。

　基礎理論に重きを置くことにより本書が強調したいのは、契約法を扱う法律家が他の分野よりも一層、創造力および想像力を必要とする、という点である。「契約自由の原則」の下にある契約法では、契約の目的を達成するのに最も適した権利義務関係をどのように設計するかは、原則として、すべて当事者の創意工夫、つまり創造力に委ねられている。そして、そのような権利義務関係を巡って将来どのような紛争が起きると想定されるか、それに対処するためにはいかなる法律論を構築すべきか、その根拠となるべき契約書の条項をどのよう

に表現しておくべきか、紛争が訴訟に発展すれば、それらの条項はいかに解釈されると予想されるか、というような問題点は、すべて想像力を要求する。ところが、「契約」の章に属する規定の解釈や判例にいくら通じていても、これらの問題点に解答を与えることはできない。権利義務関係を設計するには「契約」の章に属する規定だけでは足りないし、また、過去に生じた法律問題をどんなに調査し集積してみても、激しく変動する経済社会が解決を迫られるであろう全く新しい法律問題をそれによって解くことはできないからである。しかし、「理論」はそれを可能にする。少なくともその解決へのヒントを示唆してくれる。それは抽象的な命題から成り立っているものではあるけれども、たとえば、契約法の特質は何か、その任務とは何か、というような基本的な問題を考えさせ、誰も論じていないが将来生じるかもしれない法律問題を想像し・発見する洞察力を与え、これまで考えもしなかった未知の法律問題に直面した法律家に解決の手掛かりを提供する。そしてそれこそが、契約法の基礎理論の役割であり（以上は理論一般について述べたものであって、本書がそのような「基礎理論」を提供し得たと思っているわけではもちろんない）、基礎理論の示唆するこれらの刺激に敏感に反応する能力がまさに契約法に携わる法律家に必要な資質ではないかと私は考える。これまで、わが国の法律家（とくに法曹資格を有する者）は、専ら訴訟に関心を払い、「訴訟になるとすればかくかくの法律問題が生じる」というような発想を基本として仕事をしてきたために、契約法においても規定の解釈や判例の研究が関心の中心であったように思われるけれども、契約に関する紛争における訴訟の機能が重要なのかについて疑問が抱かれるとすれば、このような発想は法律家に多くを与えないであろう。むしろ、当事者が取引によっていかなる財を得るのが目標なのかを正確に分析し・認識した上で、その法的枠組みたる契約上の権利義務関係を、規範の適用に携わる者としての任務と役割とに立脚しつつ、創造力および想像力によって、当該目標に適うように設計するという仕事こそ、今後の法律家が取り組むべきものでなければならない。本書が基礎理論に重点を置くことに努めたのは、このような法律家像を念頭に置き、それを実現したいと願っているからである。

本書は、本「法律学講座双書」における私の他の著書とは叙述の仕方におい

てやや修正されている。それは、要件および効果を記述する根拠を少し変えた点と立証責任への言及を止めた点とである。20数年前、私が本双書の1冊として『債権総論』（初版、1985年）を著した当時、当該制度や関連する規定の要件および効果を明確に列挙するという記述の仕方を採用していた体系書はほとんど存在しなかった。もちろん、要件および効果という語を用いて叙述するのは法律学の体系書一般の伝統である。しかし、対象たる当該権利義務関係を生じさせるのに必要不可欠な規範命題（規定だけでなく具体化され特定化された命題を含む）とは何かということを明確に意識して書かれた体系書を見いだすのは、その当時では難しかった。むしろ、それとは逆に、たとえば、「効果のほうが重要であるから、適切な効果を導くように要件を構成すべきである」とか、「要件・効果が何かを考えるのは読者に委ね、どのような場合に問題となる制度または規定であるかについてのイメージを与えるのが重要である」とかというような発想が支配的であり、そのせいか、要件および効果に関する記述（とくに要件）は、上記の視角から眺めるならば、満足すべきものではなかったように思われる。しかし、私の考えるところによれば、要件および効果に関する規範命題、とくに要件は、混沌たる事実関係に直面する法律家が、それらの中から法律的に意味のある事実とそうでない事実とを振り分けるための不可欠の道具であり、振り分けられた法律的に意味のある事実のみを、共有された規範命題に包摂させ、その命題の定める帰結に導くことにより問題を解決するという、規範の運用に携わる者特有の思考様式の核心を成すものであって、要件を分析し、それを明確に命題化することこそ体系書の行うべき基本的作業である。十分とは言えないまでも、私が要件の記述に若干の努力を費やしたのは、そのためである（ところが、このような記述方法に対し「概念法学である」という非難が浴びせられたのはまことに意外であったが、それは、上記の思考様式が当時のわが国の民法学界にいかに根付いていなかったかを示すものであろう）。このように実体法上の要件を明確に記述するとすれば、その当然の帰結として、訴訟上の紛争となった場合にそれら実体法上の要件につき当事者のいずれが立証責任を負うか（これも当時の実体法の体系書では全く論じられていない問題であった）、という点を意識せざるを得ない。そこで前著では、要件事実教育のような専門的な分野に立ち入るものではないと断った上で、立証責任についても入門的事項

につき簡単に言及することにした。本書も、前著と同様、要件および効果を明確に示すことに力点を置いたけれども、すでに一言したように、典型契約の規定を契約上の権利義務を設計する道具の1つにすぎないと位置づけ、かつ訴訟において典型契約に関する規定の解釈が争われても、その意味が乏しいと考える以上、要件を扱う根拠についての考え方を修正すべきだと思われる。すなわち、典型契約の各規定の要件および効果は、取引における一定の目標を達成すべき権利義務関係を作り出すにはそれらの規定をどのように利用すべきか、という角度からこれを記述するよう努めることにした。要件および効果の記述に関心を持つと思われる体系書は以前よりも増えてきたような感を受けるけれども、まだ必ずしも十分に分析した上での記述ではないと思われるものも散見されるし（たとえば、「相殺の要件」と別個に「相殺の方法」を説く体系書も未だに見受けられる）、目下続々と出版されている各種の体系書または教科書のほとんどは、読者の興味をひくことや分かりやすさを追求するためか、この点の記述を全く欠いているように私の眼には映る。したがって、要件および効果を明確に記述することは現時点でもまだ多少の意味を持つかもしれない。しかし、とくに法科大学院制度の発足以来、要件事実教育は、あたかも「理論」と「実務」を「架橋」する代名詞のようになり、授業科目中に取り入れられる状況に至ったので、個別の体系書中で立証責任一般を論じることは意味を失ったし、また、典型契約の規定を前記のように位置づける以上、いかに簡単であるにせよ、個々の規定の立証責任に言及する理論的必要性も失われたと思われるので、立証責任についての記述は一切これを省略した。記述方法を修正したと述べたのは、以上の理由に基づくものである。

冒頭で述べたように、本書の刊行がこれほどまでに遅れたのは、私の健康状態という全くの個人的事情の故である。私は10年ほど前に、それまで長年にわたって勤務していた東京大学を定年により退職したが、在職中に本書を是非とも刊行したいと考えて雑務の中で執筆に努力した。ところが、定年を迎える前後の時期から私は著しい体調不良を覚えるようになり、それからの6～7年間に、5回も入退院を繰り返す羽目に陥った。とくに悪性腫瘍の全部摘出という大手術は、もともと頑健でない私の体力を決定的に奪い、それ以降は講義を終

えると横臥するだけという日々が続くようになった。その上、これも全く個人的な事情であるけれども、同大学退職後の数年間で私は3回も研究室の引っ越しを経験した。とくに最後の引っ越しは、手術の後であったため、書物等の入った段ボール箱を開くことすら体力的に不可能となり、いまでも私の研究室には未開封の箱が雑然と山のように積まれている。このような事情のために、これも冒頭でお断りしたとおり、本書の資料として集めた各種の文献の所在も不明となってしまい、本書の執筆に生かすことができなくなってしまったのである。それでも私は「債権各論Ⅰ」として債権法の残り全部を1冊の形で刊行すべく私なりに努力したのであるが、それにこだわって時を過ごせば、私の研究者生命はもちろん「生物学的」生命までも危うくなる。そうなれば、このような本でも刊行を待って下さったかもしれない読者の方々、それに弘文堂編集部の皆さん、とりわけ、病後の私をいつも気遣い、温かく励まして下さった清水千香氏には大変申し訳ない事態になる。こう考えた末、「債権各論Ⅰ」を上下巻に分けることへのご了解を得て、ここに「契約総論」に当たる部分を上巻として刊行する運びとなった次第である。時期遅れの、しかもこのような内容となったものを今になって世に送り出すのには、まことに忸怩たるものがあるが、もし読者のご理解を得られるならば、私の大きな喜びである。

　本書が世に出るのは、ひとえに今お名前をあげた清水千香氏のお陰である。同氏は、この長い年月、本書の刊行を辛抱強く待って下さり、そのために、言い尽くせないほどの大きな努力を払って下さった。最後になったが、改めて心から厚く御礼申し上げたい。

　　　平成20（2008）年6月

　　　　　　　　　　　　　　　　　　　　　　　　　　平　井　宜　雄

目　次

第1章　序　説

第1節　債権各論の意義と同総論の地位 …………………[1〜6]……… 1
1　債権各論の意義 …………………………………………… 1
2　債権の発生原因 …………………………………………… 2
(1) 民法の定める債権発生原因の分類(2)
(2) その他の債権発生原因(4)

第2節　総論と各論との関係 ……………………………[7〜27]……… 5
1　総則性の不徹底と各論の役割 …………………………… 5
(1) 債権総則の総則性(5)　(2) 契約総則の総則性(6)
2　損害賠償債権の地位——請求権競合 …………………… 8
(1) 請求権競合の意義(8)　(2) 請求権競合問題の具体的意味(10)
(3) 学説(13)　(4) 判例(16)　(5) 評価(17)

第3節　『債権各論Ⅰ』の構成 …………………………[28〜28a]…… 24
1　債権各則における契約の重視 …………………………… 24
2　本書の構成と叙述の順序 ………………………………… 24

第2章　契約の概念

第1節　契約の意義および機能 …………………………[29〜36]…… 27
1　契約の意義 ………………………………………………… 27
2　契約の機能 ………………………………………………… 28
(1) 契約と市場機構(28)　(2) 市場の変化と契約(29)
3　本書の対象たる契約 ……………………………………… 33

第2節　契約法と契約法学 ………………………………[37〜70]…… 34
1　契約法学の地位 …………………………………………… 34
(1) 契約の重要性と伝統的契約法学(34)
(2) 今後の契約法学の方向(36)

　　2　契約上の紛争と訴訟 ……………………………………………… *41*
　　　　(1) 契約上の紛争が訴訟に転化する諸条件(*41*)　(2) 仮定の帰結(*42*)
　　3　和解――紛争解決のための契約 ………………………………… *44*
　　　　(1) 意義(*44*)　(2) 要件(*47*)　(3) 効果(*50*)

第3節　契約の分類 ………………………………………〔71〜80〕……… 56
　1　「契約」の章の規定による分類 ………………………………… *56*
　2　その他の分類 ……………………………………………………… *59*

第3章　契約上の権利義務

第1節　総　　説 …………………………………………〔81〜87〕……… 69
　1　本章の位置 ………………………………………………………… *69*
　2　「契約自由の原則」 ……………………………………………… *70*
　　　　(1)「契約自由の原則」の意義(*70*)
　　　　(2)「契約自由の原則」の「制限」(*73*)

第2節　契約の解釈 ………………………………………〔88〜144〕……… 76
　1　契約の解釈の意義とその重要性 ………………………………… *76*
　　　　(1) 契約の解釈の意義に関する対立(*76*)
　　　　(2) 契約の解釈の重要性(*78*)
　2　契約の解釈の基礎理論 …………………………………………… *80*
　　　　(1) 契約の解釈の意義(*80*)
　　　　(2) 契約の解釈の基本的要件・効果および範囲(*84*)
　　　　(3) 契約の解釈の種類(*87*)
　3　契約の解釈に関する具体的基準 ………………………………… *91*
　　　　(1) 基準の意義(*91*)　(2) 本来的解釈とその基準(*92*)
　　　　(3) 規範的解釈とその基準(*102*)
　4　契約の解釈に関する諸基準の適用順序 ………………………… *114*
　5　継続的契約の解釈 ………………………………………………… *114*
　　　　(1) 継続的契約（とくに組織型契約）の解釈の重要性(*114*)
　　　　(2) 継続的契約の解釈の基礎理論(*115*)
　　　　(3) 組織型契約の解釈の具体的基準(*118*)

第3節　契約上の権利義務の発生 〔145〜220〕 125

1. 総説 125
2. 契約準備段階の権利義務 126
3. 交渉により生じる権利義務 136
4. 契約の成立 144
   (1) 総説(144)　(2) 申込と承諾による成立(149)
   (3) 交渉による成立(163)　(4) その他の態様による成立(170)
5. (付)——懸賞広告 174
   (1) 総説(174)　(2) 懸賞広告の意義および要件・効果(176)
   (3) 懸賞広告の撤回(177)　(4) 優等懸賞広告に関する特則(177)

第4節　契約上の権利義務関係 〔221〜272〕 178

1. 総説 178
   (1) 契約上の権利義務関係一般と民法の規定(178)
   (2) 権利義務関係の設計の手法(178)
   (3) 契約上の権利義務関係に関する基本原則(182)
   (4) 基本原則に対する例外——第三者のためにする契約(183)
2. 双務契約に特有な権利義務 187
   (1) 総説(187)　(2) 同時履行の抗弁権(188)
   (3) 危険負担(202)

第5節　契約上の権利義務の消滅 〔273〜338〕 213

1. 総説——各種の消滅原因 213
2. 合意による消滅 214
3. 法定解除権の行使による消滅 219
4. 組織型契約における権利義務の消滅 251
   (1) 組織型契約の終了原因一般(251)
   (2) 告知による終了における組織型契約の特質(252)

事項索引 255
判例索引 260

◆引用文献一覧◆

(本書中、略称によって引用した文献は下記の通りである。
ゴシック体は略称を示す)

幾代　通『民法総則〔第2版〕』(1984・青林書院)
梅謙次郎『民法要義巻之三　債権編〔復刻版〕』(1987・有斐閣)
川島武宜『民法総則』(1965・有斐閣)
倉田卓次監修『要件事実の証明責任・契約法　上巻』(1993・西神田編集室)
来栖三郎『債権各論』(1953・東京大学出版会)
来栖三郎『契約法』(1974・有斐閣)
四宮和夫『民法総則〔第4版補正版〕』(1996・弘文堂)
四宮和夫=能見善久『民法総則〔第7版〕』(2005・弘文堂)
四宮和夫『事務管理・不当利得・不法行為　上巻・中巻・下巻〈現代法律学全集〉』
　　　　(1982〜1985・青林書院)
鳩山秀夫『増訂日本債権法各論　下巻』(1924・岩波書店)
平井宜雄『債権総論〔第2版〕』(1994・弘文堂)
平井宜雄『債権各論II』(1992・弘文堂)
広中俊雄『債権各論講義〔第6版〕』(1994・有斐閣)
星野英一『民法概論I・IV』(1971・1986・良書普及会)
星野英一『民法論集1・6・7』(1970・1986・1989・有斐閣)
横田秀雄『債権各論〔第5版〕』(1914・清水書店)
我妻　榮『債権各論上・中1・中2』(1954・1957・1962・岩波書店)
我妻　榮『新訂民法総則』(1965・岩波書店)

遠藤浩ほか『現代契約法大系　第1巻・第2巻』(1983・有斐閣)
鈴木禄弥編『新版注釈民法(3)(13)(17)』(1993・有斐閣)
星野英一編『民法講座1巻・4巻』(1984・1985・有斐閣)
広中俊雄編著『民法修正案(前三編)の理由書』(1987・有斐閣)

四宮和夫先生古稀記念論文集『民法・信託法理論の展開』(1986・弘文堂)
鈴木禄弥先生古稀記念『民事法学の新展開』(1993・有斐閣)
星野英一先生古稀祝賀論文集『日本民法学の形成と課題上・下』(1996・有斐閣)

第1章 序　説

第1節　債権各論の意義と同総論の地位

1　債権各論の意義

〔1〕　民法第3編債権に属する規定のうち、総則と題される規定（399条～520条）およびそれに関連する法律の解釈とその伝達に従事する理論的・実務的・教育的作業の内容が債権総論と呼ばれるのに対し、同編第2章から第5章に至る章に属する規定（521条～724条。すなわち債権各則）およびそれに関連する法律についての上記と同じ作業の内容は、債権各論と呼ばれる。債権総論と同各論とが併立するのは、総則という概念を作り出した法典編纂技術（パンデクテン方式）の債権法における発現形態である。
＊

債権各則の対象である契約・事務管理・不当利得・不法行為の4種は、いずれも債権を発生させる法律事実（発生原因）である。言いかえれば、債権総則が発生原因の如何を問わず債権すべてに適用される規定を集めたものであるのに対し、債権各則は、債権の発生原因の差異に応じて適用を異にする規定を発生原因別に列挙したものである。厳密に言えば、総則と各則とをこのように形式的・機械的に分類できるか否かには、疑問がないわけではないが（→〔7〕以下）、債権各則および同各論の意義は、総則および総論との対比において、ほぼ以上のように理解されてよい。

　　＊　**債権各則の比較法的地位**　民法の採用するパンデクテン方式の編纂技術はドイツ法系の民法典に由来するが、日本民法の債権各則の規定の理論的性質はドイツ民法のそれとはかなり異なっている。その差異は、主として契約の概念規定に由来する。歴史的には、契約は債権発生原因の1つとして位置づけられてきたが、ドイツでは、サヴィニー（Savigny）以後、契約概念は拡大され、

これをもって物権の設定契約をも含むすべての合意を意味すると解する説が有力となり、ドイツ民法も第一草案の段階からこれを受け容れた。その結果、契約は、法律行為の1つとして総則中に位置を占め（ドイツ民法145条以下）、契約から生じる債務として債務関係法中にも規定され（同311条以下）、債務発生原因という角度から同各則にも規定されている（同433条以下）。そこでは契約は、債務発生原因の1つというよりも、広く私法上の効果を発生させる合意として位置づけられている（同1941条も参照）。

これに対してフランス民法は、総則の概念も法律行為の概念も知らないが、契約（これをcontratと言い、これに対して合意一般を意味するときにはconventionと言う）の語は、債権を発生させる合意の意味で一貫して用いられており、そのために、合意の要素をもたない事務管理・不当利得は準契約（quasi-contrat）として不法行為と並んで契約と対立する位置づけを与えられている（フランス民法1370条以下。ドイツ民法では事務管理は委任の次の節におかれている）。このように、日本民法典における債権各則は法典の形式上ではドイツ民法典のそれに類似するが、実質的にはむしろフランス民法典に近いと言うことができる。

2 債権の発生原因

(1) 民法の定める債権発生原因の分類

〔2〕　契約・事務管理・不当利得・不法行為の4つの発生原因は、種々の角度からこれを分類できる。

（ア）　これらは、意思表示にもとづく発生原因とそうではない発生原因という角度から、これを分類することができる。契約は法律行為の1つであるので前者に属するのに対し、それ以外の3つは、意思表示ではなく、民法の規定そのものにもとづいて債権を発生させる。したがって、債権債務の内容を定めるには、契約においては契約の解釈という作業が必要となるのに対し、他の3つにおいては民法の規定の解釈をもって足りることになる。

（イ）　4つの債権発生原因は、沿革的および社会的にみて重要性が大であるか否かによっても、これを分類することができる。いずれの見地

から見ても、最も重要なのは契約と不法行為とである。

〔3〕　　（a）　沿革的には、契約上の訴権と不法行為上の訴権とは、ともに対人訴権として性格づけられ、債権概念はこの２つ（おそらくは前者）を母体として生まれたものと考えられている。これに対して、不当利得が統一的制度として理解されるようになったのは、自然法学の影響による比較的新しい現象であって、それ以前には、非債弁済における返還訴権や窃盗による利得の返還訴権のように個別的な訴権の集積にすぎなかった。事務管理も、財産管理の委託から生じた利益の返還訴権から始まり、不当利得の概念が確立するにつれ、それから分化・独立したものである。両者とも意思にもとづくか否かによって法律事実を分類しようとする考え方（ギリシャ哲学の影響を受けた教会法理が世俗化したことに由来する）が受容されるに伴い、契約に対するもの（準契約）として位置づけられるようになったにすぎない。

〔4〕　　（b）　社会的重要性の大小という角度からみても、圧倒的に重要なのは、やはり契約と不法行為とである。前者は、所有権概念と並んで、市場を通じて財（有体的財貨やサービスを含むところの人の欲求を充足する価値すべてを言う）を入手するための基本的な法的枠組みであり、後者は、人を侵害から保護することにより、人に権利主体たる地位を保障するための基本的な法的枠組みだからである。これに対して事務管理は、他人を利する社会関係を処理するための法技術であり、利他的行為が社会関係のうちで限定された局面でしか生じない以上、大きな意味をもちえない。不当利得は各種の法律関係における権利義務が本来あるべき権利義務と喰い違った事態を是正するための一般的な法的枠組みであるが、このような事態が生じるのは例外的であるから、やはりその重要性は小さいと言わなければならない。

〔5〕　　（ウ）　４つの発生原因は、裁判規範としての重要性という視角からも、これを分類できる。前述したように、４つの発生原因の中では契約と不法行為とが最も重要であるが、訴訟上の紛争との関連では、この２つは対照的な姿を見せる。

　　契約上の紛争は、契約またはその成立に至るまでの何らかの社会関係

がすでに存在する者同士の間に生じるから、当事者間の取引交渉のみによって紛争を解決する可能性が不法行為に比べて大であり、とくに現在の最も重要な取引主体たる企業間における契約上の紛争においては、企業の合理的行動の結果として、取引交渉による解決よりも多くの費用を要する訴訟による解決が選択されない場合が多い。したがって、契約に関する民法の規定の解釈に関して判決例が蓄積されることは少なく、また蓄積されているときでも、それにどれほどの意義を認めるべきか否かは１つの問題たりうる。その結果、規定の解釈および判例の準則の抽出を通じて現実に妥当しまたは妥当すべき裁判規範を構成するという解釈論の果たす役割は、ここでは必ずしも大きなものではない。これに対して、不法行為は典型的には、何らの社会関係に立たない人同士の間に生じた権利の侵害に関する紛争であるから、訴訟をまたなければ解決されえない程度が高い。事実、不法行為の規定に関する判決例は膨大な量に達しており、これを素材としてその実態を明らかにするために裁判規範を構成する理論的作業は、重要な役割を果たす。事務管理および不当利得（とくに後者）も、訴訟による決着をまたなければならない点において、不法行為と同じなので、上記の作業は意味をもつけれども、不法行為に比べて社会的重要性が小さいだけ、その役割も小さいであろう。以上の点が裁判規範のみを対象とする契約法学の意義または存在理由を問うことになるのは後述のとおりである（→〔38〕）。

〔6〕　**(2) その他の債権発生原因**

　　（ア）　民法の定める４つの債権発生原因以外に債権の発生原因がありうることは言うまでもない。各種の法律の規定にもとづいて債権が発生する場合（製造物責任法等の特別法にもとづく損害賠償債権、租税などの公法上の債権など）がそれであり、それら債権の内容がそれぞれの法律の規定の解釈によって定まることは、事務管理・不当利得・不法行為におけると異ならない。

　　（イ）　問題は、契約以外の法律行為（単独行為および合同行為）を債権発生原因と認めうるか否か、にある。単独行為および合同行為（この概念

を認めるべきか否かについては議論がある。新版注釈民法(3)前注50頁以下〔平井〕)のうちで法律に規定のあるもの（民法について言えば、遺言・寄附行為・社団設立行為など）について、これを認めうることは、（ア）と同様であるが、規定がなくとも一般に単独行為を債権発生原因と解すべきか否かが問題となる。一方的意思表示により表意者が債権を取得することを一般的に認めるのは、私法の原則に照らして許されるべきではないから、表意者の一方的意思表示により表意者以外の者に債権を取得させうるか（つまり表意者が債務を負担できるか）に問題は絞られる。学説は一般にこれを否定するが、懸賞広告（529条以下）を単独行為と解する有力説があり、これに従えば、懸賞広告に関する限りは、単独行為による債権発生を認めることになろう（詳しくは〔216〕）。この解釈は、ドイツ民法にならう（同法657条は懸賞広告を単独行為とする旨規定したものと解されている）ものであるが、単独行為をもって債権発生原因とする考え方は、比較法的には孤立しており（フランス民法やコモンローでは一般的概念としては否定されている）、これを否定すべきではないかと思われる（したがって懸賞広告は契約と解すべきである──〔215〕）。そうだとすると、法律行為にもとづく債権発生原因は、契約に限られることになる。ただし、契約が成立する前にはおよそ債権が発生しないと解すべきでないことは、後述のとおりである（→〔146〕以下）。

第2節　総論と各論との関係

1　総則性の不徹底と各論の役割

(1) **債権総則の総則性**

〔7〕　　（ア）　すでに述べたように、債権各論は債権総論に対する概念であり、総論の主な対象である債権総則の規定は、総則である以上、債権各則から生じるすべての債権に適用されるべきものである。しかし、債権総則

の総則的性格（総則性）は、必ずしも貫徹されていない。このことは、すでに述べられているが（平井・総論〔5〕）、とくに債権各則との関係で一言すれば、次のとおりである。

　　　(a) 債権総則は、引渡債務（この意義については平井・総論〔14〕）を専ら念頭においた規定から成っており、引渡債務についてはよくあてはまるものが多いが、行為債務（この意義については平井・前掲箇所）について適用するのは必ずしも適切ではない（同・〔57〕・〔62〕等）。したがって、総則性はその分だけ不徹底なものとなっている。

　　　(b) 債権総則は、重要な債権の1つである損害賠償債権について規定を欠いており（ドイツ民法249条以下と対比せよ）、その結果、損害賠償債権は、総則に規定される債務不履行責任と各則に規定された不法行為とにいわば分断され、その限りで総則性は貫徹されていない。

〔8〕　（イ）　上記のとおりだとするならば、各論の果たすべき役割は次のごときものとなる。

　　　(a)　各論は契約と不法行為とに二大別されるべきであり、それぞれ固有（前者の一部は総論に吸収される）の領域として分離されるべきである。それ以外の事務管理・不当利得は、この二者に比べて重要さの程度において劣ることをも考慮して、二者と対等独立の地位を与えられるよりも、二者に従属しかつ二者との関連で論じられるべきである（→〔28〕）。

　　　(b)　いわゆる第三次産業の発展とそれに伴う専門的知識の必要性およびその増大とに伴い、サービス・専門的な情報・ノウハウの供給は、今後ますます重要な社会的意味をもち、その結果、行為債務の概念は、今後重要となると考えられる。行為債務を発生させる（発生させる債務はもちろんこれだけではないが）重要な典型契約（→〔65〕）は、委任・請負・寄託・雇用・組合であり、従来の体系書におけると異なり、これら（とくにその発生原因の中心である委任）に重要な地位が与えられるべきである。

(2) 契約総則の総則性

　　民法は、「第2章　契約」の箇所にも総則をおいている。しかし、この契約総則の総則性に対しても疑問が提起されている（来栖・各論174頁以下

に負う)。すなわち――

〔9〕　(ア)　契約総則における「契約の成立」の箇所には、申込と承諾による契約の成立が規定されており、これによるとすべての契約は申込と承諾によってのみ成立するかのごとくであるが、同総則中におかれている懸賞広告の法的性質を契約と解したとしても (→〔215〕)、それは指定行為の完了によって終了するのであるから (529条)、同総則中にこれを規定するのは、総則性の不徹底を物語るものである (ドイツ民法は契約総則をもたず、懸賞広告は独立の節をなす)。そして、その他の典型契約には、申込と承諾以外の成立要件を要求するものがある (消費貸借・使用貸借・寄託) ことも、総則性の不徹底を示している。

〔10〕　(イ)　契約総則中の「契約の効力」のうち、①同時履行の抗弁権 (533条) および危険負担 (534条〜536条) は契約一般の効果ではなく、双務契約 (→〔72〕) のみの効果である (詳しくは〔235〕以下)。また、②第三者のためにする契約 (537条〜539条) は、独立の契約というよりも、契約に附加されることのある条項 (附款) についての規定にすぎず、契約総則の対象たりえない。さらに、③契約の解除 (540条〜546条) は、原状回復義務を発生させる性質のものとして規定されているが、多くの重要な典型契約 (賃貸借・雇用・委任・組合) にあっては、解除は将来に向ってのみ効力を生ずるとされており (620条・630条・652条・684条)、その限りで総則性は失われている。

〔11〕　(ウ)　要するに、契約総則は、申込と承諾によって成立する双務契約で、かつ財産権の移転が1回的に行われて終了する種類の契約を念頭においた規定であって、すべての典型契約についての総則ではなく、まして現在の重要な契約を視野の外におくものと思われる。そうだとするならば、契約各論には次のような役割が期待されていることとなる。

　　　(a)　契約総則は、総則性に乏しいものとして解体されるべきであり、したがって契約総則は独立の地位を失い、それに対応して契約各則もその地位を再編されるべきことになる。契約の総論的部分は、契約総則の規定のみを対象とすべきではなく、新たな観点から再構築されるべきである (→〔78〕以下)。

(b) 債権総則は、引渡債務を念頭において規定されており、かつ契約総則は売買を念頭において規定されていると解すべきであるとしたなら、売買は引渡債務を主として発生させる典型契約のうちの最も重要なものであるから、行為債務は契約総則においても、何らかえりみられていないことになる。そこで、総則性の不徹底さを意識する方法を貫けば、引渡債務およびそれに対立する行為債務の概念をもって、契約各論をも再構成することが考えられる。行為債務を主として発生させる典型契約の最も重要なものは委任であるから、典型契約の説明にあたっては、売買と委任とを二大支柱とし、引渡債務・行為債務と関連する程度に応じて典型契約の分類を試みることが理論的であり、かつ債権総論と債権各論とを、有機的に結合するための着眼点と考えなければならない。

　　(c) 契約総則が１回的な物の引渡のみで契約関係を終了させるという種類の契約を念頭において規定されているとすれば、それは現在の取引界で行われている重要な契約類型を視野に入れていない、と言わなければならない。後述のとおり（→〔75〕）、現在の重要な契約の多くは、継続的な取引を基礎とするものだからである。したがって、契約の総論的部分は、１回的な給付を目的とするものか、それとも継続的な（とくに継続的にならざるをえない）給付を目的とするものか、という区別を念頭において記述されなければならない。後述する（→〔78〕）「市場型契約」・「組織型契約」という類型は、そのための概念であるが、そこで述べられるように、行為債務（とくに、高度な熟練・情報・ノウハウの提供を目的とするもの）は、多かれ少なかれ、「組織型契約」と深く関連する（→〔221〕）。したがって、行為債務と引渡債務との区別に着眼することは、現在の取引界における重要な契約類型をも意識させることになるのである。

2 損害賠償債権の地位——請求権競合

〔12〕　(1) **請求権競合の意義**

　　すでに述べたように（→〔7〕）、債権総則には損害賠償債権についての

総則的規定が欠けており、その結果、債務不履行によって生じる損害賠償債権と不法行為によって生じる損害賠償債権とは、要件・効果ともに分断されている。しかも、不法行為の規定は統一的要件主義（平井・各論Ⅱ 10頁）に立脚するから、その適用対象は広く、この別個独立の両債権（請求権）は、多くの場合に重複して発生する。そこで、1つの社会的事実から契約上の債務の不履行（以下、債務の語をこの意味で用いる）および不法行為の双方の損害賠償請求権が生じる場合に、両者の関係をどのように解すべきかが問題となる。よく用いられる設例をあげるならば、鉄道事故という1つの社会的事実によって負傷した乗客は、鉄道会社に対し、不法行為を理由としても損害賠償を請求できるし、また運送契約上の債務の不履行を理由としても損害賠償を請求できるかのように見える。この場合において、①債務不履行および不法行為のいずれの規定をも適用されると解すべきか、それとも一方の規定のみが他方を排除して適用されると解すべきか、②損害賠償請求権は上記の2つに対応して2個と解すべきなのか、それとも1個なのか、という問題が生じる。これが一般に請求権競合と呼ばれる問題（以下、請求権競合問題と言う）である。すなわち、請求権競合問題とは、同一の社会的事実から、同一の給付を目的とする複数の請求権の発生原因たる事実（法律事実または要件事実）が同一の当事者間に生じた場合において、その相互の関係をいかに解すべきか、という問題である。したがって、広い意味で請求権競合と呼ばれる場合には、たとえば、占有権にもとづく明渡請求権と所有権にもとづく明渡請求権、不当利得にもとづく利得返還請求権と不法行為にもとづく損害賠償請求権、賃貸借契約終了後における賃貸人の所有権にもとづく返還請求権と賃貸借契約にもとづく返還請求権（その他いわゆる競合的不法行為——平井・各論Ⅱ 206頁以下参照）、のそれぞれの競合等、多くの場合がこれに含まれる。しかし、総則性の欠如という視角から扱う本書は、債務不履行と不法行為との関係に限定して（しかし、これが請求権競合問題の中心であるので、以下これに限定して用いる）上記の問題を扱う。

〔13〕　**(2)　請求権競合問題の具体的意味**

（ア）　前記①の問題は、具体的には次のことを意味する。すなわち、債務不履行と不法行為とでは、要件・効果ともに次のような差異があり、いずれを適用するかによって異なった結果を生じるので、これを解決する必要がある、というものである。ただし、次の2点については、学説上異論はない。すなわち、複数の請求権を有する債権者は、二重に損害賠償を受けうるわけではなく（一方の請求権によって満足を受ければ、他方は消滅する）、また、双方の請求権（債権）を別々に処分（一方のみを第三者に譲渡したり、双方をそれぞれ別の第三者に譲渡するなど）できない、という点である。

　　　＊　**債務不履行・不法行為両責任の差異の比較法的地位**　　ドイツ民法では、債務不履行と不法行為との要件における差異は大きい。債務不履行では、債務関係上の義務が債務者により侵害されたときに債権者は生じた損害の賠償を請求できるという一般的な要件が規定されているが（280条。2001年〔翌年施行〕の債務法改正により、従来の要件が根本的に修正された）、不法行為における賠償義務が発生するには、三大個別的要件（823条1項・2項、826条）を満たすことが必要である。履行補助者による債務者の責任（278条）と使用者責任（831条）の要件も、帰責事由の規定の仕方にも、差異がある（276条、上記823条以下の規定参照）。消滅時効期間の原則は3年（これも、債務法改正によって、ローマ法以来の30年の時効期間の原則は放棄された）であり（195条）、債務不履行であると不法行為であるとを問わずに適用されるが（ただし、不法行為に関する852条参照）、とくに契約の規定中には多くの特則が定められている（たとえば433条・521条等）。なお、効果については、とくに法律に定めのないかぎり慰謝料を請求できないという原則は変えられていないが（253条。ただし、規定の内容は詳細になった）、不法行為における慰謝料に関する旧847条は、253条によってカバーされることになったため削除された。これに対してフランス民法では、両責任の差異につき明文の規定を欠くことが多いし、差異があるとしても小さい。たとえば、消滅時効期間については原則は同一であり（フランス民法1262条）、帰責事由（faute）の立証責任も結果債務（平井・総論〔11〕参照）を除いて同じである（債権者が負う）。損害賠償の範囲については、1150条（賠償範囲を予見可能な損害に限る旨の規定）だけが不法行為に類推さ

れず、不法行為では広く認められる非財産的損害の賠償は、債務不履行でも認められるべきだと主張される（争いがある）。主要な差異は債務者が複数の場合の損害賠償義務（債務不履行では分割債務、不法行為では全部義務）、事前免責の有無（債務不履行では可）くらいであろうか。本文の記述が示すように、日本民法は、比較法的にはフランス民法に近い場所に位置すると考えられる。なお、コモンローでは訴権の集積によって発展したという沿革のため、契約責任と不法行為責任（一般的な不法行為の概念があるわけではない）とは全く別のものと意識されており、両者を関連させて理解するという見方は、少なくとも一般的ではない。

　(a)　債務不履行においては「責めに帰すべき事由」(415条) が要求されるのに対し、不法行為では「故意又は過失」が要求され (709条——両者が同一か否かにつき議論がある)、両者の立証責任の所在は正反対である (ただし、現実にはこの差異は重要ではなくなっている。——以上につき平井・総論〔51〕参照)。

　(b)　不法行為においては、責任能力が要求されるが (712条・713条)、債務不履行については規定がない。通説は、債務不履行についても責任能力の存在を要件の1つと解するので、それに従うかぎり差異はないが、通説に反対すれば差異が生じる (以上につき、平井・総論〔72〕)。

　(c)　債務不履行における履行補助者の行為に対する債務者の責任においては、免責立証は認められないと解されているが、不法行為における使用者責任においては、規定の上では免責立証が許される (715条1項但書)。ただし、実務上免責立証が認められた例は乏しいので、この点は実際上の差異をもたらさない (以上につき平井・総論〔77〕、同・各論II 237頁)。

　(d)　債務不履行においては、履行期につき確定期限あるときは、その到来から損害賠償債務は遅滞におちいるのが原則であるが (412条、その他の場合については、同2項・3項参照)、不法行為においては、損害発生時から催告を要せず遅滞におちいると解するのが、判例の準則および通説である (以上につき平井・総論〔56〕、同・各論II 165頁)。

　(e)　債務不履行における損害賠償の範囲については、416条の規定があるが、不法行為においては規定がない。しかし、判例の準則は不法

行為についても416条を類推適用するので、差異が存しないこととなるが、判例の準則に反対する立場（現在の学説の大勢はおそらくこの立場である）に立てば、差異が生まれる（以上につき平井・各論Ⅱ 112頁以下）。

　　　(f)　不法行為から生じた損害賠償債権を受働債権とする相殺は禁止される（509条）。債務不履行について規定はないが、509条の立法趣旨にかんがみると相殺禁止の規定はそこには及ばないと解するのが一般なので（平井・総論〔200〕）、差異が生じる。

　　　(g)　消滅時効の起算点および期間については、規定上、明らかな差異が存在する（166条・167条と724条とを対比せよ）。

　　　(h)　このほか、同一の対象につき、債務不履行と不法行為とで規定の体裁が異なるもの（418条・722条2項）、両者の一方のみに規定があって他方に規定を欠くもの（710条・711条・719条・721条等）があり、もしこれら相互に差異を認めるべきものと解すれば（通説は差異を認めない方向にあるが）、両者の差異は拡がる。

　　　(i)　さらに、債務不履行については、個別的な契約ごとに特則が存在する（担保責任に関する563条以下のほか無償受寄者の注意義務に関する659条、その他商法560条・566条・577条・578条・595条・596条等）ことも大きな差異である。

　　　(j)　契約当事者が損害賠償責任について契約に具体的な定めをしている場合（免責条項・賠償額の予定・違約金等）には、債務不履行か不法行為かによって、大きな差異が生じる。

〔14〕　　（イ）　前記②の問題の具体的意味は次のとおりである。

　　　(a)　実体法上の請求権によって給付訴訟の対象（訴訟物）が定まるという立場を前提とすれば（訴訟物論に関する以下の叙述は中野貞一郎「訴訟物概念の統一性と相対性」判夕846号、同『民事訴訟法の論点Ⅰ』〔1994・判例タイムズ社〕所収にすべて負う）、前記の設例（→〔12〕）においては、訴訟物は債務不履行にもとづく損害賠償請求権と不法行為にもとづく損害賠償請求権との2個になるから、①前訴で一方の請求権を主張して敗訴の確定判決を受けても既判力は及ばないので、後訴で他方の請求権を主張でき（民訴法114条）、⑪訴訟上で2個の請求権をともに主張すれば訴えの併合

となり（同136条）、ⅲ両方の請求権をそれぞれ別々の訴訟で提起することは、二重起訴の禁止（同142条）に触れないので可能であり、ⅳ一方の請求権を主張していた訴訟で、他方の主張を追加的または交換的に変更すれば訴えの変更になる（同143条）。しかし、この帰結は、同一の社会的事実から生じた紛争について重ねて2度の訴訟の利用を容認したり（ⅰⅲ参照）、2つの判決が得られる（ⅱⅳ参照）という結果を認めることになり、紛争を1回的に解決するのが訴訟制度の要請であることを強調すれば、この要請に矛盾する。

〔15〕　　　(b)　そこで、(a)説と同じく、訴訟物は実体法上定まることを前提とするが、それは2個ではなく、実体法上「給付を求めうる1個の法的地位」であって、それが債務不履行であるか不法行為であるかは、それを基礎づける「法的観点」にすぎない、という考え方（三ケ月章博士のいわゆる「新訴訟物理論」。これに対して(a)のような考え方は「旧訴訟物理論」と呼ばれる）が登場した。これによれば、前訴で一方の請求権を主張して敗訴し後訴で他方の請求権を主張するのは既判力に触れて許されず、双方をともに主張しても訴えの併合にはならず、一方から他方への請求の追加または交換は訴えの変更にあたらず、別訴で他方を請求するのは二重起訴の禁止にあたる、という結果になる。このように、②の問題は純然たる訴訟法学上の問題であるが、実体法学上の①の問題が、直ちに訴訟法に波及するのは、実体法上の権利（それが個々の請求権であるにせよ、「給付を求めうる法的地位」であるにせよ）が給付訴訟における審判の対象（すなわち「実体法上の権利＝訴訟物」という等式）であり、その存否を確定するのが訴訟の役割だと解する、実体法と訴訟法の分化と役割分担に関する考え方のためである。

〔16〕　**(3)　学　説**

　　　(ア)　請求権競合問題に関する学説は大別して、前記①につき、債務不履行および不法行為にもとづく損害賠償請求権のいずれも成立すると主張する説（以下、これを請求権競合説と言う）と、一方のみ（債務不履行にもとづくそれ）が他方を排除して成立すると主張する説（以下、これを法条

競合説と言う）とに分かれ、さらに、請求権は1個であって、競合するのはそれを根拠づける法的観点（または請求権規範）にすぎないという説（以下、単一請求権説と言う）が登場して議論が続けられている（学説につき、奥田昌道「債務不履行と不法行為」講座4巻565頁、同「請求権競合問題について」法学教室159号21頁。以下の記述はこれらに負う）。

　（イ）　学説の発展は次のように要約される。

〔17〕　　　（a）　初期においては請求権競合説に疑問が抱かれなかったが、その後川島武宜博士は（「契約不履行と不法行為との関係について」『民法解釈学の諸問題』〔1949・弘文堂〕）、大略次の根拠にもとづいて法条競合説を主張した。すなわち、⑦契約関係は一般社会生活関係に対して特別な危険関係を構成し、契約法によって規律されるに適した関係であるのに対し、不法行為法はこのような特殊な関係に立たない一般的標準的関係を規律し、それに適した内容をもつから、契約関係のあるところでは不法行為は排除される。④しかし、両者に共通の内容をもつ規定があるのを排除するものではないから、一方の規定を他方に類推適用または準用することに努むべきである。⑦悪意または重大な過失による契約違反についても短期時効や責任制限が及ぶのは不当だという批判に対しては、これらによる不履行には契約責任の軽減は及ばないという解釈によって対処すべきである。

　法条競合説も、理論的にはともかく上記の④⑦にみられるように請求権競合説の帰結に歩みよっており（この折衷的解釈は商法学者間に多い）、このような解釈態度に賛しつつ、法条競合説を支持する説が有力となった。

〔18〕　　　（b）　次いで、三ケ月章博士は（「法条競合論の訴訟法的評価」『民事訴訟法研究第1巻』〔1962・有斐閣〕）、これまで実体法学者の間では閑却されていた〔15〕②の問題について、いわゆる新訴訟物理論の立場から、請求権競合問題に接近した。その論旨は大略次のとおりである。⑦請求権競合説が訴訟物につき〔14〕(a)のような不当な帰結をもたらすのに対し、新訴訟物理論によれば、このような帰結は回避される（〔15〕参照）。法条競合説は、実体法の平面において同様の帰結を導こうとした試みとして評価できる。④しかし、請求権競合説と法条競合説との間に実体法上の差異が

少なくなったとすれば、「給付を求めうる法的地位」を基礎づけるいずれの「法的観点」を採用しても判決することができ、一方の法的観点に拘束されるべきだと主張する法条競合説はかえって適切でなくなる。

〔19〕　　（c）　これ以後、民法学者は、いわゆる新訴訟物理論の提起した「給付を求めうる法的地位」と「それを基礎づける法的観点」の区別を意識して請求権競合問題を論じるようになる（以下の学説が前述〔16〕の単一請求権説である）。たとえば、①これまで請求権競合として論じられてきたのは、請求権を根拠づける規定（請求権規範）を充足したことにより論理的に導き出される「観念的請求権」の競合であって、譲渡・処分・差押の対象となる請求権（「実在としての請求権」）は１個であり、それが訴訟物となり、その法的性質は、「複数の請求権規範の趣旨を取捨選択」して「合理的」に決すべきである、という説（奥田昌道「請求権と訴訟物」『請求権概念の生成と展開』〔1979・創文社〕）、さらに、②上記の説にいわゆる「観念的請求権」と「実在としての請求権」との区別を経ずに、複数の法規から「実定法秩序が是認する１個の実体的請求権」が発生し、それが訴訟物となる（実体法上の請求権の法的性質はそれぞれの法規の意味・目的に照らして決定され定まるが、原則として債権者に最も有利になるように決定すべきであると言う）、という説も（上村明宏「請求権と訴訟物」民訴雑誌17号など）同様である。さらにまた、これらを進めて、③複数の請求権規範が競合するとき、それらを「内的関連行為」と「逸脱行為」によって生じた請求権規範として区別して、それらの規範を「統合」し、「全法秩序」の解釈により１個の実体法的要件および効果をもつ請求権を生みだすべきであり、その１個の請求権をもって訴訟物とする説が登場した（四宮和夫『請求権競合論』〔1978・一粒社〕）。

　学説の発展と現況は大略上述のとおりであるが、いずれの説も学界の広汎な支持を得たという程度には至っておらず（一般には、単一請求権説のうちの③が学説の到達点だと解されている）、学説は混沌としていると評すべきであろう。

〔20〕　(4) 判　例

　　判例は、古くから（大判明45・3・23民録18輯284頁、315頁——いずれも賃借人の失火に失火責任法が適用されるか否かが争われたもので、判決は、重過失がなければ不法行為責任はないが、債務不履行責任は過失の軽重にかかわらず負うと判示。前者は重過失を認めていないので傍論）ほぼ一貫して請求権競合説に立脚するものと解されている。すなわち、運送人の被用者の過失により運送品が滅失した場合において、運送品の所有者の損害賠償請求に対し高価品たることの明告がなかったことをもって（商法578条参照）運送人が免責を主張した事件で、判決はこう述べる。「荷送人カ同時ニ貨物ノ所有者ナル場合ニ於テ其ノ貨物カ運送人ノ過失ニ因リ滅失シタルトキハ運送人ハ荷送人ニ対シ債務不履行為ルト同時ニ所有者ニ対シ不法行為ト為リ契約上ノ請求権ト不法行為上ノ請求権トカ相競合スルモノナレハ如上高価品ノ運送ニ於テ運送人カ債務不履行ノ責任ヲ免ルルモ一般普通人ノ為スヘキ注意ヲ怠リタルカ為ニ所有者ニ生セシメタル不法行為上ノ責任ヲ免レ得ヘキモノニ非ス」（大判大15・2・23民集5巻108頁）。そして、最高裁も上記判決を引用して次のごとく述べる。「ⓐ運送取扱人ないし運送人の責任に関し、運送取扱契約ないし運送契約上の債務不履行に基づく賠償請求権と不法行為に基づく賠償請求権との競合を認めうることは、大審院判例〔前掲大判大15・2・23を引用〕の趣旨とするとおりである」（最判昭38・11・5民集17巻11号1510頁——運送人の保管していた物品が他に引き渡されたので、引渡を受けるべきであった者が不法行為にもとづいて損害賠償請求したもの。商法589条・566条により運送契約上の義務は時効消滅したが運送人に不法行為責任があるとして原判決を維持）。ただし、この判決には、次の判示部分がある（請求権の競合は、運送人側に故意または重過失の存する場合に限られるとする上告理由に答えたもの）。「ⓑ〔運送人〕に過失の責があるとし、これによって生じたかかる事態は運送品の取扱上通常予想される事態ではなく、且つ契約本来の目的範囲を著しく逸脱するものであるから、債務不履行に止まらず……不法行為上の損害賠償請求権の発生をも認めうるとした判断は、首肯することができる」。このⓑ判示部分は（傍論ではあるが）、

請求権競合に新たな要件を付加し純然たる請求権競合説を修正する方向に進むものとも解されうるが、後に最高裁は⑤判示部分を明示的に否定しており（最判昭44・10・17判時575号71頁——海上物品運送契約の運送人が不法行為責任を追及されたのに対し、商法等の運送人責任の軽減の趣旨が不法行為責任に及ぼされるべきだとする主張を否定〔履行補助者たる荷役業者の不法行為が問題となった場合〕した。しかし、現行国際海上物品運送法20条の2第2項の下でこれが維持されるべきか否かは問題である）、したがって現在の判例の準則は、ⓐ判示部分のみだと考えられる（ただし、下級審判決には⑤判示部分に従ったものがある——東京高判昭49・3・20下民25巻1＝4号189頁）。

〔21〕　**(5)　評　価**

　請求権競合問題は、実体法と訴訟法との関係という根本問題にまで及ぶ民法学上の難問の1つであり、これに解答を与えるのはきわめて困難な仕事であるが、あえて与えようと試みるならば、次のとおりである。
　(ア)　民法学が請求権競合問題を扱うにあたって、実体法に関わる問題と訴訟法に関わる問題とを明確に区別し、実体法の立場から論及すべき問題は何か、という形で論じることは、必ずしも意識的には行われていなかったと思われる。というのは、いわゆる新訴訟物理論の登場後、①民法学は実体法上の請求権＝訴訟物という等式を改めて明確に意識するようになり（この等式が妥当するのは訴訟物理論一般についてであるけれども、とくに新訴訟物理論は訴訟物について尖鋭な問題提起をしたので、民法学はこの等式を明確に意識するようになった）、かつ、②給付訴訟の訴訟物が「給付を求めうる1個の法的地位」であって、給付請求が債務不履行にもとづくものであるか、不法行為にもとづくものであるかは、それを基礎づける「法的観点」にすぎないという新訴訟物理論の主張に強い影響を受けたからである。したがって、①の等式を維持しつつ、②の主張を取り込もうとするならば、その当然の結果として実体法上の請求権の概念になんらかの修正を加えざるをえない。単一請求権説（→〔19〕）は、このような発想の帰結であると考えられる。しかし、実体法上の請求権が何かという問題は実体法学の問題であって、①と②を前提として実体法上の請

求権を論じるのは順逆を転倒した考えであろう。実体法上の問題と訴訟法上の問題とが峻別されるべきことを主張する理由はそこにある。このような観点から前記各学説を評価すれば、次のとおりである。

〔22〕　　　(a)　まず、単一請求権説はこれを採用し難いと言うべきである（上記したところを前提とすれば、むしろ単一実体権説と言うべきであろうが、論者の用語に従う）。これらの説は、それぞれ、「複数の請求権規範を取捨選択して合理的に決定された法的性質」を有する1個の「実在としての請求権」（同説①）または「実体法秩序が是認する1個の実体的請求権」（同説②）もしくは「競合する複数の請求権規範」からの解釈によって生まれる「統合された要件および効果を持つ」1個の請求権（同説③）が存在し、それが訴訟物であると主張する。しかし、これら「単一請求権」の要件はこれ以上に明らかになっているとは言えないように思われる（とくに四宮・前掲書が「統合」のための果敢な試みを行ったが、それにもかかわらずこう評さざるをえない）。しかも、要件を構成でき、それを解釈論として主張したところで、何が「取捨選択」の基準であるか、何が「実定法秩序の是認」するものなのか、「全法秩序の解釈によって統合」する基準は何かをめぐって、果てしのない論争を引き起こすであろう。その上、これらの単一請求権はいずれもが実体法上の権利として主張されているのであるから、その存否が訴訟で争われた場合には、裁判官はそれを判断すべく法律上拘束されていると言わなければならない（単一請求権説がこの点および以下に述べる点をそのように主張しているか否かは明らかでないけれども、論理的にはそうなるはずである）。したがって、当事者が債務不履行責任または不法行為責任のいずれか一方しか訴訟上主張していない場合であっても、裁判官は単一請求権の発生の要件たる事実が訴訟上顕出されているかを探求し、存否を認定しなければならない（そう解すればそもそも弁論主義に反するおそれも大であるが、それを措くとしても）。そうでなければ違法な判決となるはずである。しかし、単一請求権説はこれらの権利の要件を明確に示していないのであるから、これは実現困難な仕事であると言うほかない。要件を構成する試みが成功しないならば、それぞれの裁判官において自らの解釈にもとづき要件を構成し、それによって判決

すべきであると主張しているに等しく、ほとんどの法律家は納得しないであろう。こうして、単一請求権説は採るをえない。その根本原因は、単一請求権説が前記〔21〕のような①および②の前提から出発したところにあると言うべきである。問題はまず、請求権競合説か、それとも法条競合説か、という前提に立って、実体法学上の問題として論じられるべきである。そうだとすると――

〔23〕　　(b)　純然たる請求権競合説は採用し難い。反対説が古くから主張するとおり、契約関係にある当事者は、契約の定めあるいはそれに関する法律の規定によって権利義務関係をあらかじめ設計し取引関係の将来（それが破綻することを含めて）を予測した上で取引に入るのが常であって、このような契約の内容またはそれに関する規定の趣旨が不法行為の規定によってすべて無意味となるのは取引関係の当事者の予期と取引関係の個別性とを害すると考えられるからである（国際海上物品運送法20条の2第2項参照）。まして、契約法学の任務を「権利義務関係を事前に設計する」ものと考えるならば（→〔43〕）、請求権競合説にくみするわけにはいかない。しかし、だからといって、純然たる法条競合説にもくみすべきではない。これもかねてから指摘されているように、故意（または害意）の不履行にまで債務不履行の規定（たとえば無償受寄者の軽減された責任に関する659条）または、契約の定め（たとえば免責条項）を及ぼすべきではなく、不法行為の成立を認めなければならない。このような行為は、何らの社会的有用性をもたず、抑止されることのみが要請されるからである。そうだとすると、債務不履行責任に関する規定を優先して適用し、補充的に不法行為に関する規定を適用するという立場に立つことに帰着する。この帰結は、法律論としては、前掲最判昭和38年11月5日の⑥判示部分を参考として、まず債務不履行責任を優先させた上で、「債務不履行によって生じた事態が契約本来の目的範囲を逸脱するものであったときには（上記判決中の「著しく」の語は、要件をあいまいにするから顧慮すべきではないであろう）、債務不履行に止まらず、不法行為にもとづく損害賠償請求権も発生する（両者は競合する）と解すべきである」と表現されるべきであろう。

〔24〕　　(c)　上記にいわゆる「契約本来の目的範囲を逸脱する」ものであるか否かは、一般原則どおり、個別具体的な契約の解釈によって判断されることになり、一般的に解答を与えることはできない。しかし、次の2つの基準を立てることには、おそらく異論がないものと思われる。すなわち、①故意または害意にもとづく不履行は、それだけで直ちに（契約の解釈をまたずに）契約本来の目的範囲を逸脱する（常に不法行為と競合する）と解すべきである。契約は他人から財を得ることを目的とするものであるから、このような不履行は、契約を手段とする加害行為にほかならず、目的を逸脱するのは明らかだからである。②生命身体の保護あるいはそれに対する危険の防止を目的とする契約（たとえば、警備会社との警備契約、保育所との保育委託契約等）においては、生命身体の侵害によって生じる損害賠償請求権は契約の目的範囲に含まれるから、債務不履行として処理されるべきものであろうが（その場合における免責特約等の効力は、契約の一般理論によって判断されるべきである）、専ら経済的財の獲得を目的とする契約の多くにおいては、生命身体の保護は契約の目的範囲に明示的には含まれていない場合が多いであろう。しかし、少なくとも契約当事者の生命身体に対する侵害があったときには、契約の解釈をまつまでもなく直ちに不法行為との競合をも認めるべきである。契約当事者の生命身体への侵害は、契約の前提たるべき取引主体の存立に関わる問題であって、すべての人間に対する権利主体性の一般的承認という大原則を支える制度である不法行為によって保護されるべきものと考えなければならないからである[*]（結論的には奥田・前掲論文（→〔19〕）の指摘と同旨となろう）。

　以上の帰結は、大体において前掲最判昭和38年11月5日のⓐおよびⓑ判示部分を合わせたものおよびこれに従う一部の下級審判決例への支持を意味する。

　　＊　**請求権競合問題の比較法的地位**　この問題については、ドイツ・フランスでは複雑な沿革とあいまって膨大な議論の蓄積があるが、大略を述べれば、ドイツでは、有力な反対説があるものの、判例・通説は、両請求権の独立という大原則（すなわち請求権競合説）を承認しつつ、その例外がある場合を認める

から、請求権競合説が貫徹されているわけではない。フランスでは、その論拠は種々であるが、通説は債務不履行責任が不法行為責任に優先すると解する。判例は分かれているが、契約関係の存在するところでは、債権者は不法行為の規定を自己に有利に援用することができないのが原則と考えられている（したがって、ほぼ法条競合説にあたる）。しかし、害意をもってした不履行は不法行為の性格をも帯びると解されているから、ここでも、法条競合説は貫徹されていない。本文で述べた解釈論は、フランス法にやや近い折衷説と言えよう。

[25]　　（イ）　請求権の単複すなわち訴訟物の問題　　[14]の問題は、純然たる訴訟法上の問題であって、実体法を扱う民法学の立ち入るべき領域ではない。しかし、訴訟物をめぐる考え方が請求権競合問題に大きな影響を及ぼしてきたこと（→[18]・[19]）にかんがみ、実体法学上の前述の解釈論（→[23]）に関わる限りにおいて、この問題についても、以下に言及しておきたい。

　　　　（a）　「実体法上の請求権＝訴訟物」の等式を前提とし、かつ前述の解釈論に従うならば、次のような帰結がもたらされるはずである。すなわち、①債務不履行および不法行為による請求権の発生原因たる事実が双方とも弁論に顕れている場合には、裁判所は、債務不履行による請求権を基礎とした判断を優先すべきであるから、原告勝訴の場合には、その訴訟で確定された請求権の法的性質は債務不履行にもとづく損害賠償請求権である。したがって、反対債権による相殺が可能であり、また、別訴あるいは後訴（原告敗訴の場合）において次の②の要件が存在すれば不法行為を根拠とする請求も認められる。すなわち、②「債務不履行によって生じた事態が契約本来の目的および範囲を逸脱するものであるとき」には、裁判所は、不法行為を根拠としても請求を認めうるから、②を根拠として確定された請求権の性質は不法行為にもとづく損害賠償請求権である。したがって、これに対しては、相殺を対抗できない反面、短期の消滅時効の抗弁を対抗でき、また、原告は敗訴したときでも後訴で①の要件のみを主張し、債務不履行を理由として損害賠償を請求できることとなる。以上は、前記等式を前提とする立場（いわゆる旧訴訟物理論）によるものである。

〔26〕　(b)　これに対して、いわゆる新訴訟物理論によれば、訴訟物は、「給付を求めうる法的地位」であって、その性質が債務不履行によるものであるか不法行為によるものであるかは、訴訟物とは無関係である。したがってたとえば、前記(a)の①の要件の下に債務不履行を理由として訴えが提起され、または敗訴した以上、不法行為を理由とする訴えは、二重起訴の禁止または既判力に抵触し、許されない（その逆も同じ）。このように、訴訟物たる上記の「法的地位」の性質如何（債務不履行であるか不法行為であるか）は問題とならないから、たとえば、債務不履行を理由とする原告勝訴の確定判決にもとづいて強制執行が行われるときには、債務者が相殺を主張して請求異議の訴え（民事執行法35条）を起こすことは、本来認められないはずである。しかし、新訴訟物理論の主唱者はこれを認め、先の判決で確定された「法的地位」が不法行為の観点から基礎づけることができるか否かをその訴訟中で改めて争うことができ、その場合に請求異議訴訟の原告は自己に有利な性質（相殺禁止〔509条〕の規定を有する不法行為としての性質）を主張できると解している＊（これを「法的評価の再施」と呼んでいる。その必要性など詳細については、三ケ月・前掲論文（→〔18〕）参照）。

　　　＊ **実体法学といわゆる新訴訟物理論**　訴訟上での「法的評価の再施」をまつまでは実体法上の性質が確定しない実体法上の「権利」が存在するといういわゆる新訴訟物理論の考えが、少なくとも実体法学にとって違和感を与えるものであることは否定できない。また、「法的評価の再施」を必要とすること自体、実体法上の性質を顧慮せずには問題が解決されないことを示しているとも言えよう。こう考えてくると、少なくとも請求権競合問題に関しては、基本的にはいわゆる旧訴訟物理論にしたがいつつ、そこから生じる結果がいわゆる新訴訟物理論の主張するごとき不合理なものであれば、釈明権の行使・訴訟上の信義則の活用等によって可能なかぎり除去するように努めれば足りるのではあるまいか。伊藤眞『民事訴訟法〔第3版3訂版〕』〔2008・有斐閣〕参照。なお、〔27〕のような解釈をとれば、これらの結果の解決はより容易となるであろう）。

〔27〕　(c)　訴訟物理論に関しては、民訴法学において長い間の議論の蓄積があり、上記(a)および(b)の帰結の当否については、民訴法学に委ねるべきであろう。ところが、注目すべきなのは、訴訟物の概念の定立により

既判力の範囲・訴えの併合・訴えの変更・二重起訴の禁止の4つの問題が統一的に決定されるという考え方自体（→〔15〕）が、近時の民訴法学において力を失いつつあるように見えることである（以下は、中野・前掲論文（→〔14〕）に負う）。すなわち、たとえば、前訴と訴訟物を異にする後訴であっても、信義則によってこれを拒否するという判例理論が発展をみて、訴訟物＝既判力の範囲という等式は崩壊しつつある。また、二重起訴の禁止についても、訴訟物概念の演繹的適用によってではなく二重起訴の禁止の制度の趣旨から決しようとする考えが有力となっている。要するに、訴訟物概念が決定すべきものとされていた各個の事項は、事項ごとにその制度の趣旨に応じて決定すれば足りると解されるようになってきたのであり、これを延長していけば、論理的には訴訟物とは実体法上の請求権または「法的地位」であるという大前提も維持できなくなるはずである。というのは、請求の対象を画する訴訟物概念が不要にならないまでも、訴訟の趣旨・目的に照らしてその概念内容が決定されれば足りる以上、実体法上の請求権がアプリオリに訴訟物を決定する基準と考えるべきではない、という主張がそこから導かれてくるからである（現に、中野・前掲論文は、「理論上、訴訟を考慮に入れずに構成される実体法規範上の権利の単複異同をそのまま訴訟物基準とすることは、実体権の存否確認を直接に目的としない給付訴訟や形成訴訟においては、無理である」と明言し、訴訟物が問題となる各個の規定の趣旨目的を考察して導かれるところの「訴訟的訴訟物」概念を論じている）。この主張は、実体法と訴訟法との分化の意義という大きな問題につながっており、本書としては、軽々にはその当否を判断し難いが、これをもって民訴法学における訴訟物論の近時の動向の理論的到達点と解するならば、実体法学は、常に訴訟物との関連を意識しつつ請求権競合問題を論じるといういわば桎梏（「実体法上の請求権＝訴訟物」の等式）から解放され、実体法学の平面でのみこれを扱えば足りることとなるであろう（たとえば、債務不履行責任を追及して敗訴しても後訴で不法行為責任を追及できるか否かの問題は、民訴法学上専ら訴訟法上の考慮によって決せられれば足りることになる）。

〔28〕　　第3節　『債権各論Ⅰ』の構成

1　債権各則における契約の重視

　すでに述べたように、債権各則の中で最も重要なのは契約と不法行為である。このうち、後者の説明については『債権各論Ⅱ』〔1992・弘文堂〕があてられているので、各論Ⅰは契約を重視し、これを中心に扱う。契約総論においては、契約総則のほか、契約上の紛争解決の意味を論じた箇所で和解が扱われる。両者に含まれない事務管理および不当利得は、契約を重視する姿勢にもとづいて契約に従属しまたはそれと関連する側面に重点をおいて扱われる。すなわち、まず事務管理は、典型契約の規定の説明（第4章・第5章）における委任の箇所において、委任との対比で付論として説明される。この方法は比較法的にも（→〔1〕）沿革にも（→〔2〕）、適合的であるばかりでなく、事務管理の理解を容易にすると思われるからである。次に、不当利得については、契約による財貨移転が契約の不成立・無効・取消の場合において、あるべき状態から覆されるという局面をまず想定し（「契約関係の事後処理」と題されている）、そこから説き起こされる。不当利得が問題となるのは、この局面に尽きるものでなく、各種の法律関係においてであることは言うまでもないが、契約との関連を重視し、かつ最も理解に資すると思われるので、ここから出発して不当利得法一般に説き及ぶ方法が採用されている（第6章）。

〔28a〕　　*2*　本書の構成と叙述の順序

　「契約総論」と題された本『債権各論Ⅰ　上』は、契約一般に通じる総論的部分（第1章〜第3章）を扱うものである。本書が他の契約総論の体系書と異なるのは、契約総則のみを対象とするのではなく、契約上の紛争が訴訟上の紛争に転化する条件・契約法学の任務・契約の解釈の一般

理論・契約の独自の分類方法といったような理論的問題に言及している点である。その理由は、契約に関する法規定および判例の諸準則に対し、裁判規範としてどの程度の重要性を認むべきであるのかという問題意識が他の民法の諸分野と異なり（とくに不法行為と比べて）、契約法においては重要性を帯びると考えているからである。第2章は、この点を論じており、それとの関連で、和解が扱われている（重要性に乏しい終身定期金については、典型契約との関連で簡単に言及するにとどめる）。第3章には、すでに述べたように契約総則が解体されて組み込まれており、契約の解釈の重要さにかんがみ、とくにそれに対して1節があてられている。

第2章　契約の概念

第1節　契約の意義および機能

1　契約の意義

〔29〕　民法上の法技術概念としての契約（狭義の契約）の意義は、比較的明確である*。すなわちそれは、①法律行為の一種として単独行為および合同行為（後者を認めるべきか否かについては争いがある。→〔6〕）に対する概念であり、したがって、②少なくとも二当事者間における意思表示の合致（合意）を意味し、かつ、③債権の発生原因の1つとして位置づけられる。しかし、契約の概念は、これよりも広い意味でも用いられる（広義の契約）。たとえば、物権を設定する旨の合意（地上権・抵当権等の設定契約）や親族法上の効果をもつ合意（婚姻・養子縁組等）を含むものとして契約の語が用いられる場合には、③の要素が欠けているから、主として上記①および②に着目した用法である。公法上の契約という語が用いられる場合には、①の要素は修正を受けているから、主として②および③に着目した用法である。このように、広義の契約の概念の中核要素は、大体において、②であると言ってよい。しかし、この②の要素も、当事者が自由に（他からの圧力なしに）かつ自発的に（自らの欲求満足のみを原因として）取引した結果到達した合意を意味するか否かによって、契約の概念規定を左右する。後述するように（→〔33〕）、約款（普通契約約款〔または普通契約条款〕とも言うが、以下この語を用いる）は、合意の要素を伴うけれども、それは自由な意思にもとづいて到達されたと言い難い点において契約と対照的であるからである。

　以上のように、広義の契約の語は多義的であるが、本節においては、狭義の契約を中心としたもの、すなわち当事者間の「自由な意思に基づ

いて取り決められた債権発生原因の1つたる合意」の意味で用いられる。

* **契約概念の比較法的地位**　契約概念の意義に関しては、両極にある2つの考え方が存在する。一方の極は、ドイツ法系におけるものであって（なお、〔11〕＊参照）、契約を自由な意思の合致であると解し、契約に拘束される根拠はその意思のゆえであると考える（いわゆる「意思理論 Willensdogma」）。もう一方の極は、コモンロー系におけるものであって、契約に交換的取引（bargain）たることを要求し、当事者相互間に交換の要素を欠く合意を契約概念から排除する（したがってたとえば、無償行為は契約ではない）。合意に拘束されるには約因（consideration）の存在を要するという法理（各種の例外があるけれども）は、この考えに由来する。フランス民法は基本的には「意思理論」に立脚するが、契約の有効要件にコーズ（cause）を要求し（同民法1131条以下。何がコーズにあたるかについての解釈は分かれる）、無償で与える意図もコーズに含まれるので、無償の贈与も契約であり、したがって、そこにおける契約概念はコモンロー系におけるよりも広い。しかし、無因の債務約束のごとき行為は（ドイツ民法780条参照）、これを認めないので、ドイツ法系の契約概念よりも狭く、コモンロー系とドイツ法系との中間にあると言いうる。日本民法の契約概念は、コモンロー系のそれとは明らかに異なり、かつ法律行為の一種として位置づけられている限りにおいてドイツ法に類似するが、債権発生原因に限る意味で用いられている点においてそれよりも狭く（ただし、起草当時には広義に解されていたと考える余地もある。『民法修正案理由書』第3章第2節、梅376頁参照）、また、「意思理論」の伝統を欠くので、必ずしもそれと同一視はできない。契約概念が合意のみを要件としていること（民法は無因の債務約束のような規定を欠いている）、意思の有無によって契約と準契約とを区別する編纂技術を引き継いでいること（→〔1〕）等を考慮すれば、コーズの伝統と無縁ではあるけれども、どちらかと言えばドイツ民法よりもフランス民法のそれに近いと言いうるであろう。

2　契約の機能

〔30〕　(1)　**契約と市場機構**

契約は、所有権（排他的支配権）と並んで市場を支える最も基本的な

法的枠組みであり、この2つを基本として支えられた制度（すなわち市場機構）によって、財の配分をするところに、契約の機能がある。財の配分のための社会的な仕組みには、大きく分けて、交換という社会関係を用いるものと権力（強制力）による支配・服従という社会関係との2つがある（前者が制度化されたものが市場機構、後者のそれが国家を最も大規模なものとする組織）。市場においては、人々は財を交換によって入手するために、自らの欲求をより大きく満足させる財を所有（排他的に支配）している相手方を見出し、それと取引交渉して、双方とも合意できる条件を自由な意思にもとづいてとり決め、財を交換し、相互に欲求を満足させる。もし、取引の相手方が当該財を支配することに社会的に承認を受けていなければ、またはその支配の及ぶ範囲が不明確であれば、誰を相手として取引してよいか分らないし、また、支配が及んでいない財については実力でそれを奪えば足りるから、いずれにせよ交換は行われえない。さらに、取引交渉の結果取り決めた内容が守られなければ、取決めがいつでも破りうるものになるのだから、上記と同様に、交換は行われえない。こうして、排他的支配の対象および範囲の社会的承認、つまり所有権（排他的支配権）と合意が守られる社会的な保障つまり契約とは、市場機構を支える最も基本的な法的枠組みとなる。

(2) 市場の変化と契約

〔31〕　契約が市場機構を支える最も基本的な法的枠組みだとするなら、市場が変化すれば契約概念もその機能も、それに対応して変化することは当然である。すなわち――

　　（ア）　市場の変化として第1に挙げるべきは、市場機構の作用する範囲すなわち取引圏の著しい拡大である。まず、1990年代以降、旧ソ連の解体と市場経済への移行およびそれに伴って東ヨーロッパ諸国に生じた同様の現象により、市場機構の作用する範囲は、国内はもとより、国家を超えて飛躍的に拡大した。社会主義体制を採る中国も、「社会主義市場経済」の名の下に、市場に大幅に依存する経済体制に向かいつつあり、これらの諸国の市場化への動きは、長期的に見れば益々増大すると考え

られる。多国籍企業の展開と相俟って、取引のいわゆる「地球規模への拡大化（globalization）」は、もはや不可避の現象であるとさえ思われる。

〔32〕　（イ）　第 2 に、グローバリゼーションを一層促進したのは電子機器を媒体とした通信技術の驚異的な進歩である。これにより取引の国際化・大規模化・迅速化（とくに、資金の移動や規格化された動産のような同質的な財貨の取引において顕著である）は急速に進展した。このグローバリゼーションの結果、契約の遵守・契約の自由の尊重といったような市場を支える普遍的価値および一般的規範の重要性は国家の壁を超えて意識されるようになり、国際的な紛争処理機関の必要性や、国内法を超えて共有すべき規範の必要性が広く認識されるようになった。世界貿易機構（World Trade Oganization, WTO）の設立のほか、国際動産売買に関するウィーン条約（Vienna Convention on Contracts for the International Sales of Goods、以下、CISG と言う。訳文は甲斐道太郎ほか編『注釈国際統一売買法』〔1998・法律文化社〕による）の締結、法律家の研究所や研究組織による「国際商事契約に関するユニドロワ原則」（UNIDROIT Principles of International Commercial Contracts、以下、「UNI 原則」と言う。訳文は広瀬久和訳「ユニドロワ国際商事契約原則」ジュリスト1131号72頁以下による）の公表、「ヨーロッパ契約法原則」（Principles of European Contracts Law、以下、PECL と言う。訳文は潮見佳男ほか監訳『ヨーロッパ契約法原則 I・II』〔2006・法律文化社〕による）の編纂は、このような認識の帰結である。

　以上のように、国際的な取引の重要性が増すにつれ、大陸法系・コモンロー系の差異にかかわらず、両者に共通する契約法の諸準則が何かについての探求が始まり、それらが共有されるようになってきたのは（とくにコモンロー特有の思考方法と用語とが大陸法の法律用語にも浸透してきたのは）、近時の著しい特徴である（以上は、R. Schulze (Ed.), New Features in Contract Law, Sellier, 2007 に負うところが多い）。

〔33〕　（ウ）　しかし第 3 に、上記（ア）の現象と相反する変化も同時に生じてきている。それはまず、大企業が重要な取引主体として登場したことに伴って生じた変化である。欲求を最もよく満たす財の所有者を取引の相手として容易に発見できる場としての市場が成立し、欲求の多様化およ

び分業の利益の追求の結果、多数の取引主体が利益が得られると考えてそこに参入すれば、相互に競争が生れ、取引は交渉の結果自己に最も有利と考える条件に応じた相手方との間に成立する。しかし、競争によってそれを勝ち抜くだけの資源を備えた取引主体（大規模企業）が市場において支配的地位を占めるようになると、それらは大量の取引を合理的かつ安価に処理するために、あらかじめ工夫され・書面化され・定型化された内容の条項（すなわち約款）を用いるようになる。自らの支配的地位を保つためのものであるから、それらの約款は当然ながら約款の使用者にとって一方的に有利な内容を持つものであるけれども、取引交渉によりそれを改めさせるほど対抗しうる資源を有しない相手方は、その者と取引をしようとする以上、それをそのまま（合意したという形で）受け入れざるをえない（とくに当該取引によって供給される財が生活維持に不可欠であるときはそうである）。こうして、契約に代わって約款が支配するようになると、自由な合意による取引の行われる場が縮小するから、それだけ「強者の意思」、したがって「強者の正義」が支配するようになり、市場の競争促進的機能もそれだけ失われ、その結果、経済学にいわゆる「資源配分の効率性」も犠牲にされる。ここにおいて、国家が種々の立法的・司法的手段により、国家（という強制力のある第三者）から本来自由であった市場および契約の内容に介入するようになる。いわゆる労働法・独占禁止法と呼ばれるすでに確立した法分野や近時急速に発展しつつある消費者(保護)法と呼ばれる分野がその典型である。こうして、市場の拡大と市場への介入とがいわば同時進行しているのが現在の状況であり、それに伴って現在の契約法は相異なる2つの方向へと分解しつつある（→〔36〕）。

〔34〕　（エ）　第4の変化は、市場機構そのものに関するものである。市場機構は、かつて社会全体をおおっていた共同体的社会関係（それは多かれ少なかれ支配・被支配という権力的社会関係を含んでいたが、それは国家という組織に一元化された）の解体によって成長し、組織と明確に区別され、それと相対立するものとして概念化されてきた。しかし、市場機構と組織との対比の意味は次第に失われつつある。すなわち、大企業の出現は国家に

比すべき大規模組織の出現であったが、組織の巨大化がかえって非効率性を招くことに気づかれるようになると、むしろ企業は、絶えず自らの組織を細分化し、新たな取引の単位を作り出すようになった。それらは組織内への市場原理の導入による効率化・分業の利益の追求等の各種の利益最大化行動（税法・財務処理上のものに至るまでの）の結果として生じるものであるが、これら細分化された各単位組織はそれぞれ独立の取引主体となって市場にあらわれるから、企業活動は、単一の巨大組織によって行われるよりも、細分化され、かつそれぞれが独立の取引主体である多数の単位組織が全体として形成するゆるやかな組織によって行われるようになる。また、分業の利益の追求の結果、高度に分化した取引主体の間には、それぞれが蓄積してきた独自の情報・知識・ノウハウを結合した新たな組織を形成し、それによって新たな市場の開拓・参入を図ろうとする。この場合でも、多数の取引主体が、いわば網の目（ネットワーク）をなし、全体としてゆるやかな組織を形成しつつも、独立の取引主体性をなお維持するという現象がみられる。上記のいずれの場合でも、ネットワークをなしている個々の取引主体間の関係は、法律的には契約という形を採りつつ、しかもそれはゆるやかな組織をなすから継続的なもの（後述する組織型契約）となる。こうして、純粋の市場機構と純粋の組織との中間にあたるようなもの（「中間組織」）が、大きな意味をもち、それを支える法的枠組みは、組織型契約（→〔78〕）となっている。市場機構の制度的枠組みそれ自体に修正を迫る組織型契約の概念が重要となることによって、契約の意味は、ここでもそれが前提としていたかつての市場機構におけるものと著しく変化している。

〔35〕　（オ）　第5の変化は、人々の欲求の多様化を反映して市場において生産され、消費される財の著しい多様化である。これらのうち、とくに知識・情報・ノウハウ・サービス等の非代替的・無形的財の取引については、民法の契約に関する規定は、具体性を欠いていてこれに対応できず、有体物のみを対象とする所有権の規定に至っては、全く意味を失っている。そこで取引実務においては、これらの財の性質や取引の目的に最も適するように、契約または約款によって当事者間の権利関係を作り上げ

る法技術が高度に発達している。すなわち、民法の規定に何らの根拠を持たない種類の契約が著しく発達し、それらが取引における法的枠組みの基本となっているのである（→〔222〕）。

〔36〕　***3***　本書の対象たる契約

　本書が扱う契約とは、前述のとおり「自由な意思に基づいて取り決められた債権の発生原因としての合意」（→〔29〕）である。本書は契約法の基礎理論を叙述するものであるから、このような契約概念のいわば「原型」をあらかじめ明らかにしておかなければならない。ところが、前述のように（〔31〕～〔33〕）、現在の状況は国家を越えた市場の拡大と国家による市場への介入という相反する現象が同時に進行し、契約法はいわば二極分解しつつある。そこで、契約の「原型」をいずれに求めるべきかを決めておかなければならない。まず、国家による市場への介入という後者の現象、すなわち事業者（企業）対消費者間の契約（business to consumer の関係を略してＢ２Ｃ契約と言う）は、上記の「原型」たりえない（ドイツ民法は、2001年の債務法改正により消費者保護・約款規制法を民法に統合したが〔同13・4条等〕、だからといって両者に一律に民法の規定が適用されるわけではない〔305条～310条・355条～360条〕参照）。国家法による規制は「自由」な合意を複雑かつ多様な仕方（それはかつて説かれた「契約自由の制限」とは全く様相を異にするものである）で制限するからである。これに対して、市場の拡大という前者の現象における主要な参加者である事業者対事業者（business to business、すなわちＢ２Ｂ契約）の関係は、国家の庇護を受けず、市場における競争にさらされる独立対等の取引主体（取引により大きな差異は存するけれども）であって、少なくともＢ２Ｃ契約と比較すれば、契約の「原型」に近い。もちろん、論理的にはＣ２Ｃ（consumer to consumer）契約も考えられ、そこでは契約法の規定がほぼそのまま適用される場合が多いという意味では、「原型」たりうるけれども、事業者と対比された意味における消費者同士の関係は現在の取引の重要な主体とは到底言えないであろう。そこで、できるだけ取引の現実に迫るのに有

用な理論的道具を提示したいと意図する本書は、Ｂ２Ｂ契約をもって現在における契約の「原型」と把握する（それはあたかも「市民法」が、独立した財産と事業の経営主体〔古くはしばしば権力の主体でもあった〕である「家長」に「原型」を求めたのと等しい）。したがって、消費者契約法（平成12法61）をはじめ、各種の業法や規制法に見られる消費者保護に関する法技術や法体系は、本書の対象外におかれることになる。

第２節　契約法と契約法学

1　契約法学の地位

〔37〕　(1)　契約の重要性と伝統的契約法学

　現代の社会において、契約の占める地位がきわめて重要であることは前述のとおりである。それは世界的規模に及ぶ取引圏の法的枠組みを形成し、約款という国家法に比すべきものを発展させ、組織に近いものを作り、民法に根拠をもたない新たな権利義務関係を生み出している（→〔31〕～〔35〕）。しかしこのことは、「裁判規範としての契約法学」（すなわち、契約をめぐる紛争につき訴訟が提起され、裁判上の解決を求められたときに、裁判官が適用すべき諸規範を提示するための学問分野。以下、伝統的契約法学と言う）が重要であることを必ずしも意味しない。その理由は次のとおりである。

　（ア）　現在の最も重要な取引主体は企業であるから、現在の社会で量的にも質的にも最も重要な契約は、企業間におけるものである。ところが、企業の存在理由は利益追求にあるから、取引に関する紛争に直面した企業は、訴訟を提起したほうがそれに投下する費用に見合うだけの効果または便益をもたらすか否かを計算し（いわゆる費用便益分析）、便益が大な場合にのみ、訴訟を提起するであろう。とくに、企業の属する取引界または経済社会全体が短期間に激しい変動を経験すればするほど、訴訟に投下する「時間のコスト」（訴訟が時間を要するということ）は大とな

るから、企業は、紛争解決のためには訴訟を利用しなくなるであろう（現に、経済社会が発展すれば契約に関する訴訟の数は減少する、と結論づける実証的研究が諸外国に見られる）。したがって、とくにＢ２Ｂ契約に関する規定の解釈については判例の蓄積も見られず（判例の蓄積されている分野はむしろ取引の周辺的分野である）、裁判規範としての契約法の役割は低下し、それを対象とする伝統的契約法学もその存在理由を問われることになる。少なくとも、規定の解釈と判例の準則の抽出によってあるべき裁判規範を構成する伝統的な法律学の手法は、契約法学では十分に通用しなくなる。

〔38〕　（イ）　訴訟による紛争解決が一般に大きな費用を要する（高価である）とすれば、最も重要な取引主体たる企業は、訴訟によらない紛争解決（合意・調停・仲裁等）をより多く好むであろう。したがってそれらが用いる契約書または約款（→〔33〕）には、訴訟を回避し私的な紛争解決を選択する趣旨の条項が盛り込まれるであろう。そして、そのような契約書または約款が広く用いられるようになればなるほど、紛争が生じたとしても、その解決は裁判所等の司法機関の手を離れて行われるものとなるであろう。こうして、伝統的契約法学の手法は、やはり意味を失うのである。

〔39〕　（ウ）　継続的契約（→〔34〕）は現在の取引の最も基本的な形態であるが、その基礎をなす安定した社会関係は、後述する（→〔75〕）「信頼」という社会規範（信頼規範）を生み出す。そして、「信頼規範」の下にある当事者は、紛争あるいは紛争に導かれる状態が生じたとしても、訴訟上の解決に訴えようとはしないのは勿論、契約または約款の当該条項（（イ）参照）にも訴えないということが経験的に知られている（いわゆる「握手」による解決）。そうであるならば、その限りで、事態は上記したところと同様なのである。

〔40〕　（エ）　市場（に反映される人々の欲求）は経済社会の変化に対応して絶えず変化し、新たな財の供給を常に求める。それに応えるために市場に参入しようとする取引主体は、そのような財を工夫し、それを供給するための市場を自発的に創出し、またはそのような市場の制度化を求めて

安定的な取引関係を得ようと努める。そこで供給される財は、「物」(所有権の対象である商品、とくに規格化され大量生産されるそれ) であることもあるが、各種のルールや合意によって作り上げられた無形の商品 (保険・証券・信託等のいわゆる金融商品。とくに最近、不動産の証券化という商品の登場とともに生み出された証券市場はその好例であろう) であることもある。とくに後者は取引の対象そのものがルールや合意で成り立っており、各種の公的規制・情報開示・企業評価 (いわゆる格づけ)・会計基準等をも考慮に入れつつ創り上げられた極めて複雑かつ複合的な契約によってのみ可能である。その種の契約に対処するのは、規定の解釈を専ら念頭におく伝統的契約法学によっては困難である。

状況が以上の通りだとしたら、現状はまさに、伝統的契約法学の「危機」であると言わなければならない。そこで、この「危機」に直面して契約法学が採るべき方途は何か、が問われるべきである。

(2) 今後の契約法学の方向

[41]　(ア)　この問いに対する解答の第1として考えられるのは、裁判規範としての契約法または契約法学よりも、契約が用いられる社会学的実態を探究し、この実態にもとづいて契約法学を構築するという途である。実際の取引で用いられている契約書や約款等を収集して分析し、新たな契約類型や契約慣行を調査して、現実の契約の姿や契約上の紛争解決の実態を明らかにしたり、契約の成立に至る交渉の過程を明らかにするなどの研究方法がこれにあたる (来栖三郎『契約法』〔1974・有斐閣〕、北川善太郎『現代契約法Ⅰ・Ⅱ』〔1973、1976・商事法務研究会〕などがこの方向を示している)。このような方法は、つきつめていけば法社会学的または行動論的研究に帰着し (それは価値ある仕事ではあるけれども)、裁判規範としての契約法学との接点を見出すのは困難であり、したがって実定法の教育が採用すべき方法として適切であるか否かは疑問である。

[42]　(イ)　第2に考えられる解答は、紛争が生じたときに備えてあらかじめ契約書に詳細な条項を定めておき、それによって迅速かつ有利な解決を得るための法技術、すなわちいわゆる「予防法学」をもって契約法学

の進む方向と答えることである。もっとも、厳密に言えば、「予防法学」の意味は必ずしも明確ではない（末弘厳太郎博士が最初に用いたと言われるが、明確に概念規定されているわけではない。エーアリッヒ（Ehrlich）も、ローマの法律家の役割について述べる際に、これに近い意味をもつ kautelar Jurisprudenz の語を用いており、これも「予防法学」と訳されている）。もしそれが、あたかも病気の予防と同じく、紛争そのものを「予防」あるいはその発生の危険を最小化することを意味するものであるならば、すでに指摘されているように（柏木昇「契約締結前の法律的プラクティスとしての予防法学」NBL242号・244号）、法律学に不可能事を要求するものである。紛争の原因は多種多様であって、法律学によってそれを「除去」あるいはその危険を「回避」することはできないからである。したがって、契約書にいくら詳細な定めをおいたところで紛争を抑止する効果を持つか否かは疑問であり、また、権利義務の判定が第三者によってなされる以上、一方当事者にとり常に有利な解決が得られるわけでもない。もし、一方当事者が不利となる可能性のある解決を「予防」しようとして一方的に契約内容を定めて相手方に合意させるならば、それは「強者の正義」に通じる。やはり、裁判所においても通用する「正しい」規範は何かが探究されなければならない。しかし、「予防」法学という発想は、多かれ少なかれ「紛争発生前または契約締結前（取引開始前）に（つまり「事前」に）権利義務関係を定めておく」という考え方に立っているものと思われる。そうだとすると、それは裁判規範の定立という役割を果たす意味を失いつつある伝統的契約法学の生きるべき途の１つを示唆しており、今後の契約法学の在り方を構想するときには、参考にされるべき発想だと言わなければならない。

〔43〕　（ウ）　以上のように、「契約」の章に属する規定の解釈や判例の収集とその法理の分析のみに従事する伝統的契約法学が現在の法律家（とくに契約実務を専門とする）にとって無意味かつ無力となりつつあり、しかも「社会学的」契約法学にも「予防法学的」契約法学にも全面的に依ることができないとすれば、現在の法律家に求められる契約法学とは、「特定の取引主体間における権利義務関係を事前〔取引開始前〕に設計す

ることを主要な任務とするもの」と再定義されるべきである。契約実務に従事する法律家は顧客から依頼を受けた取引について、また企業法務部における法律家は当該企業が直面する各種の取引について、その目的を最も効果的に達成するように、将来生じうるであろう様々な局面を想定しつつ典型契約の規定はもとよりあらゆる種類の法技術を駆使して契約書の原案を作成し、他方当事者との間で交渉を重ねて合意を取り付けた上で契約の内容を確定するという仕事に日々従事しているのであり、これこそ「権利義務関係の設計」と呼ぶのに相応しい仕事だからである。このような定義は、伝統的契約法学と異なった問題に契約法学を直面させる。それらを列挙すれば次のとおりである。

〔44〕　　(a)　権利義務関係を事前に設計する際、最も重要な着眼点の1つは、当該取引を巡って紛争が生じ訴訟が提起されたときにどのような判決が下されるかを予測し、かつ究極的には後述の「信義則」および「条理」という規範（→〔125〕・〔126〕）に支えられた判決を得られるようにしておくことである。そのためには、疑問の余地の生じないよう明確に権利義務関係を契約書中に表現する能力が要求されるのは言うまでもないが、裁判によって権利義務関係が確定されるためには契約の解釈という作業によらなければならない以上、いくら明確に権利義務関係が契約書に表現されていたとしても、契約の解釈という作業の性質を明らかにしておかなければならない。そして工夫の末に設計された権利義務関係は複雑であるから、契約の解釈も民法の「契約」の章に属する規定（多くは任意規定）に依拠すれば足りるというような単純な作業ではなくなる。ところが、民法の体系書では、契約の解釈は総則中の法律行為の解釈の箇所で説明され、解釈の基準として契約の目的・慣習・任意規定・信義則等の抽象的基準が挙げられるにとどまっており、法律家に共有されるべき具体的基準を探究する試みはほとんどなされてこなかった（これに対応して判例上でも拠るべき解釈の基準は明らかでない。その理由については〔91〕・〔92〕）。しかし、契約の解釈の決定的重要性（法律の解釈の方法が論じられることは少なくないが、契約法学にあっては、契約の解釈はそれに匹敵する重要性を有する）に鑑みれば、このような状況は改められるべきである。本書が

契約の解釈の具体的基準を可能な限り明らかにしようと努め、多くの頁を割くのは（→〔88〕以下）、その決定的重要性を強調したいが故である。

〔45〕　　　(b)　契約上の権利義務の設計の仕方を決定するのは、言うまでもなく当事者が達成しようとする取引（契約）の目的である。そして、契約の目的を達成するための権利義務の設計の仕方は当該契約により入手すべき財の性質によって異なると考えるべきである。たとえば、入手すべき財についてすでに市場が存在し、他から容易に入手できるような場合（とくにチョコレートや建材のように規格化され大量生産される商品）には、その取引は日常的であって、契約が存在すると意識されることさえも少なく、契約書が存在するとしても定型化されており、それに関して訴訟上の紛争が生じることもまれである（代替性に富む財の取引なので、たとえば不履行のときには解除して他から入手すれば足りる）。そこでは取引開始に先立って「権利義務関係の設計」が要求されるとは意識されないであろう。ところが、市場が存在しないかまたは市場を創出するのが高価につく財（すなわち「非代替性」の大な財）の取引（たとえば、特定の企業の買収、特殊な金型製作の技術を持つ企業への金型の発注）の場合には、当該財の供給者と需要者という特定の当事者間でのみ取引が行われざるをえないから、そこでの契約の成立は個別的な交渉によってのみ行われざるをえず、また、当事者の意思如何にかかわらず、当該契約は継続的にならざるをえない。継続的であれば、将来起こりうべき経済的状況の変化を予測した上で権利義務を設計しなければならない。こうして、権利義務の設計の手法は格段に複雑になるばかりでなく、他の諸点においても、大きな差異をもたらすものと思われる。後に詳しく述べるように（→〔78〕）、本書は、市場において入手または調達の容易な財の取引を市場型契約と呼び、それが困難な財の取引を組織型契約と呼んで、この２種の契約のもたらす権利義務関係の様々な差異を本書全体を通じて明らかにするとともに、この２つを現在の社会における取引の現実を把握する理論的道具として位置づけている。このような理論的道具を駆使することによって、伝統的契約法学の対象とは異なる新たな世界が開かれると考えるからである。

〔46〕　　　(c)　「権利義務関係の設計を任務とする」と定義された契約法学は、

かえって典型契約（→〔71〕）の意義を明確に示すことができる。これまでの体系書においては、典型契約の規定が機械的に適用されることに対する警戒感（日本民法学特有の「反概念法学」的志向のあらわれである）のために、典型契約の規定の意義は、必ずしも重んじられてこなかった。すなわち、問題となっている当該契約の法的性質がある典型契約にあてはまると解しても、その典型契約の規定すべてを適用すべきではないし、また、他の典型契約に属する規定を適用することを妨げるものではなく、「延いては或る契約が民法典所定のどの典型契約に包摂されるかということはその契約より生ずる法律関係を処理する上にたいして意味がない」とまで主張されている（来栖・契約法739頁。同様のことは非典型契約についても述べられている。同742頁参照）。しかし、これは裁判において事後的に契約の効果を判断する際の発想であって、権利義務の設計という観点に立てば、異なった見方がされるべきである。契約実務では典型契約の規定を手掛りとして契約書を作成し、取引から生じる権利義務関係をあらかじめ設計して取引に入るのであり、典型契約の規定には、重要な役割が与えられているからである（柏木・前掲論文参照）。そうだとすれば、典型契約の規定には任意規定の1つとしての補助的地位だけが与えられるべきでなく、権利義務関係の設計のための重要な道具の1つだと考えられるべきである。今後の契約法学は、この視点から典型契約の意味と適用範囲とを明確に示すことに努めるべきである。

〔47〕　　　(d)　契約法学は、法的知識の伝達のためには今後とも法律学の伝統的仕事（民法の規定の解釈およびそれに関する判例からの準則の抽出によって現実に妥当している裁判規範を明らかにし、かつ、「あるべき」裁判規範を提案するという作業）に従事すべきではあるが、このような伝統的な仕事の意味が、一般的には薄れつつあることに鑑みると（→〔37〕以下）、伝統的仕事が依然として意味を持つ分野と意味を失いつつある分野とを、次述の契約行動モデルを用いて理論的に示すことによって、裁判規範としての契約法学を意味あらしめるよう努力すべきである。

2 契約上の紛争と訴訟

〔48〕　**(1) 契約上の紛争が訴訟に転化する諸条件**

　　契約上の紛争が訴訟に転化するための諸条件を明らかにすることは、裁判規範としての契約法学の範囲を画定するために必要な仕事であるが、上記の諸条件は、言うまでもなく具体的な紛争ごとに異なるので、それを一般的に述べることは、契約行動についてのいくつかの仮定をおいた上で、そこから演繹的に展開する理論的作業とならざるをえない。まず、それらの仮定を明らかにしておこう。

　　(a)　契約行動の理論モデルは、市場における交換つまり取引行動を説明するものであるから、「人は自己の欲求を最も満足するように行動する」という仮定から出発する。しかし、社会行動である以上、それは規範の拘束の下にあり、規範の枠内で行われるものであるし、交換という社会行動であれば、「信頼」および「交換的正義」という規範の拘束下にある（社会学・社会心理学・社会人類学の知見によるが、詳細については立ち入らない）。民法学の用語に翻訳すれば「信頼」はいずれも一般条項としての「信義則（→〔147〕）」、「交換的正義」は「条理」にそれぞれ対応する（→〔126〕）。したがって、契約法における両者の役割は重要であり（とくに、契約の解釈や契約成立のための交渉におけるように、それらを規律する具体的な規範を欠く場合）、後述のように、これらを具体化された（すなわち「反論可能性」を高めた）命題に構成することが重要である（→〔125〕・〔126〕）。したがってまた、契約上の紛争の原因を一般化して言えば、当事者の一方がこれらの根本的規範に違反したと他方が意識したときに生じると言うべきであるが、その解決のために訴訟を提起するか否かは、上記の基本的仮定によれば次の考慮の下に決定されることになるはずである。

　　(b)　上記した契約行動の理論モデルで示したように、契約上の紛争当事者は、行動を選択するにあたってその行動をするために投下する費用とその行動を選択した結果得られる便益とを計算し（いわゆる費用便益

分析。ただし、これらが金銭で表示されるという前提に立っていない)、便益が大ならば当該行動を選択する、と仮定する（経済的合理人の仮定)。この仮定はＢ２Ｂ契約について最もあてはまるものと思われるが（→〔37〕)、これを契約当事者一般にまで拡大するのである。

(ｃ) 契約当事者は、契約関係におかれている以上、紛争開始前にすでに何らかの接触をもち、何らかの社会関係に立っている。したがって、何らの社会関係も事前に存在しない場合（たとえば不法行為における加害者と被害者）に比べて取引に要する費用が安価であろうから、契約上の紛争においては取引交渉における紛争解決（その法的手段が和解（→〔52〕）である）をするほうが不法行為におけるような訴訟による紛争解決よりも一般に安価であると考えられる。したがってまた、紛争当事者の一方が訴訟を選択するのは、①訴訟を選択したほうがより大きな便益を得られることが明らかであると計算したとき、②費用と便益とを一元的尺度で比較できず、したがって費用便益分析そのものが困難であるとき、③仮に費用便益分析ができるとしても便益が大であるか否か不明であるとき、の３つの場合であろうと思われる。

〔49〕　**(2)　仮定の帰結**

(ａ)　上記①については、とくに述べる必要はないであろう。たとえば、契約の履行、またはその解消を請求したほうが契約解消（履行）に応じるよりも金銭的に評価して大きな利益をもたらす場合がその典型である（短期的に不動産価格が高騰しまたは下落した場合における買主からの履行請求に対する売主からの手付放棄による解約という争いに見られるように、履行請求して市価よりも廉価に不動産を入手したり、手付金を放棄しても他に転売してもっと大きな利益を得られるとき)。この例は契約の当事者のみの費用便益分析によって訴訟が選択される場合であるが、当該契約当事者以外の、潜在的に当事者となりうる地位にある者が勝訴した場合に受ける利益をも計算に入れられるならば、便益はきわめて大となるから、当該契約当事者が勝訴によって受ける便益が費用に比べて小であっても訴訟が選択されるであろう。たとえば、業界で広く用いられている約款や標準契約書の

1条項の効力をめぐる紛争にあっては、その帰結が業界全体の利益に関わるために勝訴によって得られる金額がいかに小さくとも、勝訴によって得られる便益は大だと計算されるから、訴訟の途が選択され、長期にわたって争われ続けるものと思われる（たとえば、旧銀行取引約定書ひな型における差押と相殺に関する条項をめぐる紛争は、国税当局と金融界全体との争いであったと言われる）。

[50]　　(b)　上記②にあたる場合とは、紛争の対象となっている財を入手するか否かについての費用と便益とを一元的尺度（つまり価格すなわち金銭の尺度）で評価できないときである。契約当事者は、財の価格を知らないからどの位の費用を負担すれば便益に見合うかを判断できず、費用便益分析は困難となる。このような場合が生じるのは非代替的な財の取引においてであることが多い。それらは市場で入手できないので市場価格を持たないか、価格をつけるのが困難（たとえば複数の鑑定によらなければならない場合）だからである。たとえば、特定の用途に向けられた特別の仕様の製品の供給先が契約締結後値上げを要求すれば、他から入手できないのだから買主はそれを呑まざるをえないことになって紛争が起きるという場合である。それに備えて契約で対処することも可能であるが、1回的な取引においては、契約によって対処できない場合も存在する。たとえば、不動産は特定の地域・特定の場所・特定の構造と離れてはありえないから、一般に非代替性が大きいが、とくに取引でその個性が重視されればされるほど（都市部の中心にあるビルとか景観のよい湖畔にあるホテルとかというように）非代替性は増大する。そこで契約締結後不動産の価格が急激に上昇または下落すれば、当事者は融資先の審査を問題として資力不足を理由にしたり、説明義務の不履行や瑕疵を理由にしたりして引渡や代金の支払を拒むようになる。当該不動産は他から入手できないのだから、買主がどうしても入手したいと思えば、そのような紛争は訴訟上の紛争に転化する。

[51]　　(c)　③にあたる場合とは、たとえば、勝訴すれば費用を上まわる便益が得られることを計算できても勝訴の見込みについて不確実な（情報を有しない）場合である（②の場合には、勝訴の見込みが低いときでも訴訟が選

択される可能性がある)。その点について取引慣行が区々であったり、規定の解釈についての先例が存しなかったり、新しい法律問題が登場するときの紛争が、この場合にあたることが多い。この場合において当事者双方とも情報不足のときには、取引交渉による解決も選択されるけれども、契約当事者は、権利義務関係を明確にするために(とくに(a)の要素を含むとき)、あえて訴訟を選択することもありうるであろう。

以上のような理論モデルにもとづいて紛争が訴訟上の紛争に転化するか否かをあらかじめ計算し、それへの対処方法を契約上の権利義務の設計に織り込むことができるような能力を養成することも、今後の契約法学の重要な理論的課題である。したがって契約法の記述においては、訴訟上の紛争に転化する条件を意識しながら、規定の解釈・判例理論の動向の測定・判例の準則の抽出に努め、伝達することが重要である。

3 和解──紛争解決のための契約

[52]　(1) 意　義

(ア)　和解の語は多義的であるが、民法の規定によれば、和解とは、「当事者が互いに譲歩をしてその間に存する争いをやめることを約する」契約である (695条)。したがって和解が成立するには、①当事者間に「争い」すなわち権利義務関係の存否・範囲・態様につき相容れない主張の存在を要し、それがあるからこそ②「互いに譲歩」すなわち互譲によって相容れない主張を一致させて、③権利義務関係を確定させる合意を要することになり、そして、④和解契約締結後は、それによって確定されたものと異なる権利義務関係を主張できなくなるから、争いはおのずから「やめる」ことになる (ただし、現在の通説は①②の要件を要求していない──[57])。和解の機能は、このように法律上の紛争を解決するところにあり、この点において、主として経済的利益の獲得を目的とする他の典型契約とは、その機能において異質であることは明らかである。和解の解釈にあたってはこの異質性に即して問題の解決に努めるべきであ

る。和解を他の典型契約と同列に論じるのではなく、紛争解決に関して記述する本節で説くのはこのためである。

〔53〕　（イ）　一般に和解は、有償・双務・諾成契約（諾成契約であることは規定の体裁上疑いない——〔74〕）であると説かれる（梅843頁、我妻・各論中2〔1329〕等通説）。互譲は相手方が譲歩するから自分も譲歩するという関係であって対価的関係に立つから有償契約であり、双方とも譲歩して合意したことを実現する債務を負うから双務契約である、というのである。しかし、和解を債権契約と考えるかあるいはそれを債権各則に入れるべきかにつき比較法的にみても疑問が提起されており（沿革的にも、和解が認められたのは債権を対象とする場合に限られたようであるから、沿革の拘束を受けたフランス民法においてはまだしも、各則に和解を入れたドイツ民法においては、疑問が出されている〔来栖・契約法703頁〕参照。山木戸克己「和解に関する一考察」『民事訴訟理論の基礎的研究』〔1961・有斐閣〕は、和解の異質性を強調して、「法律関係を確定する契約」と規定する）、民法の解釈としても、後述のように（→〔57〕）互譲の要件を重視しないとすれば、有償性は失われると考えなければならない。仮に、有償契約と考えるとしても、その法技術的意味（売買の規定の準用—559条）がどこにあるかは甚だ疑問である。また、合意を実現する債務を双方が負うから双務契約だと解しても、この債務は合意と同時に履行されると解すべきであるから、同時履行の抗弁権や危険負担の観念を容れるべきかはこれまた大いに疑問である。各則におかれたのはフランス民法にさかのぼるという沿革の産物であり、各則の最後におかれたのは、その特異性を示すものと考えるべきであって、解釈論としては、和解は、契約の一般理論（「契約自由の原則」）によって当然に生じる合意と考えるべきものであり、立法論としては、とくに典型契約としての規定をおくまでもなかったと考えるべきである（→〔54〕）。

〔54〕　（ウ）　和解の沿革は必ずしも明確ではないが、典型契約の1つとして分化独立したのは、沿革的には比較的新しい。ローマ法初期の共和政時代においては、強窃盗や侵害を受けた者が和解によって訴訟や判決を回避することは許されなかったとも言われ、また、帝政確立期以後は、判決と異なる和解をすることは皇帝の権威を損なうものとして制限された

とも言われ、いずれにせよ、和解の承認に対して消極的な態度がとられたからである（和解が認められたのは、平和思想を説くキリスト教倫理つまり教会法の世俗化によるところが大きいとも言われる）。フランス民法は、和解（transaction）について詳細な規定をおき（同法2044条～2058条。ただし、フランスの学説は一致して一般理論との重複が多く、欠陥のある規定と評している）、かつ、当事者間における和解の効力を既判力ある終審判決と同じと定めたのは（同2052条1項。旧民法財産取得篇114条1項もこれにならって同旨の規定をおいた）、この伝統の名残り（和解すると税がかかるのでそれを避けるために、ローマ法の伝統にならったとも言われる。来栖・契約法704頁注(1)参照）を示すものである（ドイツ民法は錯誤との関係についての1箇条のみをおき、スイス債務法には規定がない）。旧民法財産取得篇110条以下は、フランス民法にならった5箇条の規定をおいたが、民法起草段階では、そのうち3箇条が削除され、上記の基本的な考え方も改められたかのように見える（→〔64〕）。元来、民法は、以上の沿革とは無縁であり（むしろ、わが国の沿革は江戸時代の「内済」や明治初期の「勧解」が示すように、和解の承認に積極的であったことを示している）、かつ現在の通説も和解に関する規定に大きな意味を認めていないから、基本的には和解によって生じる権利義務関係は契約の一般理論（契約の解釈）で処理されれば足りると考えるべきであろう（→〔53〕）。立法論として和解の規定を存置するならば、和解の確定効の範囲または錯誤との関係（→〔65〕以下）についてのみ規定すれば足りると思われる。

〔55〕　（エ）　和解の実際上の機能は小さくない。訴訟の提起に至らず、取引交渉によって紛争が解決された場合には、法律的にはそこに何らかの意味における広い意味での和解が存在する（前述のように（→〔37〕・〔38〕）、契約上の紛争解決の多くはこの途を辿ると考えられる）。また一旦訴訟が提起されたとしても（なお、民訴法275条1項参照）、裁判所は「訴訟がいかなる程度にあるかを問わず」和解を試みることができ（同法89条）、和解によって訴訟が終結することも多い*（新版注釈民法(17)和解前注〔篠原〕）。なお、裁判所等の第三者機関が関与して和解による紛争解決を促進させる制度（調停）が、各種の法律等によって認められている（これらについては、新版注

釈民法(17)前掲箇所参照)。

　　　＊　**裁判上の和解**　訴訟の係属中に訴訟を終結させて「争いをやめる」当事者間の合意を訴訟上の和解と言い、訴訟提起前の合意を裁判所における手続に服させる和解を訴え提起前の和解と言い、両者を合せて裁判上の和解と言う。いずれも調書に記載されることにより効力を生じ、確定判決と同一の効力を有する（民訴法267条・275条、民訴規67条）。裁判上の和解の性質を論じることは民訴法学に譲るが、判例の準則によれば、裁判上の和解であっても民法上の和解たる性質を失わない（したがって、無効・取消事由があれば、無効または取消を主張でき、再審の訴えによる必要はない）と解されている。学説は分かれているが、これを支持するのが有力学説である。和解の効力をめぐる争いはとくにこの訴訟上の和解に関するものであることが多い。

〔56〕　　（オ）　和解に関連して、示談の意味について述べておく必要がある。示談（または示談契約）とは、争い（とくに交通事故における損害賠償請求に関して用いられることが多い）を終わらせ、法律関係を確定させる旨の合意を言うが、その法律的性質が和解であることについては異論がない（一方のみが譲歩する内容である場合には「互譲」を欠くとして示談と呼び、和解と区別する見解もかつては存在したが、「互譲」を重視すべきではないとすれば、この点に差異を求めるべきでない→〔59〕）。強いて言えば、①裁判所その他の公的機関の関与なくして（つまり訴訟・仲裁・調停外で）合意がなされ、かつ②その対象たる事項が不法行為から生じた損害賠償請求権に関するものであるときにおける和解が、示談と呼ばれることが多いようである。

〔57〕　**(2)　要　件**

　　　（ア）　「互譲」および「争い」が存在すること

　　　　（a）　和解は、「当事者が①互いに譲歩をして②その間に存する争いをやめること」を合意することであるから（695条）、上記①（「互譲」）および②（「争い」の存在）の要件を必要とするかのように見える。起草者によれば、①②の要件を定めた理由は、「羅馬法以来和解ノ定義各国一様ナラス学者亦其説ヲ同シウセスト雖モ本条ニ於テハ其最モ正確ナル定義ヲ採用」したためということであり（梅843頁──フランスの通説にしたがったもの）、したがって、一方のみが譲歩したとき（たとえば請求を認諾した

ので訴えが取り下げられたとき——①が存在しない）や、権利義務関係に関する争いが存在しないとき（たとえば、債務者が担保を供したので、債権者が期限の猶予を与えたとき。①は存在するが、②は存在しない——以上いずれも梅・前掲箇所の設例）は、和解ではなく、したがって、696条の効果が生じないこととなる（かつての通説）。しかし、このような場合には和解ではないと考えても、当事者間に何らかの合意が存在することはたしかであり、そうだとすれば契約の一般理論によって当事者間の権利義務関係が定まるから、その合意の解釈の結果、当該合意によって以後の権利義務関係を確定し、過去のそれを問わないとする趣旨のものであったと認められれば、それは当事者を拘束する。その結果、695条が適用されないと解したとしても、696条と全く同様の効果が生じることになる。そこで現在の通説は、①および②を厳格に要件と解することに反対し、和解とは、当事者間に一定の事項につき「たとえ真実に反しても以後は法律関係はこのようなものとして確定する」という合意が存在すれば足りる、と解する（法律関係が不確実である場合も（実際にはこのような場合が多い）①と同視すべきであり、②は、この合意を推測させるための要件にすぎないと解する——我妻・中2〔1324〕・〔1331〕）。

[58]　　(b)　判例理論は、一般論としては、上記①②の要件に従っているように見える。すなわち、①債務者が残存債務額を承認し、債権者が弁済延期の承諾をしたにすぎない場合には互譲が存在しないので、和解にあたらないと解し（大判明39・6・8民録12輯937頁——ただし妻は親族会の同意なくして和解できないとする旧886条に関するもので先例としての価値は疑問。同明40・11・1民録13輯1059頁——債務者が違法な競売であることを知らずに合意を得て不足額があると信じ弁済したのは和解ではないと判示）、また、②債権の金額または弁済期を変更しても、債権自体に争いがない以上、争いを止める契約ではないから、和解ではないとも述べる（大判昭9・7・11新聞3725号15頁。ただし、訴訟の目的たる事項については、現に争いがあるかどうかにかかわらず和解できると解する。大判大6・10・5民録23輯153頁参照）。しかし、近時は、上記①および②の要件が正面から問題となった判決例に乏しく、かつ、通説の影響か、これを厳格に要求しない下級審判決も見られる（大

阪高判昭24・11・25高民2巻3号309頁、東京高判昭35・3・13。なお、民事訴訟法275条1項の「民事上の争い」の要件に関しても、判決例は「争い」を厳格に要求しない。新版注釈民法(17)241頁以下〔篠原〕参照)。

[59]　　　(c)　和解の意義につき諸説が生じたのは、和解の沿革のためであり(→[54])このような沿革とは無縁な日本民法の解釈としては、上記①②の要件をみたすもののみを和解と解し、それ以外を和解類似の無名契約(→[56])と解することに技術的な意味を認めるべきではなく、通説を支持すべきであろう。したがって、和解とは広く、「従前の法律関係がどうであろうとも以後の法律関係をこれこれと定める趣意の合意を意味する」と解すべきであり((1)(ア)の定義よりも広くなる)、そのような合意の存在を典型的に示すのは①および②が存在する場合であるので、695条は、そのような典型的場合を規定したにすぎない、と解すべきである。上記のごとく解するとすれば、①および②の意義を精密に規定することに、大きな意義を認めるべきではないと思われる（現在の判決例がこの点をあまり問題にしていないのはそのためであろう）。

[60]　　　(イ)　和解の対象となる事項についての権利義務関係が当事者の処分しうるものであること。

　　　　(a)　規定の上では明らかではないが、これも要件に加えられるべきである（学説は要件であることを明示しないが、結果的にはこれを認めることに異論はない――我妻・中2[1325]）。前述のように（→[59]）、和解は「従前の法律関係がどうであろうとも、今後はこれこれをもって権利義務関係とする」趣旨の合意であり、したがって当事者の意思により従前の権利の全部もしくは一部の放棄または全部もしくは一部の取得をなしうることが前提とされなければならないからである。したがって――

[61]　　　(i)　公序良俗違反となるべき法律関係は当事者の意思によって左右されえないから、これを対象とする和解は無効である（最判昭46・4・9民集25巻3号264頁――賭博による債務の履行のために小切手の交付を受けた所持人が振出人との間にした小切手振出に関する和解）。

[62]　　　(ii)　強行法規に違反する事項を目的とした和解の効力は、これをいかに解すべきか。㋐組織・取引・家族等に関する秩序維持すなわち公益

の保護を目的とする法規に違反した事項についての和解が無効であることは疑いない（大判昭3・11・1評論18巻商法18頁——昭和25年改正前の商法によって放棄を禁じられた会社の株主に対する株式競売不足額請求権の一部を放棄する和解は無効）。㋑問題は契約当事者の一方の私的利益の保護を目的とする強行法規についてである。たとえば、建物所有を目的とする土地の賃貸借期間を借地借家法の法定期間より短く定めた和解、正当事由を要せずに明渡を認めた和解、利息制限法の制限利率を超える金員を支払ってする消費貸借契約上の紛争についての和解、などがその例であるが、契約の一般理論（「合意優先の原則」）に従って和解の効力を優先させると解するのが原則であると考えるべきであろう。㋺上記㋑の性質をもつところの判例の準則に反する内容の和解についても、㋑と同様の解釈をなすべきであろう（有責配偶者からの離婚請求が認められなかった時代における協議離婚条項、認知請求権を放棄する条項を含む和解など）。

〔63〕　　　(iii)　第三者の法律上の地位に変更を加える内容をもつ和解の効力は無効であるが（主たる債務者がした弁済は保証人に効力を及ぼさない旨の和解は無効——東京地判昭57・2・22判タ474号144頁）、これは契約の一般理論の帰結（合意は第三者に影響を与えないという原則）として無効となると考えるべきであろう。なお、親権者は胎児を「代理」することができないので胎児の有する損害賠償請求権について和解できないというのが判例の準則である（総則に譲る）。

〔64〕　　(3)　効　果

　　　(ア)　基本的効果　　和解の対象となった権利義務関係は、和解の内容どおりに確定する（以下、これを確定効と言う）。和解前の権利義務関係にもとづいて、当事者の権利義務関係の判断をすることは、もはや許されない。これが和解の基本的効果である（このことに異論はないが、確定された権利義務関係そのものを債権債務上の効果と言うべきかは疑問である。→〔53〕）。696条の規定は、上記の基本的効果から導かれる当然の結果を注意的に規定したものと解すべきである（我妻・中2〔1334〕等通説）。ただし、本条の立法趣旨は、旧民法財産取得篇114条を「大ニ……改メタル」も

のである。すなわち、114条は「有効ノ和解ハ……当事者間ニ在テハ確定判決ノ権利ト均シキ認定ノ効力ヲ生ス……」と定めていたが（フランス民法2056条にならうもの）、「此ノ如ク為ストキハ和解ノ効果ヲ減少シ当事者ハ往往和解ニヨリテ十分ノ利益ヲ得ルコト能ハサルニ至ラン然レトモ又他ノ極端ニ走リ和解ヲ以テ全ク付与的ノ効アルモノトスルトキハ当事者カ和解ノ以前ヨリ有シ居リシ権利ヲ亦和解ニ因リテ得タルモノノ如クナリテ事実ニ反スルニ至ラン」。そこで、696条のごとき規定をおけば、「当事者ノ保護ハ足リテ而モ事実ト合スルモノトナラン」（『民法修正案理由書』）。このように、696条の立法趣旨は旧民法の立法趣旨の否定にあったのであるが（しかし、梅842頁以下およびそれと同趣旨の法典調査会における説明は、これとかなり異なっている）、和解の効果が契約の一般理論どおり、合意の解釈によって決せられるべきものと解されるようになると、当然の事理を定めた規定と解されることになる。たとえ和解前の権利義務関係と異なっても、和解以後の権利義務関係はそれによって影響を受けない、という効果を与えるのが、和解を認めた意味だからである（我妻・中2〔1334〕）。

〔65〕　（イ）　基本的効果の及ぶ範囲　　上記の基本的効果（確定効）の及ぶ範囲を決するのは、究極的には契約の解釈に帰着するが、この点についての判例の準則および通説は、錯誤を主張して上記の確定効を覆すことができるか否か、という問題について形成されている（「和解と錯誤」という問題として論じられる）。和解の確定効を争うには錯誤無効を主張するしか方法がない場合（とくに裁判所が関与した和解）が多いからである（和解も法律行為であるから制限能力・詐欺・強迫を理由とする取消を主張できるけれども、とくに訴訟上の和解ではこれらを理由とする取消は実際上困難だからであろう）。すなわち、問題は次のとおりである。

　　＊　**和解の効果は付与的か創設的か**　　起草の段階以来、和解の効果を「認定的 déclaratif」である場合と「創設的 attributif」である場合とに分け、いずれを原則とすべきかが争われている。すなわち、和解によって当事者の一方が争いの対象たる権利を有すると認められるならば、696条により互いにそれを当初より取得していたと推定されるけれども（認定的である場合）、696条はその

推定が働かない（つまり創設的な場合）場合をも定めたというものである（つまり和解の解釈についての1つの準則である。——横田774頁以下。鳩山737頁以下はこれに反対。なお、梅847頁以下）。この概念はフランス学説に従ったものであり（ただし、力点はフランスの学説とはやや異なるところにおかれている）、ローマ法以来の伝統を顧慮した解釈である。初期の判例にも「認定的」・「創設的」という基準を用いて、和解前の権利義務関係と和解以後とのそれを判断したものがあるが（大判大5・5・13民録22輯948頁、同昭2・10・27新聞2775号14頁、同昭15・7・13新聞4604号11頁→〔69〕）、696条は和解の性質から生じる当然の結果を定めたもので、問題は和解契約の解釈によって決すべきであり、これらの概念を用いることは混乱を招くという有力学説の批判（我妻・中2〔1335〕、来栖・契約法716頁も同旨）を受けたためか、その後これを用いなくなった。学説も上記有力学説に賛する（広中296頁。696条の立法趣旨についての詳細は新版注釈民法(17)251頁以下〔篠原〕）。フランス法の伝統に拘束される必要はないのであるから、和解の当事者間については現在の判例・通説を支持すべきである。ただし、来栖・契約法716頁は、和解成立以後の第三者に対する関係においては、和解の効力が付与的か創設的かを論じる意味があると指摘するが、この問題については後述する（→〔69〕）。

〔66〕　(a)　判例の準則は、①「争いの目的たる事項」については、和解の確定効が及ぶけれども（つまり錯誤無効を主張できない）、②「争いのなかった事項で、かつそれについての和解の前提たる事実につき錯誤があった場合」には、確定効は及ばない（つまり錯誤無効を主張できる）と述べる（①につき最判昭43・7・9判時529号54頁——所有権に関する争いにつき代物弁済によって所有権が移転する旨の和解をしたもの。②につき、大判大6・9・18民録23輯1342頁——差押等を有効として和解したところ無効だったというもの。最判昭33・6・14民集12巻9号1492頁——上質のジャムの代物弁済を内容とする和解で、ジャムが実は粗悪品であったというもの）。

〔67〕　(b)　上記①と②とをどのように判定すべきかに関する準則は必ずしも明確でないが、⑦明示的に和解契約の各項に含まれていれば、原則として①の事項と解してよいであろう（前掲最判昭43・7・9はこの例。下級審判決として、大阪高判昭63・10・4判夕697号241頁。訴訟物たる債権の存否について被告が答弁しないまま成立した裁判上の和解で、被告の錯誤無効の主張を否定した最判昭38・2・12民集17巻1号171頁も実質的にはこの例であろう）。①上記

㋐の場合でなくても、当事者がその事項につき争った上で和解がなされたと認められるならば、①にあたると解すべきである（大判昭 5・2・13 新聞3153号11頁はこの趣旨を判示する。最判昭28・5・7民集 7 巻 5 号510頁、同昭36・5・26民集15巻 5 号1336頁はほぼこの例とみてよい）。これに対して、㋐および㋑のような事実が認められないときは、原則として、②の場合と解すべきである。むしろ、争いがなかった事項は、和解の当然の前提となっていると解すべき場合が多いので、それに錯誤があれば②の帰結になると解すべきだからである（確定判決のあったことを知らずに争って〔知らなかったがゆえに争ったとみるべきである〕和解したときなど——大判大 7・10・3 民録24輯1852頁がその例）。

[68]　　　(c)　通説は、(a)にあげた基準にほぼ異論はないが（というよりも、判例の準則は、我妻「和解と錯誤との関係について」『民法研究Ⅳ』〔1967・有斐閣〕の影響下に確立し、形成されたと言うべきである）、上記①および②の区別があてはまらない種々の事例が現われたときに、それらをどのような一般的視角の下で解決すべきかは、理論的に決すべき問題である。有力学説は、できるだけ錯誤の一般理論によって解決しようとする傾向にあり（我妻・前掲論文）、和解を契約の一般理論に委ね、典型契約として定義規定をおくべきではない、という前述の立法論上の基本的態度に鑑み（→[52]）、結論的にはこれを支持すべきであろう。

　　　＊　**錯誤の一般理論と和解**　　錯誤の一般理論によって決しようとするときに障害となるのは、和解が錯誤論にとってもつ特殊な地位を認めざるをえないからである。すなわち、①和解の性質上錯誤の一般理論が当然に排斥されることを認めざるをえない場合がある（696条参照）し、②和解においては当事者の双方とも錯誤におちいっている場合があるので（前掲最判昭33・6・14はこの例）、錯誤の一般理論が一方的錯誤のみを扱うと解すれば、やはり特殊性を認めざるをえない（和解で問題となることが多い動機錯誤の問題は、錯誤の一般理論として扱われる）。しかし、上記①②の特殊性にもかかわらず、基本的には、「和解と錯誤」の問題は、錯誤の一般理論によって処理されるべきであろう（双方的錯誤も一般理論に含めて論じるべきである）。というのは、これを別異に扱うのが和解についてのドイツ民法特有の規定（同法779条は和解の無効の場合を定めるが、ドイツ民法においては、錯誤の一般的効果は取消であ

る）にもとづくものであり、それと異なる日本民法では、それにとらわれる必要がないと思われるからである（フランス学説は、和解の規定の不備もあって、錯誤の一般理論で扱おうとしている）。

〔69〕　　　(d)　上記(a)以外の場合で、確定効の範囲に関して問題となるのは、和解による確定効が和解前の権利義務関係（和解の対象となっていない事項に関するものであることは当然）にいかなる影響を及ぼすか、である。㋐ほぼ問題ないと考えられるのは、当事者間に「何らの債権債務の存在しないことを確認する旨」の合意があったとき（和解条項として用いられることが多い）には、個別的・具体的な損害賠償請求権を和解の対象としていなくても、和解前のすべての損害賠償請求権は原則として消滅するという解釈であろう（裁判上の和解についての下級審判決例として、東京高判昭59・8・9判タ539号335頁、この旨の条項を含む別件の和解によって消滅すると解したものもある——福岡地判昭61・5・6判タ611号69頁）。㋑これ以外の場合には、準則を示すのは困難である。たとえば、和解前の権利義務関係における、①担保、②抗弁、③時効期間（大判昭7・9・30民集11巻1868頁は、不法行為上の債権について和解し、それが争われ、債権の一部または全部の給付であるときには不法行為上の時効期間〔724条〕を適用する）、④存続期間（大判昭15・7・13新聞4604号11頁は、賃貸人の解除を無効とする和解がなされたとしても賃貸借は原賃貸借期間の満了によって終了すると判示）などについて、和解による確定効が和解前の権利義務関係に及ぶと解すべきか、あるいは確定効によって及ばなくなるかについては、結局それは、和解契約の解釈によるとしか言えない（究極的には(d)以外のすべての場合についても同様であるけれども）。すなわち、〔59〕にあげた趣旨の当事者の合意がこれらの事項にまで及ぶと解すべきか否かによって決するほかない（④については疑問とするのは星野・Ⅳ 342頁）。強いて具体的命題をあげるとすれば、法定の効果が定められている事項（②・③）については、解釈によっても当事者の合意が明らかにならない場合であれば、確定効は及ばないと解するのが原則だと言うべきであろう。⑤さらに問題となるのは、和解前の権利義務関係が債権債務の関係であり、かつ和解以後も債権債務関係が存在する場合に、和解前の債権の第三者に対する効果（詐害行為取消権・債権者代位権

が和解後にも第三者に及ぶか否かである（たとえば、和解成立前の不動産売却行為を詐害行為として取り消した後に和解により取消債権者の債権が消滅した場合—前掲大判昭 2・10・27（→〔65〕）は、このような事案において、和解後の債権が創設的だとして詐害行為の効力を否定した原審判決を、創設的であるか確認的であるかは和解の趣旨によるとして破棄）。和解前の債権と和解以後の債権との関係をどのように考えるべきかという問題であるが、和解の効果を「認定的」か「創設的」かという議論（〔65〕＊—「認定的」であれば効果は及び、「創設的」であれば及ばない—来栖・契約法716頁はこの趣旨を説く）によって決すべきではない。当事者の合意のみでは第三者の権利義務に影響を与えるべきでないという契約の一般理論に拠るべきである。したがって、和解前における第三者との間の権利義務関係は和解によって何ら影響を受けず、和解以後においても従来の債権にもとづいて詐害行為の取消（その要件が存在する以上は）を請求できると考えるべきではあるまいか。

〔70〕　　　(e)　上記(d)の場合と逆に、和解によって将来生ずべき権利義務関係（とくに損害賠償請求権）に確定効が及ぶか、も問題となる。たとえば、交通事故で、被害者と加害者との間で損害賠償額について合意し被害者はそれ以上一切請求しない旨を約した場合に、後になって事故の後遺症が生じたとき、被害者は和解の確定効により後遺症についての損害賠償を請求できないと解すべきか否か、という問題であって、一般に示談と後遺症との関係として論じられる。この問題についての判例の準則と目すべきものは、次のとおりである。「①全損害を正確に把握し難い状況のもとにおいて、早急に小額の賠償金をもって満足する旨の示談がされた場合においては、②示談によって被害者が放棄した損害賠償請求権は、示談当時予想していた損害についてのもののみと解すべきであって、その当時予想できなかった不測の再手術や後遺症がその後発生した場合その損害についてまで、賠償請求権を放棄した趣旨と解するのは、当事者の合理的意思に合致するものとはいえない」（最判昭43・3・15民集22巻3号587頁——交通事故において軽微な損害だと思って示談にしたところ、重傷であって再手術を受け後遺症が残った事例。判決は示談額をこえた賠償請求を認めた）。下級審判決例には、示談額を上まわる請求を認めるにあたり、種々の法律

論を立てるものがあり（放棄条項を例文とする解釈、示談額を上まわる損害があることを解除条件とする解釈など。とくに、和解と錯誤に関する法律論を採用するものが多い）、未だ完全に統一されたとは言い難いが、おそらく上記判旨①②が今後の準則となっていくものと思われる。

第3節　契約の分類

[71]　***1***　「契約」の章の規定による分類

　契約は種々の角度からこれを分類できる。その主要なものを以下に掲げる。

　（ア）　典型契約（有名契約）と非典型契約（無名契約）　民法549条以下の節名が示す13種の契約を典型契約（または呼び名が付けられているという意味で有名契約）と言い、それ以外の契約を非典型契約（有名契約に対する意味で無名契約）と言う。典型契約について次のように述べられることがある。「社会に行われる契約は、千差万別のようでも、そこにはおのずから共通点もあり、幾種類かの型に分けられるようになる……民法に定める典型契約はかようにして定められたものである」（我妻・各論上〔61〕）。しかし、この13種の典型契約は、日本の社会で行われていた契約を基礎としたものではなく、ヨーロッパ大陸法によって形成された契約類型を取捨選択して輸入したという沿革にもとづくものにすぎない。このことは、終身定期金*（689条以下）についての起草者の説明からも明らかである。すなわち、わが国では、家名を重んじ、財産は養子によってでも子孫に伝えようとして他人から年金を得ようとする者がいなかったので、終身定期金契約は、「……我国ニ於テハ猶ホ例ニ乏シト雖モ欧米ニ於テハ頗ル頻繁ナル所ニシテ我邦ニ於テモ漸次其需要生スヘキコト疑ナシ……」なぜなら、「個人独立ノ風漸ク行ハレ又生活ノ困難トナルニ従ヒ勢ヒ老後ノ計ヲ為ササルコトヲ得サルカ為メ終身定期金契約ノ如キ漸ク頻繁ニ赴クヘキハ自然ノ勢ニシテ……故ニ民法中ニ之カ規定ヲ設

第 3 節　契約の分類

クルニ決シテ蛇足トスヘカラサルナリ」（梅829〜830頁）。

　13種の典型契約のうちの多くは、ローマ法以来の長い歴史をもち、かつそこでは原則として方式主義と訴権法的構成（一定の方式を践んだ合意のみを訴えることができた）が支配していたから、個々の典型契約の有する意義は少なくなかった。しかし、日本の契約法には、方式による拘束という伝統もなく、また方式主義に抗して「契約自由の原則」が樹立されたという歴史的意味も乏しい（それはむしろ政治権力の介入からの解放を意味した）ので、典型契約の規定は、契約の解釈の際の任意規定という位置づけが与えられ、しかも、契約の解釈にあたって規定に依拠しすぎる弊が説かれているが、典型契約の意義は、もう少し重視されるべきである（→[46]）。

　　＊　**終身定期金**　終身定期金とは、「当事者の一方が、自己、相手方又は第三者の死亡に至るまで、定期に金銭その他の物を相手方又は第三者に給付する」（689条）契約である。終身定期金債務の不履行および一定の事由による定期金債権の消滅の場合について特則が設けられている（691条〜693条。なお690条・694条参照）。起草者が述べているように、起草当時には「特ニ老後ノ計」のためにこの契約が広く行われると考えられていたが、現在では、厚生年金保険法・国民年金保険法・各種の共済組合法等にもとづく公的年金制度や、郵便年金・年金保険等による私的年金制度が、老齢の場合のみならず、障害・疾病をも広くカバーしている。これらの年金制度においては、法律の規定または約款によって、定期金（年金）債権および債務の関係が規律されているから、終身定期金に関する民法の規定が適用される余地はほとんどない。判決例上、終身定期金の性質を含む契約の存在が認められたのは、下級審判決において代表取締役や理事長の地位にあった者が退職後も当該会社や法人との間で金員の支給を受ける旨の合意のある場合のみである（広島地判昭55・4・21判時982号140頁、東京地判昭59・8・27判タ545号138頁参照）。したがって、立法論として終身定期金契約を存置すべきか否かは、当然に問われるべき問題ではある。社会保障制度が充実してもこの種の契約の必要性は、とくにいわゆる高齢化の進行を考慮すれば、全く失われたわけではないと思われるけれども、存置するとしても、一般の定期金債権との関係や契約の一般理論との関係を十分に解決しておくことが必要であろう（691条と解除の一般理論、693条と債務不履行の一般理論との関係等）。

[72]　　（イ）　**双務契約・片務契約**　契約の各当事者が他方の負う債務の対

価としての意味をもつ債務（財産権の移転を受ける対価として、あるいは物の利用の対価として、金銭を給付する）を相互に負担する意思で締結した契約を双務契約、そうでない契約を片務契約と言う。対価としての意味をもつ債務であるか否かは当事者の意思によって定まるから（売買であるか贈与であるかは、対価の額ではなく意思による）、双務契約と解すべきか否かは契約の解釈の問題であるが、この解釈の助けとなるために典型契約の規定では両者の区別が定められている。相互的に債務を負う旨が規定されているならば双務契約であり（たとえば555条「一方が……約し、相手方が……約する」）、そうでなければ片務契約である（たとえば549条は、相手方の負う債務について規定していない）。典型契約中双務契約と解されているのは、売買・交換・賃貸借・雇用・請負・有償委任（643条・648条）、有償寄託（657条・665条）、組合・和解（ただし疑問——〔53〕）であり、片務契約は、贈与・消費貸借・使用貸借・無償委任・無償寄託である。

　　双務契約と片務契約とを区別する意味は、前者に、同時履行の抗弁権（533条）および危険負担（534条～536条）の規定が適用されるところにある（このほか解除も双務契約においてとくに意味をもつ——〔290〕）。

〔73〕　　（ウ）　有償契約・無償契約　　契約当事者の一方が対価としての意味を有する債務を負担し、したがってそれだけの経済的支出を負担する旨を内容とする契約を有償契約、そうでない契約を無償契約と言う。双務契約はすべて有償契約であるが、片務契約のうち、利息付消費貸借契約のみが有償契約である（消費貸借の貸主は消費物を借主へ引き渡す債務を負わないが、借主の支払う利息は引き渡したことに対する対価である）。

　　有償契約と無償契約とを区別する意味は、主として前者に売買の規定が準用される点にある（559条）。

〔74〕　　（エ）　諾成契約・要物契約　　合意のみで成立する契約を諾成契約、合意のほかに目的物の引渡等が加わってはじめて成立する契約を要物契約と言う。典型契約中、消費貸借・使用貸借・寄託は要物契約であり（「物を受け取ることによって、その効力を生ずる」と規定されていることがこれを示す——587条・593条・657条）、それ以外は諾成契約である（大体において「約することによって、その効力を生ずる」と規定されていることがこれを示す——

555条・586条・601条等)。

　諾成契約と要物契約とを区別する意味は、契約成立の要件の差異が成立時期の差異をもたらすことにある。もっとも、典型契約の規定は任意規定であるから、当事者の意思によって要物契約を諾成契約となしうることは言うまでもない（たとえば、諾成的消費貸借が認められるべきことについては、異論がない）。

2　その他の分類

　*1*に挙げた分類は、いずれも民法の具体的規定の適用上意味を有する分類である。以下に挙げるのは、講学上の分類または現在および将来の取引において重要な（と本書が考える）分類である。

〔75〕　　(a)　一時的契約・継続的契約　　この分類に含まれる2種の契約の意味を正確に定義するのは容易ではないが、継続的な取引形態は現在の取引界において（そして歴史的にも）重要な意義を有するので、以下にやや詳しく説明する（中田裕康『継続的売買の解消』〔1994・有斐閣〕に負うところが多い）。

　　⑦　この分類は、典型契約の規定における解除の効果の差異に着目することに始まったと見られる（ドイツ民法の影響である。告知（Kündigung）に関する同民法542条・620条等参照）。この分類に拠る見解に従えば、①解除の効果が将来に向かってのみ生じる旨の規定（620条・628条・630条・652条・684条）がおかれている典型契約、すなわち賃貸借・雇用・委任・組合は継続的契約であり、そうでない典型契約（贈与・売買・交換・請負・終身定期金・和解）は一時的契約である。一定期間の経過とともに履行が終了する継続的契約では、解除によって過去の債務を消滅させ原状回復義務または不当利得返還義務を課しても意味がないのであるから解除の効果を将来に向かってのみ生じると定めたのだ、というのがその理由である（したがって、541条以下の解除とはこの点において異なるので、それと区別する意味で、上記規定における「解除」は一般に解約または告知と呼ばれる。以下、「告知」の語を用いる）。通説は、620条のような規定を持たない消費

貸借・使用貸借・寄託においても、その「解除」を告知の意味であると解し、したがってこの3つも、継続的契約に分類する（我妻・中1〔543〕・〔566〕、中2〔1081〕等通説）。さらにこの見解は、②契約期間中の前期の不履行を理由に後期の履行を拒絶できること、③一部の債務の不履行により全部を告知できること、④541条の定める効果だけでなく同条の解除の要件も適用されないこと(④に至ると、主として賃貸借が念頭におかれている)が継続的契約の特質である、と説く。この分類は、主として規定の仕方の差異（①参照）にもとづくものであるだけに明快ではあるが、一定の期間継続して行われる売買もあり、定期の給付を内容とする贈与もあるではないかと指摘されるならば（たとえば来栖・各論194頁）、根拠を失う。

　そこで、①解除か告知かの差異によってではなく、債務の履行の発生から消滅に至るまでの時間の経過に焦点をおき、給付が1回的であるか、それとも一定期間を通じて行われるか、によって分類することが行われているが、そうだとすると継続的契約の概念は、取引界で行われている多様な取引形態を含むことになり、時間の経過という社会学的事実にもとづくものとなって、解釈論上の意味を減じ、かつきわめて多義的となる。すなわち、⑦の分類を採用する通説は、ⓐ一定の種類・品質および代金額を定めて一定期間継続する不特定物の売買（一般に、ガス・水道・電気・新聞・牛乳の供給契約が例示される）が、継続的契約（継続的供給契約と呼ばれることも多い）の典型である（②・③参照）と解してきたが、①の分類に従うと、ⓑ給付の全体量が決められていて、それが期間ごとに分割して給付されるものも継続的契約に含まれることになる上、ⓒ現在の新たな取引形態である代理店・特約店契約・フランチャイズ契約等も、継続的契約と解されるようになり、解釈論上の概念としてこれを用いることに疑問が投じられてくる。しかし、だからといって継続的契約の概念を捨て去ることもできない。というのは、社会学的事実として見れば、継続的に取引が行われることが現在の（歴史的に見ても）社会における安定した取引の最も基本的な形態だからである＊。すなわち、取引が反復して継続されることは、予期どおりの行動がなされたことによる期待の充足とそれによる社会関係の緊密度の一層の強化をもたらし、そのこと

が取引を安定させ、市場を成立させる基本的規範（詐欺的手段を用いない、取引の条件を誠実に守る等）の共有およびそれらの規範遵守への信頼（商人団体内部の自主的規範に見られるように、信頼も規範としての位置を占めるようになる）を発生させ、取引に要する費用（取引費用）を低減して取引を飛躍的に拡大させるのである。

 ＊ **継続的な取引の歴史的意義** 継続的であるためには、固定した場所での（当然に建物内での）取引であることが必要であり、そのような取引が行われるようになると遠隔地間の取引をも可能にする。遠隔地間の取引は、取引当事者間に本文で述べた意味での規範を遵守することへの信頼にしか頼れないから、信頼できる相手との間で継続的に取引されるようになり、規範への信頼を一層発達させる（とくに強固な内部的規範を有する商人団体の存在がそれを容易にする）。取引が遠隔地間で行われ、かつ継続的となれば、、取引所・手形等の制度や運送業・流通業・倉庫業等の職業が分化し、これらによって、取引費用は一段と低減され、取引はさらに拡大する。以上の歴史的事実を、次のような取引形態と対比されたい。すなわち、一定期日にだけ一定の場所に行商または商品生産者自身が自ら商品を携えて集まり、露店を連ねて喧騒の中で、その場で出会っただけの取引相手と長時間にわたり価格の交渉をする、という取引形態である。世界各地では、今でもこのような取引が頻繁に行われている。

 そこで、⑦のような取引形態の社会学的分類によるのではなく、解釈論上意味のある分類として一時的契約と継続的契約との区別をどの点に求めるべきか、という困難な問題が生じるが、本書は、差し当たり次の点にこれを求めておきたい。すなわち——

〔76〕 ㋒ 後述する組織型契約は常に継続的契約であるが、以下の理由によりそれをここにいわゆる継続的契約から除くこととする（上記ⓒに例示される契約の多くは、これにより継続的契約の概念からは除かれるであろう）。したがって、それを除いた継続的契約とは、一定期間または不定の期間中に契約当事者が継続して履行義務を負う旨の合意（すなわち、当事者の意思によってその趣旨の義務が発生している）が認められる契約を言い（後述の分類によれば、これは市場型継続的契約である）、1回の履行によってただちに履行義務が消滅する趣旨の契約を一時的契約と言うべきことになる。この分類は「継続的・一時的」の語の同語反復のように響くかもしれな

いが、その主たる狙いは、組織型契約を除くことにより「継続的」であることが当事者の「意思」にもとづくことを明示し（その意味については〔79〕）、かつ、⑦の分類に向けられた批判を避けるためである。すなわち、継続的売買を一時的売買と区別できるのは、売買という典型契約における基本的義務である売渡し義務および（または）買取り義務の双方またはいずれか一方が、一定または不定の期間中の取引について存続させる合意が認められるか否かの点にあり、「継続的」であることの最小限の法的意味は、このような義務が存続していることに帰着すると考えられるからである（来栖・契約法139頁に負う）。ただし、売買を例にとれば、取引対象たる商品の品質・数量・代金額等について当初から合意があることは必ずしも要件ではなく、それらは各履行期ごとに決定すれば足りるけれども、履行期ごとに別個の契約が締結されたと解すべきではない（来栖・前掲書はこれらを別個の契約と解する）。毎期ごとの履行は、各履行期ごとの履行義務を発生させる原因となる契約（基本契約）そのものの義務にすぎないと考えるべきである。そうでないと、一々合意するのを略して取引の費用を低減するという継続的売買の目的に適合しないと思われるからである（実際の取引では、基本契約書の中で簡便な合意の方法が定められていることが多い）。以上は、分類に関してとくに問題が多いと思われる売買を例として述べたものであるが、各種の契約についてもあてはまると考えるべきである。つまり、当該契約の最も基本的な履行義務（それが何であるかは契約の解釈によって決せられる）が一定または不定の期間にわたって存続する旨の合意の存在が認められ、その合意にもとづく履行がなされることが、継続的契約と一時的契約とを分かつ要件である、ということになる。このように概念規定することによって、⑦の解釈論上の分類をも含みつつ（たとえば賃貸借は「告知」を定めた規定の故ではなく、履行義務の性質の故に継続的契約となる）、かつ法律論として（つまり社会学的実態に立ち入ることなく）の意味を有するに至ると考えられる。

〔77〕　　　(b) 引渡債務型契約・行為債務型契約　　引渡債務および行為債務という分類は、現在の債権関係における後者の重要性を主張する目的と債権総則の総則的性格の不徹底さを示す目的とをもって提唱されたもの

である（平井・総論〔14〕）が、これら2種の債務を発生原因である契約の平面で把握し、いかなる契約がどの債務を発生させるかという観点にもとづくものが、この分類である。もっとも、いかなる債務が発生するかは契約の解釈に依拠するから、この観点から一般的に契約を分類することはできないが、これまでに着目されてこなかった典型契約の分類の方法として意味を持つ。たとえば、主として引渡債務を発生させる典型契約は売買であり、主として行為債務を発生させる典型契約は委任である。両者をともに発生させるのは賃貸借や有形物を仕事完成の目的とする請負である。また、契約上の権利義務を設計するには、取引の対象たる財の代替性の大小に着目する必要があるが、最も代替性の小さいのは専門的な知識・情報であり（→〔221〕）、それはつまり人の行為（行為債務）に帰着する。行為債務の重要性を契約法のレベルにおいても強調するために、本『債権各論Ⅰ』下巻では、典型契約をこの2つに大別して説明するという体系化が採用されている。なお、契約法の分野でも債権総論の分野と同じく、規定の適用にあたって念頭におかれているのは引渡債務であることが多い（たとえば、契約の解除の機能を説くにあたっての我妻・上〔185〕以下の記述は、引渡債務のみを発生させる売買を例示するものであって、しかも後述する市場型契約のみを念頭においている）。また、たとえば、危険負担に関しては、当事者双方の責めに帰することができない履行不能には債務者主義が適用されるけれども（536条1項）、行為債務（とくに専門的な情報や知識を内容とするもの）において「履行不能」をどのように観念するかについては、十分に論議されていない。

 ＊ **行為債務における危険負担** 学説は、行為債務に536条1項が適用される例として、出演契約が劇場の火災によって履行不能となった場合をあげる（星野・Ⅳ 58頁。賃貸借についても指摘する）。しかし、出演契約（委任または請負）の成立だけでは出演料請求権はまだ発生しておらず、したがってこの例は危険負担の問題ではない（賃貸借についても同様）と解すべきであるし（→〔263〕）、一般に行為債務においては履行不能か否か、それが責めに帰すべき事由によるか否かは債務の内容如何に依存し、契約の解釈に帰着するから（平井・総論〔54〕）、536条1項が適用される例は、もっと複雑な事例となるはずであり、実際に存在するか否かは疑わしい。

〔78〕　　(c)　市場型契約・組織型契約（この分類は、平井「いわゆる継続的契約に関する一考察」星野古稀『日本民法学の成立と課題(下)』所収〕で萌芽的な形で初めて提示されたものである。そこでは、取引費用経済学における「資産特殊性」の概念によって説明されているけれども、以下に述べるところは法律学的な説明を意図している）　この分類は、本『債権各論Ⅰ　上』全体を通じる基本的な分類なので、以下にやや詳しく説くことにする。

　　　（ⅰ）意義　市場型契約とは、取引の対象である財（この意味については、〔4〕）が、市場から（安価に）入手または調達できる場合におけるその取引（その法的形態は契約）を言う。すなわちたとえば、規格化され・大量生産される商品についての取引のように、当該の財について市場がすでに成立しており、その成立を前提とした契約である。これに対して、組織型契約とは、取引の対象である財を市場から入手または調達することが困難または著しく高価につく場合におけるその取引（契約）を言う。すなわちたとえば、特殊な部品の製造に用いられる金型のように、特別な用途のためにのみ供給され、その結果として当然に需要者も特定の者にかぎられている財の取引であり、当該の財について市場が成立していないか、成立させること自体が著しく高価につくことを前提とした契約である。この2種の契約（前者における財を代替性の大きいまたは高い財と呼び、後者における財を非代替性の大きいまたは高い財と言う。これは経済学上の「資産特殊性」に対応する概念である）を区別することは、現在の取引形態を理解する上できわめて重要である。現在の取引主体は、既存の市場における財とは差別化された、または既存の市場では入手困難な財を開発し、それを武器として市場への参入または新たな市場の創出に絶えず努めている。市場への参入、とくに市場の創出に成功すれば、新たな市場から生じるであろう莫大な利益を独占できるからである。もちろん、競争相手がそのうちに必ず現れる（とくに後述する「仕事委託契約」の場合）であろうから、独占が長続きしないのは明らかである。そこで、財の供給者は開発した知識を元に少しでも汎用性のある財を生み出そうと努め、市場での優位を確保しようとする。財の需要者も、特定の取引相手だけに依存していれば自らの戦略的立場を不安定にし、供給者の戦略的行動

(たとえば契約成立後に値上げを求める)を防止できないので、新たな供給者を求めて当該財の供給を促す誘因を与え、競争相手を意図的に作り出す(たとえば、自動車メーカーは、部品メーカーに毎年決まった率で値下げを求め、応じられるか否かを選択させて、新たな供給者を得ようとすると言われている)。しかし、まず市場へ参入することがいかなる取引主体にとっても重要であり、参入に有利な地位を築くには、投資を行って新たな情報・技術・ノウハウを生み出し、その需要者たる取引相手を発見して、これまでになかった特殊な財の需要供給の関係を作り出さなければならない。そして、そのような財は市場では得られないのであるから、特定の取引主体の間でのみの取引とならざるをえず、その結果、当該取引は必然的に継続的となり、当該財の需要者および供給者はあたかも網の目のように複雑な契約で結ばれた組織体のごとき外観を呈する(→[133]。たとえば、フランチャイズ契約では、フランチャイザーの提供するノウハウ・商品・店舗のイメージ・物流システム等々は他からは入手できない財であるから、その供給を受けようとするフランチャイジーは、すべてフランチャイザーとの契約によって結ばれた一種の組織体を成している)。しかし、各取引主体は契約で結合されているわけであるから、市場に参入するか、または脱退するかの損益計算を独立して判断し、計算の結果生じる危険を引き受けるのは組織内部における指示命令系統によってではなく、あくまで取引主体たる契約当事者である。したがって、これら取引主体が取り結ぶ関係の総体は、階層制とそれに伴う指揮命令系統が存在する純粋の組織とも異なっている(すなわち、市場と組織の中間に位置する「中間組織」である。この概念については平井『法政策学〔第2版〕』、〔1995・有斐閣〕参照)。組織型契約と呼ぶのは、このためである〔経済学理論において、「市場」と「組織」とを対比させる発想がその背後に存在している〕)。

[79]　　　(ii)　市場型契約と組織型契約とを区別する法的意味は以下の諸点にある。

　　　ⓐ　市場型契約においては、1回の取引だけで契約の目的が達する場合もあり、継続的である場合もある。これに対して、組織型契約においては、取引対象たる財につき市場が存在しないのであるから、特定の供

給者から入手し、または特定の需要者に対して供給するほかない。したがって、取引は当然にかつ常に、継続的なものとならざるをえない。市場型契約においては、継続的な取引となるか否かは、当事者の「意思」如何にかかっているのに対して、組織型契約は常に継続的であり、かつ継続的となる根拠は、「意思」というよりも、契約行動の理論モデル（→〔48〕）により、合理人であれば継続的になるよういわば強制されるからである（民法上の根拠としては、この場合も「意思」に求めざるをえないが、「自由」な意思ではなく、契約行動モデルの制約下にある「意思」と説明できるであろう）。したがって、組織型契約は非代替性が大であることに由来する特殊性と継続的契約一般に由来する特殊性という2点において市場型契約と異なる。この点がもたらす解釈論の差異を要約すれば、以下のとおりである。

ⓑ 市場型契約と組織型契約とでは、契約の解釈の方法において異なる。前者では、一般に説かれてきた（ただし、日本の民法学においては、必ずしも十分に論じられてこなかった）解釈の方法（→〔88〕）に依拠すればほぼ足りる。これに対して後者では、契約ではあるけれども、「組織原理」を加味した規範的解釈によって権利義務を決定すべき場合が多い。詳しくは後述する（→〔133〕）。

ⓒ 両者の差異は契約の成立に関してもあらわれる。市場型契約の成立は、申込と承諾による場合もあるし、交渉を経て成立する場合もある。とくに継続的（市場型）契約である場合には後者のような成立過程を経ることが多いであろう。これに対して、組織型契約は特定の取引当事者間の、市場から入手できない財の取引であるから、常に継続的契約であり、かつ将来の経済的状況の変動に対処することを含めた複雑な権利義務関係を契約締結に先立って定めておかなければならない。したがって、契約締結の前に交渉を重ねて詳細な内容の契約書（複雑な権利義務関係を定める契約であるから、当然に書面化せざるをえない）の案（後述する letter of intent。詳しくは〔159〕）をあらかじめ合意の上で作成しておくという作業が不可欠である。申込と承諾に関する民法の規定はここでは全く意味を失い、むしろ契約成立前の交渉によっていかなる権利義務が生じている

ⓓ　契約が成立した後の権利義務関係に関して言えば、「契約の効力」と題されている規定中の同時履行の抗弁権および危険負担は、市場型契約（のうちの一時的契約）では適用される場合があるけれども、詳細な権利義務関係を合意した上で成立する組織型契約では適用の余地が全くない。ここでも、契約総則の総則性は失われている。また、両者のいずれであるかによって、契約の解釈の方法を異にするから（上記ⓒ参照）、それぞれの契約から生じる権利義務は異なった姿を見せる（→〔133〕）。

　ⓔ　契約上の権利義務の消滅事由に関しても、両者には差異がある。市場型契約においては、解除・期間満了による告知によって契約が終了する場合が多く、格別の問題は生じない。ところが、組織型契約は市場から入手できない財の取引であるから、当事者は契約に入るに先立ってそのような財の開発等の費用（経済学的に言えば、「取引特殊的投資」である）を負担しており、その費用は当該取引から（財の用途は他に存しないのだから）回収せざるをえない。したがって、契約の終了にあたってこの投資した費用をいかにして回収するかという問題を考慮しないわけにはいかない。そうだとすれば、告知の要件・効果は市場型契約におけるそれとは異なってくる（→〔336〕以下）。

　ⓕ　上記のとおり、市場型契約と組織型契約とでは権利義務関係が異なるから、契約上の権利義務関係を設計する際には、取引対象たる財の代替性の大小に着目することが不可欠である（→〔223〕）。権利義務設計の手法は、この点を考慮に入れなくてはならない。

〔80〕　　(ⅲ)　市場型契約と組織型契約とを区別する基準　　市場型契約と組織型契約との権利義務関係に上記のような差異があるならば、この２つの契約を区別する基準は何かが問題となる。以上の記述から導かれる基準は、ⓐ市場において入手または調達するのが困難な財（つまり、その財についての市場が存在しないか、または市場を創出するのが著しく高価につくこと）についての取引であり、その結果として継続的契約であること、ⓑ契約成立前に当事者間で成立に向けての入念な交渉が行われ、それを通じて契約が成立すること、ⓒその交渉においては、letter of intent（「契約予

備書面」とか「契約意図表明状」とかと訳されるが、以下では、大陸法系でも用いられる〔ただし、フランスでは lettre d'intention という仏語訳も用いられる〕英語の表現に従う）が交換され、その内容につき当事者間に合意が存在すること、の3つの要素が認められれば、それは組織型契約であり、それらが存しないときは市場型契約である、というものである。ただし、この基準を用いても、法律を適用する対象の区分におけるような明確な区別が得られるわけではない。たとえば、ⓐの要素に関して言えば、非代替性が大であるか否かは、取引上の客観的基準で決まるはずであるが、「程度の差」であるとも言える。たとえば、不動産（とくに土地）は唯一の存在であるから全く代替性は存しないとも言いうるし（現に地価公示制度により多額の費用を投じて人為的に土地についての市場が創出されている）、ⓑの要素を有する典型的な取引であることも確かなので、その点に着目するかぎり組織型契約であるとも考えられる。ただし、不動産売買は一時的契約であるから、継続的契約（→〔75〕）とは言えないし、多くの取引ではⓒの要素も欠いているであろう（市販の売買契約書の特記条項欄に記入される程度である）。また、継続的契約は（→〔76〕）、ⓑおよびⓒの要素を備えているが、ⓐの要素は有しないであろうから組織型契約とも言えない。こうして、上記3つの要素からなる基準によって、市場型契約と組織型契約との区別が、厳密でないにせよ、ある程度は可能であると考えられる。

　以上のとおり、市場型契約と組織型契約とを区別するのは、これらが現在の取引の現実を説明する理論的道具であると考えられるからである（さしあたり、〔78〕(i)参照）。したがって、本書では、この2種の契約の区別が各所で用いられ、記述全体を貫く基調概念となっている（詳しくは上記引用の各箇所を参照せよ）。

第3章　契約上の権利義務

第1節　総　　説

1　本章の位置

〔81〕　契約は債権の発生原因の1つであるから（→〔29〕）、契約当事者たる地位および契約上の権利義務（すなわち債権債務）は、契約の成立とともに発生し、その終了とともに消滅するというのが、契約が債権発生原因であることの論理的帰結である（この帰結の重要な例外については、〔146〕以下）。その権利義務の内容は、原則として契約当事者によって自由に定められうるから（「契約自由の原則」）、これを一般的に論じることはできず、論じうるとすれば、債権総則または契約総則に属する規定の説明においてである。ところが、債権総則においても、契約総則においても、その総則性は貫徹されておらず（→〔7〕・〔9〕）、したがって、契約上の権利義務一般について述べるには、それにふさわしい標題と場所とが必要である。「契約上の権利義務」と題された本章は、以上の事情のゆえに、いわば契約総論を作る試みである。

　本節は、まず契約法上の権利義務関係に関する基本原則たる「契約自由の原則」について説明する（→〔82〕）。この原則は契約法上の権利義務が契約当事者の「意思」によって第一次的に定められることを要求するが、「意思」が不明確である場合または「意思」のみによって権利義務を定めることが許されない場合には、契約の解釈という作業（したがって権利義務関係の存否・内容は究極的にはこの作業をまってはじめて判断される）を必要とする。第2節は、この説明にあてられる。契約の解釈は、契約成立（その前からも）から消滅に至る全過程で必要となる作業であるから、これをまず述べることにしたのである。そして、すでに述べたよう

に、契約上の権利義務は原則として契約の成立によって発生し、その終了によって消滅するから、第3節は、契約の成立（それに先立って現代契約法においてきわめて重要となった契約の成立前の権利義務をも説く──〔146〕）を中心として権利義務の発生を、第5節は契約の解除を中心として権利義務の消滅を、それぞれ扱う。契約上の権利義務が一般的に論じられえないことは、すでに述べたところであるが、双務契約上の権利義務については、民法典は共通する規定をおいているので（「契約の効力」と題された533条以下の規定のうち、533条から536条に至る規定）、これを総論的に扱うことができる。第4節はそれを中心として契約存続中の権利義務関係の説明にあてられる。

2 「契約自由の原則」

〔82〕　(1)　「契約自由の原則」の意義

（ア）　契約当事者は、自らの欲するところに従って契約上の権利義務を「自由」に定めることができるのが原則である。これは「契約自由の原則」と呼ばれ、明文の規定を欠いているけれども（後述する（→〔83〕）フランス民法1134条と同趣旨の旧民法財産取得篇327条は、現行民法の立法過程で削除された）、契約法の最も基本的な原則として異論なく承認されている。そして、契約は法律行為の中で最も重要なものであるから、契約自由の原則は、また法律行為自由の原則とも呼ばれ、あるいは法律行為自由の原則の派生したものとして扱われる。さらに、契約当事者が権利義務を「自由」に定めうることは、他者の干渉を受けずに当事者の「意思」のみによって法律関係を形成できることを意味するから、一般に、契約自由の原則は「私的自治の原則」とも呼ばれる。しかし、契約自由の原則と法律行為自由の原則または私的自治の原則とを同視することに疑問が投じられている（星野「契約思想・契約法の歴史と比較法」民法論集6所収）ことに鑑みると、契約自由の原則の意義は、次に述べるように、もう少し厳密に問われなければならない。

〔83〕　　(a)　一般に、契約自由の原則は、次の4種のものから成ると解されている。すなわち、①契約を締結し・または締結しない自由、②契約締結の相手方を選択する自由、③契約の内容を決定する自由、④契約締結の方式からの自由（我妻・上〔19〕以下、星野・Ⅳ6頁以下等）。しかし、この原則を解釈論上意味あらしめるためには、これらを列挙するだけでは足りず、上記の4種が日本民法上の法技術的意義を有するか否かによって、次のように分類されるべきである。

　　(b)　上記①および②における意味での契約自由の原則は、契約が市場機構の法的枠組みであること（→〔30〕）のコロラリーである。誰もが、より大きな利益を得られる取引の相手方を求めて自由に参入し、かつ利益を得られなくなれば自由に退出できるところに市場機構の意味があり、そのことは、取引をしようと思う者が自ら（他者の意思に依存せずに）取引の相手方およびその内容を決定できることを要請するからである。したがって、この意味における「契約自由の原則」は、市場経済を採用する現在の多くの国家においては、当然に認められるべき原則である（UNI原則1・1, PECL 1：102. 参照）。しかし、③の意味における「契約自由の原則」は、市場経済に立脚する法系においても法技術的には異なった姿を見せる。すなわち、意思の合致によって契約が成立するという法技術を採用する大陸法系では、契約の内容（権利義務）は契約当事者の意思によって定まると観念されるのに対し（「適法に形成された合意(conventions)は、それを形成した者に対しては法律に代わる効力を持つ」（フランス民法1134条1項）は、この観念の明確な表現である）、契約が両当事者の意思の合致としてではなく、交換を基礎とした当事者の約束として観念されるコモンロー系では、この観念は力を持たない（→〔29〕＊）。これに対応して、③の意味における法技術が大陸法系で成立するに至るのは、「意思の拘束力」あるいはそれが「権利義務の源泉となる」という観念の成立およびそれを促した哲学的・思想的背景（これらを一括して「意思理論」と呼ぶ。これについて星野・前掲論文および「意思自治の原則、私的自治の原則」民法論集7所収参照）が存在する故であるのに対し、コモンロー系は、このような観念または背景に乏しい。したがって、「意思理論」を媒介とし

てはじめて、①および②も、③と並んで（その法技術的意義に注意が払われることなく）「私的自治の原則」の内容に組み入れられ、さらに、契約の概念（法律行為の下位概念である）を媒介として「法律行為自由の原則」の内容を成すに至ったものと考えるべきである。④の原則に至ると、その法技術的意味はもっと明らかである。すなわち、④の原則は、一定の方式を備えることを契約の成立要件とした伝統（方式主義）の克服（「意思」を重んじる教会法理の世俗化に由来し、啓蒙期の諸法典で具体化された）の結果、生まれたものであり、③の原則の延長というべきものであるが（ただし、この伝統の名残を反映して、大陸法系では方式を要件とする契約類型がなお強固に残存している）、この伝統の克服を経験しなかったコモンロー系においては、なお方式主義の支配は大であり続け（その支配から免れるために、契約法理の多くは不法行為法上の assumpsit から発展した）、現在に至っている（たとえば、捺印証書（contract under seal）におけるように。したがって、方式主義を否定する UNI 原則 1・2 は、コモンロー諸国において大きな意味を持つ。もっとも、沿革からみると、商法典の原型である北イタリア諸都市の商人間における動産取引法は、当初から方式主義を否定しつつ発展してきた）。

〔84〕　　　(c)　上述のとおりだとするならば、「契約自由の原則」の内容を成す①～④のうち、①および②は、市場経済に立脚する以上、法系の如何を問わず常に妥当する原則であるから、これを「市場的取引の原則」と呼び、③は、契約両当事者の「意思」すなわち「合意」が権利義務関係を決定するという法技術的意義を有する原則であるから、これを「合意優先の原則」と呼ぶ（区別する意味については〔85〕。ただし、何をもって合意と解すべきかについては解釈がわかれる──〔93〕）。わが国が市場経済に立脚する以上、その法的枠組みたる契約法が「市場的取引の原則」を前提として初めて成り立つことは明らかであるから、これを「契約自由の原則」の一内容を成すものとして挙げるのは、きわめて当然である（ただし、その法技術的意味は乏しい──〔86〕）。しかし、日本民法は、方式主義の桎梏を打破して④の原則を確立したというがごとき沿革と無縁であるから、④を掲げるのは、無意味と言うべきである。問題は、その前提である「合意優先の原則」であるが、民法の契約に関する規定中には、方式主

義を定めた規定が存在しないこと（先に述べた沿革からして当然ではあるが）に鑑みると（ただし、平成16年の民法改正によって保証契約については書面が効力要件と定められたが、それは方式主義の伝統というよりも保証人の保護のためである——446条2項）、「合意優先の原則」は完全なまでに（フランス民法よりも完全な形で）貫徹されていると解すべきである。したがって、日本民法上、法技術的に（「意思理論」の伝統とは、無縁であるから）意味のある「契約自由の原則」とは、「合意優先の原則」のみだと考えるべきである。

〔85〕　（d）「市場的取引の原則」と「合意優先の原則」とを区別することは、次のような理論的意味を有する。すなわち、従来の通説は、「契約自由の原則」の存在を承認しつつ、現在の法制の下ではそれが「制限」されていると説き、前記①〜④に即して、その「制限」の例および法的根拠を挙げるのであるが（我妻・上〔20〕以下、星野・Ⅳ9頁以下等）、上記の区別は、もっと精密な議論を可能にする。すなわち、「市場的取引の原則」の制限は、市場に対する国家の介入をどこまで認めるべきかという政策的な問題であるから、制限の程度は、市場の変化や経済政策に応じて異なりうるし、場合によってはこの原則が否定されることもありうる。これに対して、「合意優先の原則」は、法技術的意味を持つものであるから、民法が一般法としての地位を保っている限り、これが全く否定されることはありえないと考えるべきである（→〔87〕）。

　　＊　**この2つの原則を区別する歴史上の意味**　わが国における「契約自由の原則」は、明治5年8月27日太政官布告240号（「地代店賃ノ儀」や「諸奉公人諸職人雇夫雇料ノ儀」が「双方共相対ヲ以テ取極メ候勝手次第タルヘシ」旨を定めた）をもって確立したと解するのが一般であるが、本文で述べたところに従うと、これは「市場的取引の原則」を確立したものと言うべきであろう。これに対して「合意優先の原則」はフランス民法1134条1項（→〔83〕）の直訳である旧民法財産篇327条1項において初めて姿を現わし、「之ヲ置クノ必要ナキヲ以テ削除」（『民法修正案理由書』）された頃には確立していたと見られる。

〔86〕　**(2)　「契約自由の原則」の「制限」**

　　（ア）「契約自由の原則」が「市場的取引の原則」と「合意優先の原

則」とに区別されるべきだとしたら、これまで「契約自由の原則」の「制限」として扱われてきた問題は、上記の区別に即して以下のように考えられるべきであり、それによって「制限」の性格の差異を、従来よりももっと適切に理解できるものと思われる。すなわち——

　　　　(a) 「市場的取引の原則」の制限は、財の生産および配分を市場機構に完全に委ねるのは適切でないという政策の表明を意味するから、そのような政策を目的として掲げる個別立法によって行われる。現行法制度の下ではそのような立法および規定は多数に上り、個々的にはとりあげないが（我妻・上〔21〕以下、各種の立法の詳細については、たとえば植草益『公的規制の経済学』〔1991・筑摩書房〕に譲る）、大体において次の4種類に分かれる。①最も基本的な法律としては、市場機構の作用が失われないように市場機構そのものを維持しその作用を発揮させようとするもの（代表例は、いわゆる独占禁止法）、②いわゆる「自然独占」に対処するためのもの（電気事業法・ガス事業法・鉄道事業法等）、③契約当事者の有する資源（貨幣、権力、情報等）に格差があり（それは契約締結に至る交渉に始まって契約の全過程において現れる）、その結果として市場に委ねると「不正義（「交換的正義」に反する事態）」（この点については、〔122〕参照）が生じることに対処するためのもの（いわゆる労働法や消費者(保護)法と呼ばれる分野に属する各種の法律）、である。①および②は、市場機構が資源配分を「効率的」に行わないためになされる介入であり、③は、市場機構による資源配分が「不正義」をもたらすために行われる介入である。④このほかにも、市場への介入を目的とする多数の法律があり（植草・前掲書参照）、それらの法律による介入を正当化する根拠は「公益」にあると解されているが、「公益」の内容は多岐であって、その内容に応じた分析を要する。しかし、これらの法律については、これ以上立ち入らない。

〔87〕　　　(b) 「合意優先の原則」は、法技術的意味をもつ私法上の原則であるから（→〔84〕）、この制限（否定を含む意味で用いる）は私法上の法技術的形態をとらなければならない。制限のための基本的な法技術は、①強行規定である旨の定めをおくことであるが（例としては、借地借家法9条・16条・21条・30条・37条）、法律の定めから強行規定であることが明らかでな

い場合にも、当該定めの解釈によって、強行規定と解されることもあり（この問題については、民法総則の講義または教科書に譲る）、いずれにせよ、これらの法技術を通じて「合意優先の原則」は、制限される。次に、②ある契約が公序良俗違反（90条）の契約だと解釈されるならば、その契約からは権利義務は生じないから、その解釈を通じて「合意優先の原則」は制限される（この問題も、民法総則の講義または教科書に譲る）。このほかにも、③「合意優先の原則」は、契約の解釈（→〔88〕）という作業を通じて実質的には（形式的には、「合理的意思」・「黙示の意思」・「意思の推定」等の法律論によって、この原則は、維持されているけれども）制限されることがあるし（このことは、契約の「規範的解釈」においては明確に現れる——〔119〕）、④約款（→〔33〕）は、この原則の制限を当然にもたらすと考えるのが一般である。
*

> * **「合意優先の原則」と約款** 　約款一般について論じることは本書の範囲外なので（→〔36〕）、ここでは「合意優先の原則」との関係についてのみ述べる。約款についての論点は、①約款の使用を余儀なくされる一方当事者が、「合意」の不存在にかかわらず約款に拘束される根拠とは何か、②約款中の不公正な条項をどのような法律論で排除するか、にあったと言いうる（①の根拠の存在を肯定してはじめて②の不公正条項を排除する法律論が必要となる）。初期の学説は「約款によるという意思または商慣習」（判例理論は、このうち「意思の推定」を根拠とするものと解される）・「約款とは『制度』または『取引界における自治法』」であるというような根拠で拘束力を肯定またはそのような根拠が認められないとして否定したので、①と②の区別をとくに意識しなかった。しかし、①および②の問題は明確に区別されるべきであり、そうだとすると、①の根拠としてこれまで挙げられてきたものは「合意優先の原則」を覆す程の明確さを有するとは言えず、したがってこの原則を根拠として約款の拘束力を肯定すべきであり、②は約款の解釈（契約の規範的解釈と同じ性質である）によって対処すれば足りると考えられる。要するに、約款の拘束力を「合意優先の原則」以外の根拠に求めるのは困難であって（とくに、市場の拡大とそれに伴って約款使用者に課される説明義務の高度化をあわせ考えよ）、その解釈も契約の解釈の一般理論の応用であるとするならば、約款は必ずしも「合意優先の原則」を否定するものではないと言うべきことになるであろう（河上正二『約款規制の法理』〔1988・有斐閣〕に負う）。

第2節　契約の解釈

1　契約の解釈の意義とその重要性

〔88〕　**(1)　契約の解釈の意義に関する対立**

　契約の解釈の意義は必ずしも明らかではない。というのは、これまでの学説（最近の学説では、これまでの学説と異なった見解が通説となりつつあるが、それは、これまでの学説への批判から生まれたものなので、以下、これまでの学説を「伝統的通説」と呼び、現在の通説を「新通説」と呼ぶ。学説については、沖野眞已「契約の解釈に関する一考察」法協109巻2・4・8号、山本敬三「補充的契約解釈」論叢119巻2・4号、120巻1〜3号に詳しい）では、契約の解釈それ自体の意義が独立して説かれることはなく、契約の上位概念である法律行為の解釈について論じられるにとどまり、しかも、法律行為の解釈とは、「表示行為（意思表示であることを推測させるに足る言語の使用または身体の挙動を言う。詳しくは民法総則に譲る）の意味を明らかにすること」とのみ述べられるだけで、契約に即して「表示行為」が説明されているわけではないからである（我妻・総則〔285〕、幾代224頁等）。しかし、契約の解釈の意義を法律行為の解釈の意義にいわば還元させる伝統的通説に対しては、新通説からの大略次のような批判がある（星野・Ⅰ 75頁以下、四宮・総則148頁以下等）。

〔89〕　（ア）　法律行為には、契約のほかに、単独行為（これは、さらに相手方のある単独行為〔相殺・解除・債務免除等〕と相手方のない単独行為〔遺言等〕に分けられる）および合同行為（社団設立行為等）が含まれると解されているが、上記二者の解釈は、契約の解釈と異なる。すなわち、たとえば単独行為にあっては、解釈の対象たる「表示行為」は表意者についてだけ存するから、その「意味」のみ明らかにすれば足りるはずであり、ただ相手方のある場合にはその保護（相手方にどのように理解されたか等）を考慮

する必要が生じるだけであるし、とくに遺言については厳格な方式が定められているのだから（967条以下）、法律行為の解釈一般とは異なって考えるべきものである（ただし、新通説も、遺言を「身分行為」に属すると解し、かつ「身分行為」については総則の適用なしと考えているから、結論的には伝統的通説と同じになるが、「身分行為」の概念が現在でも有用であるか否かは、疑わしい。平井「身分法および身分行為の概念に関する一考察」四宮古稀参照）。合同行為についても、それが社団設立行為を念頭においた概念であるならば、解釈にあたって団体法特有の法理（たとえば、誰の意思表示をもって団体の意思表示と解すべきか等に関する法理）が考慮されるべきである。こうして問題は、法律行為の解釈一般という形で立てられるべきではなく、契約の解釈・単独行為の解釈（その中でも、遺言の解釈は別に扱われるべきである）・合同行為の解釈（本節は扱わないが、立場によっては約款の解釈をこれに加えることもできる）というように、個別的・具体的に論じられるべきである。

[90]　　（イ）　そうだとすると、法律行為の解釈一般ではなく、契約の解釈とは何かが明らかにされなければならないが、この点についても、伝統的通説と新通説の間には対立がある。契約とは、一般に「相対立する意思表示の合致」と定義されるのであるから、「法律行為の解釈とは表示行為の意味を明らかにすることである」という伝統的通説の定義を契約の解釈に当てはめるならば、「合致した表示行為の意味を明らかにすること」が、伝統的通説における契約の解釈の定義になるはずである。しかし、表示行為と内心的効果意思とを対比させ、前者の合致をもって契約の成立と解するのは、一時期のドイツ学説の影響を受けた（→[96]）解釈論にすぎず、後者の合致をもって契約の成立と主張することは可能であるのみならず、わが国の判例の態度に適合的である（新通説は、このような解釈が判例の採用するところだと解している——[94]）。

　　以上のような伝統的通説に対する新通説の批判のうち、上記（ア）は適切であって、そこで述べられた根拠にもとづき、これを支持すべきである。本節を「法律行為の解釈」一般に委ねることなく、「契約の解釈」と題して、契約法の体系書中で論じようとするのはこのためである。上記（イ）の批判は、契約の解釈の根本問題に関わるので後に改めて述べるけ

れども（→〔93〕）、契約の解釈とは何かという最も基本的な問題さえ未だ解決されていないのが学説の現状であることが、以上から示されている。

〔91〕　**(2)　契約の解釈の重要性**

　このように、契約の解釈の厳密な意義が未だ必ずしも明らかでないにもかかわらず、契約の解釈という作業はわが国の民法学においてきわめて重要である。というのは、「合意優先の原則」が採用されている以上、契約上の権利義務関係は両当事者の合意によって定まるのが基本原則であり、したがって、民法または法一般の解釈に匹敵するほどの重要性がこの作業に与えられるべきなのは明らかだからである（フランス民法1134条の「法律に代わる」という表現（→〔83〕）を参照せよ）。まして、契約法学の任務を「特定取引主体間における権利義務の設計」にあると規定するならば（→〔43〕）、権利義務関係そのものを決定する役割を果たす契約の解釈は、裁判の紛争に至った場合においてのみ意味をもつばかりでなく、契約締結前に始まり、契約関係が終了するまでの全過程において、決定的な重要性を持つと言わねばならない。しかも、権利義務関係を設計するものとして契約法学を位置づける場合においては、単に契約の解釈についての一般的・抽象的説明ではなく、契約の解釈という作業に関する具体的な基準や、それに従って解釈を行う手続等の「技法」と言うべきものが要求されるはずである。しかし、契約の解釈の意義さえも十分に説明されていないという先の記述が正しいとすれば、まして、これらの具体的技法について論及するものはほとんど見当たらないのは、当然だと言うべきである。その原因は、おそらく、次の2つの事情に由来するものと思われる。すなわち——

　（ア）　日本民法は、諸外国の民法とは異なって（フランス民法1156条～1164条〔これらの規定については、沖野・前掲論文参照〕。ドイツ民法133条・157条等）、法律行為の解釈または契約の解釈について直接に関わる規定をおいていない（現在の通説は、91条・92条・1条2項を契約の解釈に関する規定と解しているが、これは学説の理解であって、少なくともフランス民法やドイツ民法のように契約または意思表示の解釈につき正面から規定した条文は存しない。な

第2節　契約の解釈

お、フランス民法にほぼ倣った「合意ノ解釈」についての旧民法財産篇356条～360条の規定は削除された。その理由は明らかではないが、理由を推測するものとして、沖野・前掲論文）。したがって、契約の解釈に関する諸基準を明らかにする仕事は学説に委ねられているが、学説は主としてドイツ民法の規定（前述した133条・157条。なお、この2条は、規定の上では、異なった内容を定めているかのように見えるが、2条あわせて法律行為すべてに通じる解釈の基準を示したものと解するのがドイツにおける通説・判例である）の解釈を参考としつつ（フランス民法におけるような具体的な解釈の基準を示す規定は、少なくとも体系書のレベルでは、考慮されていない。これらの規定を詳細に論じるものとして、沖野・前掲論文）、法律行為一般の解釈の基準として、①当事者の（契約の）目的、②慣習、③任意法規、④信義則を挙げ（我妻・総則〔286〕、四宮・総則177頁以下、星野・Ⅰ 148頁以下等。これらの基準のうち、②および③はドイツ民法157条に規定されている。もっとも、合意の履行が信義（bonne foi）に従うこと、および慣行（usage）が義務を発生させることを定めたフランス民法1134条および同1135条も、契約の解釈に適用ありと解されている）、しかも、学説は、総則中でこれらを扱うためか、②については、92条または「法の適用に関する通則法」3条との関係、③については、91条との関係を説くにとどまり、契約の解釈の基準について、それ以上立ち入った論述は見られない。

〔92〕　（イ）　日本民法は、諸外国の民法におけると異なって、契約法において、方式主義の支配に対抗し、それを克服して「契約自由の原則」を確立したという歴史とはまったく無縁であり、その結果、法技術としての「合意優先の原則」は、ほぼ完全なまでに（改正により挿入された446条2項は例外。ただし方式主義の伝統とは無縁である）貫徹されている（フランス民法1156条およびドイツ民法133条が、当事者の真意を探究すべき旨の規定をおいている理由は、方式主義に抗したという歴史を無視しては理解できない）。しかも、法定証拠主義の拘束を逃れつつ自由心証主義が発展してきたという歴史も持たず、当初から自由心証主義が採用されてきた（旧民事訴訟法（明治23法29）217条参照）ため、日本民法においては、契約上の権利義務の争いは、すべて契約の解釈によって、つまり契約当事者の「意思または合理的意思」の解釈（意思解釈）によって、決定される。しかし、どのような証

拠によってある「意思解釈」が採用されたのかは、自由心証主義の結果、結局は裁判官の心証に任され、外部から追試できるような形で判決中に明示されることは稀であり、かつ、これまでの判例の準則は、契約の解釈の性質を、原則として、法律問題ではなく事実問題であると解するので（→〔104〕）、最上級審で争われることも稀である。このように、契約上の権利義務の内容は常に「意思解釈」に帰着する結果、実際には「意思解釈」の名の下に、裁判所による権利義務（すなわち規範）の創造が行われていることは明らかであるけれども、上記の事情のために、その場合だけを取り出して独立に論じるのは困難である。契約上の紛争が訴訟で争われる時には、ほとんどすべて契約の解釈が問題となっていると思われるにもかかわらず、契約の解釈にあたって拠るべき具体的基準を提示することは、困難と感じられ（訴訟で契約の解釈につき争われた例は少なくないが、そこからなんらかの基準を抽出するのは難しいと指摘されている。野村豊弘「法律行為の解釈」講座１所収参照）、また有意義な作業と考えられてこなかったのは、以上の理由によるものと思われる。しかし、前述のように（→〔43〕）、「特定取引主体間の権利義務関係を事前に設計する」という任務を契約法学に与えるとすれば、契約の解釈の理論的基礎および解釈にあたって準拠すべき具体的基準をあらかじめ示しておくことは、契約法学にとってきわめて重要である。この重要性に鑑み、通常の体系書で説かれているよりも、やや詳細にわたるけれども、次項以下において、契約の解釈の基礎理論とその具体的な基準について述べておくこととする（以下に述べるところは、新版注釈民法(3)法律行為前注66頁以下〔平井〕と重複する部分を多く含む）。

2 契約の解釈の基礎理論

〔93〕　(1)　**契約の解釈の意義**

法律行為一般の解釈について「表示行為の意味を明らかにすること」と述べてきた伝統的通説の定義を契約に即して定義するならば、先に述

べたように（→〔90〕）、契約の解釈とは、「合致した表示行為の意味を明らかにすること」になるはずである。しかし、これに対して新通説は、表示行為と対比された意味における「合致した内心的効果意思の意味を明らかにすること」をもって契約の解釈の意義と解する。そこで、契約の解釈の意義を示すためには、伝統的通説と新通説との対立をどのように考えるか、という問題を論じることから出発しなければならない。

　（ア）　伝統的通説が表示行為をもって解釈の対象とする理由は、必ずしも明確ではないが（沖野・前掲論文（→〔88〕）参照。「表示によって生じた社会的期待の保護」（川島・188頁）や「近世法」における「個人意思自治の原則の修正」などに求められている）、「個人の内心の意思を離れてその表示の有する客観的の意義を判断する」（我妻・総則〔270〕）点において一致する。これに対し、新通説は、「意思の合致」が存在するときには、表示行為の意味を問うことなく、これに従った効力を認めるべきだと説く。その根拠は、これまた明確とは言い難いが（裁判実務の実際や〔賀集唱「契約の成否・解釈と証書の証明力」民商60巻2号194頁〕、意思表示が意思伝達行為であること〔鹿野菜穂子「契約の解釈における当事者の意思の探求」九大法学56号〕などに求められている）、両者の対立は、いわゆる「理念型」としては（実際には、新通説の中でも種々の差異があって、伝統的通説と同一の結果に帰着する場合がある。沖野・前掲論文参照）、次の点に現れる。すなわちたとえば、契約の成立に関して言えば、伝統的通説は、表示行為を客観的に解釈し、それが一致していれば当事者の意思を問わず契約の成立を認め、当事者の意思の不一致を錯誤の問題として扱う。これに対し新通説は、意思が一致していなければ錯誤の問題に立ち入るまでもなく、契約の不成立と考える。要素の錯誤でないかぎり、契約は効力を生じるのが原則であるから（95条）、両者の対立は、契約を有効として扱うか、不成立として扱うか、という大きな差異をもたらすのである。

〔94〕　（イ）　判例が、伝統的通説または新通説のいずれに同調しているかを判断するのも困難な問題である。まず、契約の成立に関する判例には、表示行為の合致ではなく意思の合致を要件とするものが見られる（大判昭19・6・28民集23巻387頁──生糸製造権の売買において代金の範囲につき当事者

の意思が食い違っていた場合。原審は、表示行為が合致していたことを理由に契約の成立を認めたのに対し、大審院は、これを破棄し、契約不成立と判旨した。これに対しては、契約成立を認めた上で錯誤として扱うべきであるという、川島・判民昭和19年度29事件評釈の強い反対がある）。しかし、判例が常にこの立場に立つというわけでもなく（ただし、賀集・前掲論文はこれが実務の立場であると言い、星野・Ⅰ 167頁以下もそう解してこれに賛し、一般に新通説は、この判決を根拠として判例も新通説に同調するものと解しているようである）、表示行為の合致のみを理由として契約の成立を認めたものもあり（大判昭7・5・3法律新聞29号112頁——保証人が別の契約と思って契約書に署名捺印をした事案で、判決は、契約不成立とした原判決を破棄し、錯誤を認めた。このほか、判例上錯誤として扱われたものには、表示行為の合致による契約成立を前提としている判決が多いと解される。太田知行「契約の成立の認定」鈴木古稀『民事法学の新展開』に負う）、判例の態度も、断定できるほど明確でないと言うべきであろう。

〔95〕　（ウ）「表示の合致」または「意思の合致」のいずれから出発すべきかは、決定するのにはなはだ困難な問題であるが、上記(ア)に述べたように、結論に顕著な差異をもたらす場合があり、また後述のような（→〔107〕）契約の解釈の諸基準を考える際には、上記の2つの出発点のいずれに与すべきかをあらかじめ定めておかなくてはならないので、この問題については、どうしてもなんらかの態度決定をしておかなければならない。そうだとしたら、その内容は次のとおりであるべきである。

〔96〕　　(a)「契約の解釈にあたって意思または表示のいずれを尊重すべきか」という問題は、ヨーロッパ大陸法において長い歴史を有する論点である。この問題は根本的にはローマ法における方式主義からの解放という沿革（→〔83〕）にも関連しているが、この論点に限れば、いずれの立場をも支持すると解されるローマ法源が存在したこともあって、双方の立場からの主張と反論とが繰り返され、議論が蓄積されてきた。19世紀以降の諸法典では、意思の探究によって行うべきだとの立場から立法がなされたけれども（フランス民法1156条、ドイツ民法133条——〔91〕）、その後も、解釈論として表示を重視する立場からの主張が後を絶たない（フランスにおける後述の dénaturalization de clause claire et precis の禁止をめぐる議

論、ドイツにおける Danz（山本・前掲論文（→〔88〕）参照）に見られる表示主義的な法律行為解釈論〔伝統的通説に影響を与えた〕等がその例）ままに現在に至っている（ただし、現在では、両国ともに意思重視の立場が学説・判例ともに有力であり、Danz のような主張は顧みられていない）。

〔97〕　　(b)　日本民法は、上記のような学説史的伝統およびそれを支える思想的（意思理論）・社会的基盤（裁判官への不信）を欠くままに、「合意優先の原則」という法技術を輸入した結果、契約上の権利義務をすべて「意思解釈」によって判断しているけれども、判例・学説において意思が重視または尊重されているとも言い難いように思われる。そのことは、①「判例の法源性」がさしたる抵抗なしに承認されていること（裁判官への不信の念の小ささ）、②判例上頻繁に現れるいわゆる「例文解釈」（→〔126〕）に対して学説の抵抗がほとんど見られないこと、③「本来的解釈」（または「意味の発見」）と「補充的解釈」あるいは「修正的解釈」（または「意味の持ち込み」）との区別（→〔103〕）が学説により歓迎され、定着していると思われること、④法律行為の解釈についての「表示」中心の理解が伝統的通説を容易に支配したこと（→〔93〕）、等によって示される。

〔98〕　　(c)　上記のように考えると、日本民法では、意思の重視または尊重をもって出発点とする必要はない、という主張も十分に聞くべきである。したがって、意思理論の存在する法系におけるように過度に意思を重視するというイデオロギー（たとえば、フランスにおけるように、すべての権利義務を意思から導き出すような）からは自由でなければならない（→〔99〕・〔110〕）。しかし、①財の社会的配分の仕組みが今後どのような運命を辿るかを考えるならば、「市場的取引の原則」の重要性、すなわち、財の配分の仕組みとしての市場機構の持つ重要性は、今後増大することはあっても、減じることはないであろうと思われる（→〔31〕）。その結果として、「合意優先の原則」という法技術、しかも、わが国におけるようなその純粋形態（それは「市場的取引の原則」を最も良く実現する法技術である。ヨーロッパ大陸法において、早くから方式主義の拘束を免れていたのは、商法の原型である北イタリア諸都市における商人仲間の取引慣行であったことを考えよ。なお、UNI 原則 1・2, PECL 1：102 参照）の作用する範囲は益々増大すると

言うべきである。そうだとすると、②そこにおける合意とは、表示行為の合致ではなく、意思（内心的効果意思）の合致を意味すると解すべきである。市場における人間像は、自ら判断し決定した事柄に対してのみ責任を負うのが原則であるべきであって、基本的には、自らの意思と異なる表示に拘束（法技術的には、効果を欲する意思の欠如や錯誤等によって結果的にはそれを免れうるとしても）されるいわれはないと考えるべきだからである。このように見てくると、③財の配分の仕組みとしての市場機構が重要な意味を持つところでは、法系の如何を問わず合意が契約の解釈の対象とされている事実も（UNI原則4・1(1)参照）、上記の主張の根拠として援用できると思われる（したがって、伝統的通説は比較法的には孤立していると評すべきである）。さらに重要なのは、④契約法学に対し将来の権利義務関係を「設計」するという任務を与えるならば（→〔43〕）、当事者間であらかじめ取り決めたこと（内心的効果意思の合致としての合意）が決定的に重要な役割を担わなければならない、という点である。合意と異なった権利義務関係が生じ、それに拘束されてしまう可能性が大であればあるほど、権利義務関係を「事前」に設計するという発想は無意味となるからである。

　以上のとおり、契約上の権利義務関係の基準、すなわち契約の解釈の対象は、内心的効果意思の合致（以下、これに限定して合意と言う）であり、そうだとすれば、契約の解釈とは、「当事者ノ共通ノ意思ヲ推尋スルコト」（フランス民法1156条に由来する旧民法財産取得篇356条の表現）に帰着する（→〔96〕）。

〔99〕　**(2)　契約の解釈の基本的要件・効果および範囲**

　(ア)　契約の解釈の対象が前述の意味での合意（以下、単に合意と言う）だとするならば、いかなる要件が存在するときに契約の解釈が必要となるかが問題となるが、次のように解すべきであろう。

　　(a)　合意のあったことを推断させるに足るだけの外形的事実が存在すること　合意が解釈の対象であるといっても、外部に現れない心理学的意味での「意思」は、証拠による事実の認定がすべてである法の世

界では、これを論じる余地がない。したがって、合意の認定には文書・言葉・挙動等の外形的事実の存在が要件となる（これは、比較法的にも異論なく認められた要件である。なお、これと伝統的通説にいわゆる「表示行為の一致」とは混同されてはならない。——〔100〕参照）。この結果、解釈の対象となるべき合意か否かを判断する時点は、上記の外形的事実が存在する時における当事者の意思であり、その意思の合致である。

　　　(b)　合意の意味が明確でないこと　　契約の解釈の必要が生じるのは、合意の意味が明らかでない場合であるから、この要件も、当然であるかのように見え、現にフランス民法では、「明確かつ明晰な条項の歪曲（dénaturation de clauses claires et precises）」の禁止の原則として知られ、ドイツ民法においても、これは判例・学説上確立された要件である。もっとも、この要件がとくに論じられるのは、フランス民法においてもドイツ民法においても、「文意に拘泥せず、共通の意思または真意を探究しなければならない」旨の規定があるためであって（フランス民法1156条、ドイツ民法133条。この要件についてのフランスにおける議論を紹介する文献として、沖野・前掲論文（→〔88〕）法協109巻8号参照）、この趣旨の規定を欠く日本民法において、この要件を立てる意味があるか否かは疑わしいようにも思われるし、そもそも、解釈の余地のないほど明確な条項がありうるか（争いが起こるのは何らかの意味で解釈の余地のある条項であろう）についても疑問が生じうる。しかし、契約法学の任務を権利義務関係の設計にあると定義するとき、この要件を定立する意味は大きいと考えられる。あらかじめ合意したことを疑問の余地なく明確かつ詳細に契約書に表現しておけば、裁判所においてもそれをそのまま権利義務であると解釈される程度が大であればあるほど、上記に述べた契約法学の任務はよりよく果たされると思われるからである。このような目的に適合的であるという意味合いをこめて（諸外国に比べ極めて立ち遅れていると思われるわが国の法律家の契約書作成能力〔広い意味での立法能力〕を向上するインセンティブとなるためにも）、この要件を挙げておくこととしたい。

〔100〕　　（イ）　上記(ア)の要件があれば契約の解釈が行われ、その結果として合意の意味が明らかとなれば（→〔108〕以下）、その意味どおりの権利義務

が発生する（言い換えれば、裁判官はそれに拘束されて判決をしなければならない）。これが基本的効果である。したがって、合意が明らかであるかぎり、それが表示と異なっていたとしても、権利義務の判断にあたっては合意が優先する。これは、「誤った表示でも害を与えない（falsa demonstratio non nocet）」原則と呼ばれ（小林一俊「契約における合意と誤表」現代契約法大系１所収）、ヨーロッパ大陸法において古くから承認されてきたものであるが、合意を契約解釈の対象と考える以上（小林・前掲論文は、解釈の対象が意思か表示かの対立を問わず妥当する原則と言う）、わが国でも基本的には承認されるべき原則だと思われる。この原則を直接に認めた判決は存しないが（結果的に認めた例につき、小林・前掲論文参照。なお〔109〕）、学説においては論じるものは少ないが、とくに異論がないように見える（四宮・総則149頁参照）。

〔101〕　（ウ）　契約の解釈という作業が必要となるのは、契約成立（契約成立前の権利義務関係の判断にあたっても要求されることがある——〔151〕以下）に始まり消滅に至る全過程である。すなわち、①契約の成立には申込および承諾の意思表示を要するが、何をもって申込または承諾の意思表示と解すべきかは契約の解釈によらなければならず、また、申込または承諾一般ということはありえないから（常に特定の種類の契約についての申込または承諾である）、どの契約の申込または承諾であるかを決めるのも、契約の解釈である。②申込と承諾とが合致したか、つまり契約が成立したか否か（ただし、申込と承諾の合致だけが契約の成立要件ではない——〔172〕）を判断するのも契約の解釈であることは言うまでもないが、③成立した契約の当事者間における権利義務を定めるのも、契約の解釈である。したがって、いかなる義務（債務）が成立しているかについての判断は、履行請求権の成否に関係するし、債務不履行の要件の成否も決定するから、損害賠償請求権の発生および損害賠償の範囲の判断にも影響を及ぼす。したがってまた、法定解除権の要件の存否の判断とも関連することは後述のとおりである（→〔284〕）。さらに、④契約の終了原因の存否を決するにあたっても、契約の解釈によらなくてはならない（→〔272〕・〔334〕）。

第2節　契約の解釈

〔102〕　**(3)　契約の解釈の種類**

　民法は、契約または法律行為の解釈について直接に定めた規定を欠き（→〔91〕）、判例もすべてこれを「意思解釈」として処理し、その内容をそれ以上明らかにしていない（→〔92〕）。しかし学説は、法律行為の解釈という作業には、大きく分けて性質の異なる2種のもの、すなわち、ⓘ当事者の意思を明らかにするという、どちらかと言えば事実認定に近い作業と、ⓘⓘ当事者間の権利義務に関する規範を設定するという、どちらかと言えば法律的判断に近い作業との2種があることを指摘し、この指摘は（ⓘとⓘⓘとを指す用語に差異はあるものの）、近時の学説の多くによって承認されている（民法総則についての体系書のレベルでは川島188頁以下、四宮・総則147頁、四宮=能見・総則160頁、星野・Ⅰ 180頁等）。以下に、この区別の意味を説明する。

〔103〕　（ア）　この区別を最も明確かつ印象的に指摘した論文（穂積忠夫「法律行為の『解釈』の構造と機能」法協77巻6号603頁・78巻1号27頁）は、裁判官の行う法律行為の解釈と呼ばれる作業には、①法律行為に用いられた言語その他のシンボルの社会的意味を明らかにするという、価値判断を伴わない客観的事実を確定する操作（これを「意味の発見」と呼ぶ）と、②法的価値判断を下して法律行為に望ましい効果を与えるような意味をシンボルに付与する操作（これを「意味の持ち込み」と呼ぶ）の2つが区別されるべきであると説き、とくに後者の操作を可能にする条件および限界につき論じている。この論文は、行動主義的な法律行為概念（川島武宜「法律行為」同著作集6巻所収〔1992・岩波書店〕）や裁判過程の非機械的性質（「事実に法規を適用すれば判決は自動的に生まれる」という考え方の否定）を前提としつつ、上記の2つの概念によって法律行為の解釈という作業とこの区別を生みだす条件とを分析し、その現実の姿を認識すべきだと主張することを主たる目的とするものであって、必ずしも解釈論的主張を伴うものではないが、その後の体系書の記述にも影響を与えた。たとえば、法律行為の解釈をⓐ狭義の解釈、ⓑ補充的解釈*、ⓒ修正的解釈の3種に分け、それぞれに該当する判決の例を掲げて説明を加えている体系書があ

り、そこで挙げられた判決例によって判断すれば、ⓐは①を、ⓑおよびⓒは②を、それぞれ基礎として分類されたものと推測される（四宮・総則148頁以下。なお、四宮＝能見・総則160頁以下）。

  ＊　**補充的解釈**　法律行為の解釈の一種として、しばしば「補充的解釈」が挙げられる。その意味は必ずしも明らかでないが、解釈によって意思表示の「空白部分」を埋めることであると考えられている。しかし、この種の解釈が論じられるのは、表意者の「真意」を探求すべきだという裁判規範をおくドイツ民法（同133条。この規定はドイツ民法制定前におけるローマ法源の解釈を巡る争いを立法的に解決したものである──〔96〕）においてであって、そこでは「真意」を「補充」するという正当化が要求されるからである。そのような規定を有しない日本民法ではこれを解釈の種類として掲げるのは疑問であり、本文に挙げた2種のもので足りると思われる。

〔104〕　（イ）　上記①および②の区別を解釈論の平面に生かすことができるならば（四宮・前掲箇所はそのような試みである）、これを解釈学上の概念として採用しうる。解釈論上有用であるか否かを判定する手がかりとなるのは、第1に、法律行為の解釈は法律解釈の問題（法律問題）であるか事実認定の問題（事実問題）であるか、という点に関連する（後述(a)参照）。旧民事訴訟法においては、前者ならば、最高裁判所へ上告して争うことができ、後者ならば原則としてできなかったからであるが（旧民訴法394条・403条参照）、法令違反を理由とする上告が認められなくなった現民事訴訟法（312条1項参照。ただし、高等裁判所への上告は法令違反を理由となしうる──同3項）の下においても、上告受理の申立事由（318条1項参照）として、この区別はなお意味をもつものと思われる（詳しくは、民事訴訟法の教科書に委ねる）。第2に、法律行為の解釈の一基準としての慣習に92条の適用があるか否か、という問題である（後述(b)参照）。

  (a)　従来、判例は法律行為の解釈を事実問題だと解するものと考えられてきており、学説は、これに対して法律問題だと主張してきた（我妻・総則〔294〕等）。もし、①が事実問題であり、②が法律問題であると解することができるとすれば、②については法令違背として直ちに上告できる（現民事訴訟法では上告受理の申立て事由となる）ことになり（四宮・総則153頁が「例文解釈」をⓒにあたると解して、上告できると主張するのは、この帰

結を認めるものである)、この区別は両者の対立に関して新たな視点を開くことができる。

　(i) 判例(近時のものは少ない)は、法律行為の解釈を一応は事実問題と位置づけているように見える。すなわち、契約の法律的性質の判断(大判大10・5・18民録27輯939頁——更改により旧債務は消滅したと主張する上告理由に対して事実認定は原審の専権に属するとして棄却)、例文解釈か否かの判断(大判大15・10・21評論16巻民法137頁——証拠の解釈如何によって定まると判示した)は事実問題だと解されており、原審の解釈を実験則(経験則)に反するとか(大判大2・11・20民録19輯983頁)、釈明権不行使だとか(大判昭9・5・18民集13巻774頁)として破棄したものも、論理的には法律行為の解釈を事実問題と前提している故であると解されるからである。もっとも、原審の解釈を単に「不法」または「違法」と述べて破棄し(大判大10・11・21民録27輯1976頁、大判昭4・12・18新聞3081号10頁)、あたかも法令違背と同視して、法律問題と扱っているように見えるものもあって(我妻・総則〔294〕は、これらを推及すれば、法律問題としたものだと解し、四宮・総則149頁・153頁は条理を適用したものだから、法律問題として扱ったものと解する)、判例の態度は断定できるほど確立されてはいないと言うべきであろう。

　(ii) 法律行為の解釈の性質に関する前記①および②の区別は、一種の理念型としては明確であるが、解釈論としてこの概念を用い、それを具体的事案に適用しようとするのは、困難だと思われる。というのは、「合意優先の原則」の下では、①を決定するのも当事者の意思から出発するのが基本であり(前述の falsa demonstratio 原則はその好例である——〔100〕)、当事者の意思に反して権利義務を定めることもありうる②の判断にあたっても、この原則が支配する以上、やはり当事者の意思に根拠をおいて正当化をしなくてはならないからである(その好例は、仮登記担保を生み出すきっかけとなった最判昭42・11・16民集21巻9号2430頁である——〔119〕)。こうして、①も②も、ともに最終的には権利義務を定めるという作業にいわば収斂し(あえて区別するとすれば、①はその前半の段階、②は後半の段階)、すべて「意思解釈」に帰着するものと表現されざるをえない

構造をもつ民法の下では、解釈論としてのこの区別に腐心する（たとえば、①および②の要件の精密化を図る）ことは、報われない仕事と言うべきである。したがって、(i)については、法律行為の解釈は原則として事実問題であり、経験則違反または釈明権不行使を根拠としてのみ上告審で争いうる（現在では、民訴法318条1項の要件のもとに上告受理の申立事由となる可能性がある）と解すべきであろう（上告を制限しようとする意図で立法された現民訴法では、このように解することが一層適切であろう）。

〔105〕　　（b）　92条の適用に関する問題とは、次のごときものである（詳細は、民法総則の教科書に委ねる）。すなわち、①を判断するにあたっては、慣習も考慮すべきであるが、その際に92条の要件を満たす慣習のみが考慮されるのは適切でなく、②の作業を行うにあたって慣習を考慮するときにだけ92条を問題とすべきなのではないか、という説（最近の有力説）と、そのような区別を問題とせずに、およそ慣習を考慮するときにはすべて92条を適用すべきだという説（現在の通説。判例もこの立場であると解されている。判例・学説については、新版注釈民法(3)92条255頁以下〔淡路〕、沖野・前掲論文（→〔88〕）参照）との対立である（言い換えれば、有力説は、権利義務を定める慣習のみに92条の適用ありと解し、通説は表示に関する慣習にも同条が適用されると主張する）。しかし、上記(a)で述べたように、①および②の作業の区別が困難であるならば、①に関する慣習と②に関する慣習とを厳密に区別することも、また困難であり、そうである以上、解釈学上の概念としてこの区別を用いるのは疑問だと言うべきである。そして、厳密な区別が困難である以上、解釈論としては通説を採らざるをえないであろう。

〔106〕　　（ウ）　前記①および②の区別は、アメリカ契約法上主張されたinterpretation（ほぼ①に対応する）とconstruction（ほぼ②に対応する）の区別に着想を得たものである（穂積・前掲論文（→〔103〕）参照。これは、Corbinの提唱にかかるものである）。そして、「意思理論」（→〔29〕*）の伝統を有するドイツおよびフランスでも、法律行為または契約の解釈においては、意思を明らかにする作業と信義則または慣習によって意思を補充する作業とを区別（大体において、ドイツ民法では、前者の作業は133条、後者のそれは157条により、フランス民法では、前者は契約解釈に関する1156条以下の原則的規定、

後者は1134条および1135条による、と考えられている）すべきことは、広く承認されているが、この区別を厳密化しようとする試みはみられないように思われる（アメリカでも、interpretation と construction の区別に追随する学説は少ない）。

以上に鑑みると、①および②の区別は、理念型としてありうるものの、解釈学上の概念としてこれを厳密に規定できないと言うべきである。それを前提として、①にあたるものを「本来的解釈（eigentliche Auslegung）」と呼び、②にあたるものを「規範的解釈（normative Auslegung）」と呼んで（ドイツ民法における呼称を参考としたが、厳密には対応していない。ドイツ民法ではこれに加えて、補充的解釈（ergänzende Auslegung）が挙げられるが、「補充的解釈」の概念は、日本民法では不要である——〔103〕*）、以下に述べるような契約解釈の諸基準を分類するための大まかな尺度として用いることとしたい。

3 契約の解釈に関する具体的基準

〔107〕　(1)　**基準の意義**

以下に挙げる契約の解釈に関する基準は、裁判官の判断を拘束するという意義（裁判規範としての意義）を有するものではなく（したがって、裁判規範としての意義を有するドイツ民法133条・157条と異なる）、単に裁判官が判断する際に参考となる指針としての性格を持つにすぎない（したがって、フランス民法1156条〜1164条の性格と等しい。多少なりとも裁判官を拘束する性格を持つ言明を指すところの「準則」という語を避けて、「基準」の語を用いたのはこのためである）。そうだとすると、このような性格のものを掲げる意味は乏しいという批判（同様の批判はフランスでもあり、同民法1156条以下の扱いについてのフランスの学説は概して冷淡である）がありうるけれども、先に述べたとおり（→〔91〕）、契約の章に属する規定の解釈を明らかにすることだけでなく、将来の権利義務の設計という任務をも契約法学に課すならば、その設計のための道具を示す必要が生じる。契約の解釈に関する具体的

基準は、その道具としても重要であり、しかもそこで示されるように、契約の解釈に関しては比較法上共通な原則が多いことに鑑みると、その共通の原則に立脚した基準を定立しておくならば道具としての有用性も増大する。具体的基準を掲げるのは上記のような意味においてである。

〔108〕　(2)　**本来的解釈とその基準**

　　（ア）　本来的解釈の意義　　本来的解釈とは、契約当事者が本来意図したとおりに「共通ノ意思」の意味を明らかにすることである。もちろん、契約の内容が明確であれば（つまり、当事者の意図が明確であれば）、解釈という作業を必要としないから（→〔99〕）、本来的解釈は、必然的に当事者の意図が不明確であることを前提とし、かつその意図を推定するための基準を含む。したがって、その基準は、契約行動の理論モデルから導かれる「当事者の意図は、Aであると推定すべきである（あるいは、「合理的」当事者ならば、Aと考えたはずである）」という言明を含まざるをえず、そのかぎりで、何らかの「規範的」要素を含んでいる（したがって、そのかぎりで「規範的」解釈との境界は不明確となる）。しかし、そこでの「規範的」要素の介入は、あくまで当事者の本来の意図を明らかにする限度においてのみ許されるものであるから、当事者の意図と関係なく権利義務関係についての判断を下す「規範的解釈」とは異なると言うべきである。

〔109〕　（イ）　本来的解釈の具体的基準　　契約の解釈の要件（→〔99〕）が満たされるならば、本来的解釈は、次の諸基準に従って行われるべきである。

　　　　(a)　契約の本来的解釈の基本原則は「当事者ノ共通ノ意思ヲ推尋スルコト」（旧民法財産取得篇356条、フランス民法1156条参照。ドイツ民法における通説・判例でもある。なお、Res.〔Restatement of Contracts, 2d.をこう略記する〕201(1), UNI原則4・1(1)も参照）である。したがって、①表示の意味が客観的にはどのように解されようとも、当事者の共通の意思によって与えられた意味どおりに解されるべきである。これが「誤った表示でも害を与えない falsa demonstratio non nocet」の基準（→〔100〕──以下、falsa

原則という)であり、大陸法系で形成され、「合意優先の原則」が支配するかぎり、比較法上広く認められた基準である（PECL5:101, CISG8(1), UNI原則4・2(1)参照)。判例においては、この原則が明示されたことはないようであるが（学説においてこの原則を支持するものとしては、四宮・総則149頁)、たとえば、現地検分の上、地番79および80番にまたがる土地の一部が売買の目的とされたのに、当事者双方とも誤って契約書に80番の土地の売買と表示した場合において、現地検分の範囲の土地について売買する趣旨で完全な合意があればその内容に即した売買契約が成立する旨を認めた一下級審判決（大阪高判昭45・3・27判時618号43頁——80番の転買主からの請求を棄却）は、実質的には、この原則を承認したものと解される（当事者双方とも地番の表示を誤ったが売買の目的たる土地については合意があった場合に錯誤の主張を排斥した大判昭10・3・12新聞3819号16頁も、この例と思われる——小林・前掲論文（→〔100〕）に負う)。ただし、falsa原則を明示的に用いた判決例は存在しないばかりでなく、この原則そのものも気づかれていないように見える。すなわち、不動産売買契約書中の「買主不履行の時は手付金を没収し、売主不履行の時は手付金を返還すると同時に手付金と同額を違約金として別に賠償」する旨の印刷された条項が解約手付に関する557条を排除する趣旨であるか否かが争われた事件において、最高裁はこれを肯定した原判決を破棄し、557条を排除するものでないと判示した（最判昭24・10・4民集3巻10号437頁)。しかし、判決理由中で、両当事者とも上記条項を手付倍返しによる解除権留保の規定と解していたと認定しているのであるから、falsa原則に従えば、同条項の表現如何にかかわらず最高裁はこれを当然に解約手付と定めた趣旨の条項と解釈すべきであったはずである。契約の解釈の対象が「共通ノ意思ノ推尋」であることがこれまで十分に意識されておらず、したがってfalsa原則に関心が払われていなかったために、原判決以来、「違約金として別に賠償」という条項の文言に焦点をおいて解釈されてきており、その結果、この判決は無用の議論と混乱とを引き起こしたものと評すべきであろう。この判決が学説上「解約手付であると同時に違約手付であることは可能か」という形の議論を誘発して今日に至っているのは（幾

代通ほか『民法の基礎知識(1)』〔1964・有斐閣〕142頁以下等、学説については、吉田豊『手付の研究』〔2005・中央大学出版部〕58頁参照)、それを示すものである(この形の議論が真の争点となるのは、前記条項についての合意が認定できない場合であるが、それについては557条の解釈の箇所で述べる)。

　falsa 原則からは、さらに次のものが導かれる。すなわち、(ⅱ)一方当事者が他方当事者と異なった意味を言明に与えたが、他方当事者がその異なった意味を現実に知っているときには、両当事者が共通に与えた意味が存することになるので、(i)におけると同じく、falsa 原則の一応用として、その異なった意味に従って契約は解釈されるべきである。この点に言及する学説・判例は必ずしも多くないが(ただし、小林・前掲論文(→〔100〕)参照)、(a)の原則から論理的に導かれるものとして承認されるべきである (PECL5:101 (2), CISG8 (1), UNI 原則 4・2. Res. 201 (2)は、同様の帰結を認めているが、その根拠を他方当事者の帰責事由 (fault) の存在に求めるようである)。

〔110〕　(b)　上記(a)の合意の存在が明らかでないとき(認定できないとき)には、次の諸要素を考慮して両当事者の共通の意思を「推尋」すべきである。すなわち、①契約締結の準備段階に始まり締結時および締結後相当な期間にわたる間に生じたすべての事情、②取引上の慣習、③契約当事者が達成しようとした主要な目的、である。

　(i)　合意が明らかでないときに、それを「推尋」する根拠を何に求めるかについては、比較法的に見て差異が存する。すなわち、①「意思理論」の拘束の強いフランス民法では、意思を補充する解釈 (interpretation suppletive) は避けるべきものと学説上解されているので、判例は、基本的にはあくまで具体的当事者の推定された意思を探求し、それによって根拠づけようとしている。ⅱドイツ民法は、解釈についての規定(同法157条)を有するから、その規定にいわゆる取引慣習と信義則によって合意の存否を決する。ⅲアメリカ契約法は、一方当事者が他方当事者の付与した意味を知りうべき (reason to know) であったときに合意の成立を認める (Res. 201 (2). なお、これを採用したものとして、UNI 原則 4・2 (2)参照)。①は、「意思理論」の伝統に乏しいわが国では、実質的根拠を

欠くのみならず、判決理由についての立ち入った分析を拒否する機能を営むものであって（判決理由で明らかにする必要がないだけに裁判官にとっては有用であろう。わが国で「黙示の意思」あるいは「合理的意思」による解釈を認める判決が多いのは（→[92]）、このためであろう）、権利義務を設計する任務を契約法学に与えるという考えに立つ以上、これを採るべきではない。⒤および⒤は、規範的判断の介入の可能性を認めた根拠づけである点において共通したものがあるが、⒤は、ドイツ民法上の規定の文言に由来するものであって、規定を欠く日本民法では、これに拠るべき必然性は乏しい。⒤についても、それが帰責事由の存在を要件としていると思われる（reason to know は、この趣旨を表したものと解されている）点において、わが国の判例・学説と異質であるし、コモンロー固有の法理を背後に持っている（reasonable 概念の支配は、コモンローの各分野に及んでいる）点においても、採るをえない。しかし、現実には、上記⒤・⒤および⒤は、接近しつつあるようである。すなわち、フランスの学説は、同民法1134条および1135条（合意は、誠実（bonne foi）に履行されるべきことや、衡平（equite）・慣習（usage）等にもとづく義務をも負わせることを定める。なお同民法1160条も参照）を根拠として、裁判官に意思補充の権限を認める傾向にあり、そのかぎりでドイツ民法に近づいている。また、⒤および⒤についても、ドイツ民法157条の適用にあたって考慮すべき要素として学説上説かれているものと reason to know の判断にあたってのそれとの間には共通するところがあり、そのかぎりで、両者の差異は小さいと考えられる。そして、両者に共通の要素を抽出すれば、それらは(b)に掲げた命題となるわけである（UNI 原則 4・2(2), 4・3, PECL5:102, CISG8(3)参照）。

[111]　　(ii)　上記(b)に掲げた命題は、法律行為の解釈の基準としてこれまで学説によって挙げられたものとも共通しているばかりでなく、判決例においても、一般論としてはほぼ異論なく承認されているものである（最高裁判決中でこれと同様の趣旨を述べるものとして、最判昭51・7・19裁判所時報695号1頁。ただし、具体的結論との関連性は、どの判決例においても、明瞭ではない）。すなわち――

　　　　　①　事情　　契約書中の文言に不分明な事項や記載の欠缺がある

ときには、「契約締結に至るまでの事情等一切の状況を参酌して当事者の合理的意思を探究してその趣旨を分明ならしめ、あるいはその空白を補充することが許される（後略）」（東京高判昭42・9・18高民20巻4号374頁の一般論）。この判決は、「契約締結に至るまで」の事情を参酌すべき旨を述べているから、契約成立に向けての交渉が始まったとき（契約準備段階に入ったとき）から締結時に至る事情がそれに含まれることは明らかであるが、契約締結後の事情も排除すべきではない。「推尋」の対象たる合意は契約締結時におけるものであることは言うまでもないが、契約締結後の事情も、締結当時における合意を推認させるものであるかぎりで、考慮されるべきだからである（比較法的にも同様に解されているが、前掲各原則は契約締結後の「行為」と表現する）。ただし、契約締結後あまりにも隔たった時点（長期にわたる継続的契約の場合に生じうる）まで考慮の対象となるのは、上記の趣旨からみて適切ではないと考えるべきであり、したがって、契約締結後の事情のうちで、客観的にみて、契約締結当時における合意を推認するのが合理的だと思われる期間内における事情に限定すべきである。「相当な期間」という限定をおいたのは（前掲各原則はこのような限定をおいていない）、この趣旨である。

〔112〕　　②　慣習　㋐　契約の解釈の基準としての慣習とは、取引社会において、一定期間にわたって継続的かつ当該取引社会に属する一定範囲の当事者の間で、取引の度に反復して行われる行動であって、当該契約の際にも観察しうると期待できる程度までに一般的かつ統一的に認識できるものを言う（総則で扱われる「事実たる慣習」と「慣習法」との差異を論じることはここでの問題ではないので、以上は、その差異に拘泥しない比較法、とくにドイツの学説およびCISG9(2)を参考とした定義である）。

　　　　　　　㋑　慣習が契約の解釈の基準となることは、判例・学説上確立されている（その根拠は92条に求められているが、この解釈は、同条の本来の立法趣旨とは異なる。総則の講義に譲る）。本来的解釈における慣習である以上、ここにいわゆる慣習とは、ⅰ合意を推認する助けとなる慣習を指すのであって、ⅱ合意の存在如何にかかわらず権利義務を直接に定める慣習を指すのではない。しかし、前述のとおり（→〔105〕）判例・通説は、この

区別を意識せずに契約の解釈の基準となる慣習についても92条を適用し、確立した準則となっている。しかも同条の要件はきわめて緩やかであるから（この点についても総則の講義に譲る）、⒤と⒤⒤との区別は一層不明確であるが（このため現在の解釈論としては上記準則を支持すべきであろう——〔105〕）、厳密には⒤の意味での慣習は、当事者の「意思」を推定する手掛かりとなるものとして位置付けられるべきである（この意味で、「塩釜レール入り」とは、売買目的物をまず塩釜駅に送付し、代金は到着後支払う旨の商慣習を意味すると解した原判決の上告審判決（大判大10・6・2民録27輯1038頁）を支持すべきである）。これに対して⒤⒤の意味での慣習については、その存否を直接に判断することも許されるであろう（近時の判決例にはこのようなものが多い。たとえば、借地契約の更新時に地主が更新料請求権を有するという慣習の存否が争いとなった一連の判決例（最判昭51・10・1判時835号63頁により、意思の有無を問題とせずに慣習が存しない旨判示された）を参照。しかし、これについても92条の適用を認める以上、論理的には当事者の「意思」に拠るべきであったはずである。借地法制定前の地代増額請求の慣習に関する判例法理〔たとえば、大判大3・12・23民録20輯1160頁〕も参照せよ）。

　㋒　慣習が契約の解釈の基準となるためには、両当事者が慣習の存在を知っていることを要するが、反対の意思表示をしないかぎり、慣習に拠る意思があったものと推定される（前掲大判大10・6・2をはじめとする判例の準則。したがって、「知りうべき」か否か（Res. 219参照）を問題とする意味は乏しい）。したがって、その属する取引社会を異にする当事者（とくに、商人と非商人、あるいは事業者と消費者）においては、取引上の慣習は異なるから、一方当事者の属する取引社会の慣習を基準とすべきではない（大判大8・12・5民録25輯2233頁——保険業務を営む者と普通人との契約）。

　㋓　取引上の慣習は地域によって異なりうる（たとえば、借地借家に関する慣習は東京と大阪でかなり異なると言われている。一例として、大阪地方に特有な、終了時に敷金から一定額を控除するいわゆる「敷き引き」の慣習——大阪地判平7・10・25判時1559号94頁参照）。そのような場合に、地域における慣習に拠る意思を認めるには、原則として両当事者ともに同一の地域に属している（住所を有する）ことを要するであろう（フランス民法1159条

は、疑わしき場合には契約締結地の慣習による旨を定める）。ただし、商人間の取引においては、商人間の慣習が優先して基準とされるべきである（慣習への顧慮を定めたドイツ民法157条も、沿革的には商人仲間の規範から生まれたものである。したがって、東京市内および千葉市内でそれぞれ事業を営む豆かす業者間の取引では、仮に地域によって差異があったとしても〔ただし、この点が争いになっているわけではない〕、業者間の慣習を基準とすべきである。いわゆる「深川渡し」の意味に関する大判大14・12・3民集4巻685頁および原審判決参照）。

〔113〕　　　③　契約の（主要な）目的　　㋐　法律行為の解釈の基準として、当該法律行為により当事者が意図し、または達成しようとした目的を挙げることに、通説はほぼ一致する（→〔111〕。なお、Res. 202(1)参照）。しかし、多くの体系書では、それ以上立ち入った説明がなされていないため、これを解釈の基準として挙げることに疑問が抱かれないわけではない（たとえば、当事者の意図した目的を明らかにするのは解釈そのものではないのか、当事者の意図そのものが明らかでないからこそ解釈をするのではないか等）。そこで、次のようにこれを解すべきであろう。すなわち、ⓘ解釈の基準としての契約の目的とは、およそ当該契約を締結しようとする者ならば当然に共通に意図するであろうと客観的に判断される終局的な経済的な取引上の目的（売買ならば財産権と金銭を相互に入手すること）であり、この客観的に判断された目的によって、具体的な契約当事者間の合意の意味を推認するのである。ⓘⓘここにいわゆる契約の目的とは、上記の意味におけるものであるから、客観的に見て「主要な」目的に限られる。具体的契約における個々の合意事項すべてを意味するものではない。ⓘⓘⓘ何が「契約の目的」であるか、および「主要」であるか否かは、結局は契約の解釈に帰着するけれども、一旦この二者が明らかになった以上、それ以降はこの二者を手掛かりとして合意の意味を探求すべきであるという点において、契約の解釈の基準としての意味を有するのである（Res. 202の comment c 参照）。

　　㋑　上記に述べたところから示されるように、この基準は次述の「規範的解釈」（→〔119〕）に一層接近する。これを用いて解釈を行った例を判決例中に求めるとすれば、不動産を単に担保に供する旨を約し

た場合には、代物弁済予約等ではなく、少しでも債務者に有利な譲渡担保と解すべきであると判示した下級審判決（東京地判昭34・9・30判時204号26頁〔仮登記担保が判例上認められる前の事件〕）を挙げることができる。また、「特定の有機ゲルマニウムのラットに対する薬理作用を明らかにする」ことを目的とする研究委託契約においては、競合する医薬品の開発や特許出願の避止義務が合意されたと認められないと判示したものも（東京高判平2・4・12無体財産例集22巻1号291頁）、この例である（後述する代物弁済予約の解釈に関するかつての判例法理も、見方によってはこの例として挙げられるが、そのことは「規範的解釈」との連続性を示すものである）。

〔114〕　（ウ）　書面による契約の場合（契約書）の解釈の基準

　　　　（a）　方式主義の伝統の下にあった法系および現にその支配を受けている法系においては、契約書の解釈についての具体的な基準が発達を遂げている（大陸法系諸国およびコモンロー系諸国。ドイツ民法は規定の上では排除したが、フランス民法1156条～1164条はその影響の跡を残している）。日本民法はこのような伝統を有せず（ただし、「契約自由の原則」と統一的な裁判制度とを初めて経験した明治初期においては、契約の解釈に関する基準の必要性は大であった。契約の解釈に関するフランス民法の規定の直訳である明治10年司法省達第75号「契約書解釈心得」はそれを示す）、したがって、書面による契約であるか否かに応じた実体法上の差異は存しないけれども、ほとんどすべての重要な契約（とくに組織型契約）は書面によって作成されるのが現状であり、これに加えて、権利義務関係を設計するという任務を契約法学に与えるならば（それは、究極的には契約書作成技術の重視とその高度化を要求する）、契約書の解釈に関する比較法的に伝統のあるこれらの具体的基準を知っておくことは、きわめて重要である。以下にこれらを掲げるのは、そのためである。

　　　　（b）　これらの基準の根拠は、契約両当事者の意思の推測に基づく点に求められるであろう（それは結局、契約行動の理論モデル（→〔48〕）を前提としていることを意味する）。すなわち、合理的に行動する当事者であるならば、何等かの利益を得るからこそ契約関係に入るのであり、したがって、契約は効果を生じるように（(i)）、矛盾しないように（(ii)）、個別的・具

体的意思に沿うように（ⅲ）、解釈されなければならないのである。上記以外にも種々の基準が想定されうるであろうけれども、その際には、上記の根拠によって正当化されうることが要件となると考えるべきである。

〔115〕　　（ⅰ）契約書（または契約書中の条項。以下同じ）が、有効または無効のいずれにも解される場合には、無効（または法律的に無意味）と解するよりも、有効（または意味のある）となるように解釈すべきである（フランス民法1157条、PECL5:106、UNI原則4・5参照）。たとえば、契約書中のある条項が有効とも無効とも解されるときには有効とする解釈を優先すべきであり、有効な条項と無効な条項とを含んでいるときには原則として有効な条項に従うべきである。この基準は、判例によって採用されていると解される。3800円を毎年4円ずつ971年間に分割弁済すべき旨の条項と「身代持ち直し」の折は全額一時に支払う旨の条項とを合わせ持つ契約書について、当事者の意思は後者にあり、前者は当事者を拘束しないと判示する大審院判決（大判昭4・12・26新聞3081号16頁）はその例である（このほか、大判大3・11・20民録20輯954号、最判昭44・4・25民集23巻4号882頁。なお、名古屋高判平13・3・29判時1767号48頁は、本文のような契約解釈の基準を明示した数少ない判決である）。

〔116〕　　（ⅱ）契約書は全体として統一的に解釈すべきである（フランス民法1161条、旧民法財産取得篇358条、Res. 202(2)、PECL5:105、UNI原則4・4参照）。この基準は、①契約書中の個々の表現や条項の意味がそれを用いている契約書全体に照らして解釈されるべきであること（たとえば、ある条項と他の条項で同じ言葉が用いられていたら別異に解すべきではなく、異なった言葉が用いられていたら一方の条項の意味に統一して解釈するときのように）、②複数の契約書がある場合でもそれらを総合して解釈すべきであること（たとえば、仕様書と保証書とが存する場合に、この2つを合わせ考えて仕様どおりであることを保証するという意味に解するときのように）、の2つを意味する。同一の約款の同一の章で用いられる同一の文言は統一的に整合性をもって解釈するのが合理的である旨を判示した最高裁判決（最判平7・11・10民集49巻9号2918頁——保険約款の解釈において、異なった条項にある「配偶者」の意味を

同一に解釈したもの）は、約款の解釈についてではあるけれども、この基準に拠ったものと考えられる。

〔117〕　　(iii)　契約書中の一般的な言葉や表現は、その一般的な意味に従って、特定的または特殊な言葉や表現は、そのような用法に従って、それぞれ解釈すべきであり、両者間に矛盾対立があるときは、後者の意味を優先すべきである（Res. 202(3), 203(c) 参照）。たとえば、土地売買契約書中に買主が負担すべき部分として「公租公課」とのみ記載されているという事実の下で、特別土地保有税を買主が負担すべきか否かが争われた事件において、判決は、不動産取引においては、一般に「公租公課」とは固定資産税および都市計画税を意味し特別土地保有税を含まないこと等を理由に、これを否定したが（京都地判平6・11・14判時1553号109頁）、この判断の前提として、上記の基準が用いられていると考えるべきであろう。反対に、この事件において、当事者が「公租公課」と記載したとしても、負担すべき税の種類を上記2種に限定して列挙しておいたならば、この基準の適用によって同一の結論に至ったであろうし、あるいは争いそのものも生じなかったであろうと思われる。

〔118〕　　(iv)　当事者の個別的な交渉により書き加えられた条項が印刷され標準化された条項と矛盾対立する場合には、前者が優先すると解すべきである（Res. 203(d), PECL5:104 参照）。たとえば、市販の不動産賃貸借契約書用紙には、印刷された条項の最後に「特記事項」という欄があるが、そこに手書きで加えられた条項は印刷された条項を排除して合意の内容となると解すべきである。したがって、市販の不動産賃貸借契約書用紙に賃料額の3倍相当額の損害賠償額予定条項が印刷されていたとしても、その用紙を用いたのは更新後の契約においてであり、それ以前に用いられていた全文手書きの契約書には同旨の条項が存在しないことを理由として、上記賠償額予定条項を「例文」にすぎないと判示した判決例は（東京高判昭57・11・10判時1064号57頁）、この基準を応用したものと考えられる（仙台高決平元・6・21判時1329号159頁は、印刷された公正証書中の期限の利益喪失約款の一部を抹消して作成された条項の効力が争いとなった事件であるが〔書き加えられた部分はない〕、判決は抹消した後の文言も同じ効力を有すると判示

した。抹消後の条項は矛盾しているわけではないので、この基準にあてはまらないと考えるべきである)。

　以上の基準を用いても、合意の存在が認定できないときは、合意がなかったもの（不成立）として扱うべきであり、そしてその不成立が、契約の達成しようとしていた主要な目的（この意味については〔113〕）の達成を不可能にさせるに至った場合には、契約全体が不成立であると解すべきである。前掲大判昭和19年6月28日（→〔94〕）は、判例の準則と呼ぶまでには確立していないとしても、この趣旨を判示したものとして、これを支持すべきである（→〔98〕）。

〔119〕　　(3)　規範的解釈とその基準

　　(ア)　規範的解釈の意義　　規範的解釈とは、本来的解釈（つまり「共通ノ意思ノ推尋」）という形をとりつつも、あるいはそれをもとらないで、行われるところの裁判官による規範の定立、すなわち、契約当事者の意思如何に関わりなく行われる契約上の権利義務を創造する作業である。その好例は、仮登記担保という新たな担保を創造した判例法理を生むきっかけとなり、ついには仮登記担保契約に関する法律（昭53法78）の制定までももたらした最判昭和42年11月16日民集21巻9号2430頁である。この判決は、一定の要件の下に、代物弁済契約の性質を債権者が清算義務を負う担保権と同視すべきものという、全く新たな権利義務関係を創造しておきながら、その根拠として挙げられているものは、「〔そのような趣旨の契約と解するのが〕相当である」というにすぎない（同様の根拠を用いる判決例はきわめて多い）。しかも、この判決は、「停止条件付代物弁済契約であることにつき契約当事者間に争いがないとしても、ここで取り上げているのは契約の解釈についての法律上の問題であるから裁判所がこれと異なる法律判断をすることの妨げとならない」旨を付け加えているのであって、このことは、扱った問題が規範定立行為としての契約の解釈であること（つまり、本来的解釈と異なること）を、判決自身が明確に意識していることを示している。さらに、契約書中の条項を「例文であってそのとおりの意思あるいは拘束力を認めるべきではない」旨

を判示したいわゆる「例文解釈」に関する判決例（下級審判決に多いが、最上級審判決の例として、大判昭15・11・2新聞4642号7頁。判決例の詳細については、沖野真已「いわゆる例文解釈について」星野古稀『日本民法学の形成と課題(上)』所収)、あるいは「契約当事者の合理的意思」を根拠とする判決例（たとえば、前掲最判昭43・3・15→〔70〕、水戸地判平7・3・14判タ879号215頁――いわゆるローン条項の解釈）などのように、意思または合意の探求によって契約を解釈したかのような口吻を示す判決例も少なくないけれども、その実質が裁判所の行う規範定立行為であることは広く認められている（とくに例文解釈についてはそうである――沖野・前掲論文参照)。そして、これらの判決例においても、その根拠は上記の表現が示す程度にとどまっており、上に掲げた各種の判決理由は、そのような解釈の実質的根拠を明らかにするものではない。したがって、これを本来的解釈と別種のもの（区別する意味については〔105〕）と考え、その実質的根拠を探求する必要が生じてくる。

〔120〕　　(イ)　規範的解釈の基準と想定されるもの

　　　(a)　法律行為解釈の基準として学説の掲げるもの（→〔91〕）のうち、既述のもの（→〔110〕）を除けば、①任意規定、②信義則、③条理が残るので、これらを規範的解釈の基準と考えることができ、現に、本来的解釈と規範的解釈との区別を承認する学説においては（→〔103〕）、上記三者に加えて慣習（四宮・総則150頁によれば権利義務を定める慣習を意味する。比較法的にはそのとおりであるが、解釈論としてこれを本来的解釈における慣習と別異に扱う必要がないことは前述したので（→〔105〕）、以下では、慣習には言及しない）が基準として挙げられている。しかし、このうちの①および③を契約の解釈の基準として挙げる判決例は乏しく、通説も、①について次のように説く。すなわち、それは91条にいわゆる「公の秩序」に反しない規定であって、それには意思表示の内容を補充する規定（補充規定）と意思表示の不明瞭である場合に一定の意味に解釈する規定（解釈規定）の2種があるが両者の区別は不可能であり、実益もないとして説明を終える（我妻・総則〔290〕）。したがって、これによれば、①は91条に吸収して説かれるにとどまる。②および③については、学説はほとんど明らか

にしていない（これらは「法源」や1条2項の解説の箇所で述べられることがあるが、それらの記述と契約の解釈の基準としての②および③の記述とは対応していない。たとえば四宮・総則7頁、30頁、151頁を対比せよ）。しかも、明らかにしないままに、②と③とを同義と解するかのような記述（我妻・総則〔292〕、四宮・総則151頁）や、法律行為解釈の基準はすべて③に帰するという記述（四宮・総則152頁）もあって、これらの基準についての学説の理解は、不明確である。そこで、学説の挙げる基準およびその説明から一旦離れて、基準の根拠を探求し、それにもとづいて改めて規範的解釈の基準を明らかにしなければならない。

〔121〕　（ウ）　規範的解釈の不可避性と根拠

　　　（a）　規範的解釈は、契約当事者間に合意が存在する（つまり、契約が成立する）場合において（ただし、合意の成立を推認する過程でも、すでになんらかの規範的判断が介入せざるをえない――〔108〕）、その合意どおりの権利義務関係の成立を承認するのは適切でない、と判断されるときに登場する。権利義務関係の判断が最終的には裁判所に委ねられている以上、規範的解釈の登場は不可避であり、名称こそ異にするにせよ、どの法系も規範的要素の介入を承認するのはこのためである（→〔110〕）。しかし、解釈についての裁判規範を欠くわが国では、裁判規範を有する各国法と違って、前掲最判昭和42年11月16日に示されるように、「意思の補充」という形を取らず直截に規範的な価値判断のみ（「相当である」というように）によって（しかも、しばしばそれ以上の根拠を明示することなく）行われることが多いように思われる。そこで、この規範的価値判断そのものを分析する必要がとくに大きいと言わなくてはならない。その価値判断の基準となるものの1つは、契約行動の理論モデル（→〔48〕）であるが、そのような行動を制約するのも規範的価値判断であり、そうなると、結局は、それが拠って立つ「正義」とか「公平」（あるいは「衡平」）とかという法の根本的価値を扱うことになり、問題は限りなく拡散する。前述のとおり、多くの学説が、法律行為の解釈はすべて条理に帰すると述べつつも、条理とは何かを十分に明らかにしていないのは（とくに四宮・総則7頁は、条理を「実定法を形成するあらゆる理念的契機を含み、それ自体として

は命題の形をとるものではない」と言うが、これでは法律論としての役割を果たすことができないであろう)、このような事情に由来するものと思われる。しかし、いかに論じるに困難な問題であっても、少なくとも契約の規範的解釈において拠るべき「正義」または「公平」(あるいは「衡平」。以下、「正義」の語に統一する)をどのように理解し、どのような規範命題に構成するかという問題は、やはり避けて通ることのできない問題である。

〔122〕　(b)　そこで、「正義」という包括的概念を分解していき、個別的事案を包摂できる具体的命題にまで構成する試みを行うならば(これまで、このような試みはほとんど行われていない)、次のとおりとなる(詳細については、このような試みを行った平井『法政策学〔第2版〕』〔1995・有斐閣〕93頁以下参照)。①正義論の伝統に従えば、正義は配分的正義と応報的(または交換的)正義の2種に区別される。二当事者間で相互に財の交換が行われ、それぞれの欲求が満足される(すなわち互酬的交換が行われる)のが、契約に対応する社会学的状況であるから、契約における正義は後者である(以下、交換的正義と言う)。②社会学理論(「交換理論」と呼ばれる一派)および社会心理学理論(「公平理論」と呼ばれる一派)によれば、互酬的交換においては交換当事者に財が「均衡(バランス)」のとれた状態で配分されることが「正義(交換的正義)」と観念される。教会法理に由来する「正当価格(justum pretium)」(物には「正当な」価格が内在しており、それを越える売買の効力は否定されるという法理)やローマ法に由来しフランス民法になお残る(同1674条ほか)「莫大損害(laesio enormis)」(一方が大きな損害を受けるような売買は効力を否定されるという法理)の概念も、これに帰する。③何が均衡のとれている状態であるかを判断するには、ⓐ交換するにあたっての交換の比率は、両当事者自らの計算においてなされるが(欲求の程度には個人差があるから)、ⓑ交換後の財の配分状態が、客観的に見て、「各当事者の投入したもの(input)と得たもの(outcome マイナス input)の比が両者とも等しい」という状態になっていなければ交換的正義に適うものと観念されない。

〔123〕　(c)　上記の社会学的記述を手がかりとして、交換的正義に反する事態を指示する規範を抽出するとすれば、その内容は次のごときものとな

るであろう。すなわち、㋐合意の内容がそのまま実現されれば③ⓑの意味において均衡を失する（あるいは著しく失する）状態が出現するとき、そのような合意は「交換的正義」に反すると考えるべきである。㋑両当事者または一方当事者がその相互の言動あるいは他方当事者の言動の結果、交換の比率の計算を誤ったままになされた合意の内容が、そのとおりに実現されるときも、同様である（③ⓐ参照。このことは、結果的には、③ⓑの状態をもたらすことが多いであろうから、そのかぎりで上記2つの命題は同一の事態を述べていることになる）。以上の規範命題は、恐らく、法律行為の解釈の基準として学説により挙げられる「条理」・「信義則」・「任意法規」などが指示すると考えられているものと相覆う部分が大きいと思われるが、比較法的に認められている契約の解釈の基準を合わせ考慮した上で、次に、これらよりもやや具体的な基準を列挙することにしたい。

〔124〕　（エ）　規範的解釈の具体的基準

　　　　（a）　合意の意味が不明確で、多様に解釈される場合には、その作成者にとって不利な意味に解釈されるべきである。①この基準は、一般に「表現作成者に不利に（contra proferentem）」原則（以下 contra 原則と言う）と呼ばれ、比較法的に広く承認された解釈の基準である（Res. 206, UNI 原則4・4, PECL5:105参照）。これと類似したものに、「債権者に不利に」の原則が認められているが（フランス民法1162条、旧民法財産取得篇360条参照）、この原則は主として大陸法系諸国に見出されるのに対し、contra 原則は、コモンロー諸国を含む、より普遍的な基準であるので、これをもって代表させることとする（ただし、厳密に言えば、contra 原則と「債権者に不利に」の原則との間には解釈上の帰結において差異が存する――上田・後掲書参照）。わが国では、contra 原則は、専ら約款の解釈の基準だと理解されているが、沿革的にはそうでなく、契約の解釈一般に通じる基準である（上田誠一郎『契約解釈の限界と不明確条項解釈準則』〔2003・日本評論社〕はこれを指摘する。本項の叙述はこれに多くを負う）。諸外国では、この原則の根拠を何に求めるべきかにつき議論の蓄積が見出されるが（上田・前掲書参照）、究極的には、交換的正義（その理念の一発現形態）にこれを求めるべきである（ドイツでは、同民法157条の信義則に根拠が求められているのはこれを

示す)。すなわち、言語による表現を作成でき、それを合意の内容にまで形成できる能力（それは結局、情報収集能力をはじめとする経済的地位の格差につながる）のある契約当事者は、自己に有利な表現を用いることにより結果的に均衡を失した財の配分状態をもたらす可能性を他方当事者に比して多く有しているので、その当事者に不利な解釈をすることよって失われた均衡を回復できると考えられているのだと解すべきである（contra 原則が、約款を巡る争いで多く援用されるのは一方当事者がこのような状況におかれている典型的な事例だからだと解すべきである。なお、ドイツ民法305c条2項〔2001年の債務法改正により旧約款規制法5条がここに移された〕参照）。

②わが国でも、学説は、ほぼ一致して contra 原則が約款の解釈において従うべき基準と解しているにもかかわらず、判決例において、明示的にこれに依拠したものは、ほとんど見当たらない（長尾治助『約款と消費者保護の法律問題』〔1981・三省堂〕250頁がこの原則によった判決例として挙げるものは、必ずしもそう解すべきでないように思われる）。

〔125〕　　(b) 信義則　　既述のように（→〔120〕）、信義則が契約の解釈の基準となることには学説は一致し、そのことを一般論として表明した判決（最判昭32・7・5民集11巻7号1193頁——和解条項の解釈が争われた事案で、信義則は1条2項における意義に限られず契約の解釈の基準ともなると言う）も存する。これはドイツ民法の影響を受けた解釈論であるが、ドイツでは、同民法157条の掲げる法律行為解釈の基準としての信義則は、真意を探求すべきことを命じた同法133条との関係で意味を有するものであって、受領を要する意思表示につき、受領者が適切な注意を払ったならば理解できたであろう意味を確定するという役割を与えられた概念である。しかし、わが国の判決例における信義則をそれと同義に考えることはできない（しかし、1条2項における信義則をドイツと同様に説明するものがある〔四宮・総則30頁〕が、その当否は疑わしい）。学説の説くところとは異なり、契約の解釈の基準として信義則を表明する判決例は少ないし、その少数の判決例においては、信義則は契約では明示されていない種類の権利義務を認める根拠としての役割を与えられていると解されるからである（この点において、ドイツ民法242条における信義則の役割とむしろ類似する）。すなわち、

①契約期間中売主が採掘する鉱石を売り渡す契約において、「信義則に照らして」買主が鉱石を引き取るべき義務を負う旨を判示した最高裁判決（昭46・12・16民集25巻9号1472頁）は、その例であるが（もっとも、契約中には鉱石の「全量」を売買の目的物とする条項があり、信義則に訴えねばならぬ必然性があったかについては、疑問が残る）、このように契約成立後に信義則を用いた例は少なく（他の例として、ビル建築の請負業者に注文者に協力して建築反対運動を解決すべき義務を認めた東京地判昭60・7・16判時1210号66頁——注文者と相談もなく反対者に言質を与えたり、反対運動を傍観するなどの行為が業者にあった場合）、むしろ、②判決例の圧倒的多数は、契約成立の準備段階または契約関係そのものが存在しない場合における権利義務の根拠として信義則を用いている（前者については〔146〕、後者については安全配慮義務に関する平井・総論〔46〕参照）。このことは、ⓐ判例が契約の解釈を根拠づけるための、次項（→〔126〕）で述べるような諸概念（しかも裁判官にとって便宜なそれ）を有しており、その結果、信義則に依拠する必要が大きくないこと（①参照）、ⓑ契約関係が存在しないときにも契約と同様のまたはそれに類似した、問題の処理をするには、権利義務の特別の根拠を必要とし、したがってそのときに初めて信義則（それは条文上の根拠を持つ）に依拠せざるをえないこと（②参照）、を示している。このように眺めてくると、ドイツ民法と同様の意味で信義則を契約の解釈の基準（つまり契約成立後の権利義務関係の決定の基準）として掲げることは、判決例の現実を説明するものではないと言わねばならない。言いかえれば、⒤契約の解釈の基準としての信義則と⑪権利義務の発生原因（法源）としての信義則とは明確に区別されるべきであり、日本民法において解釈論上意味がある信義則とは、主として⑪の場合であると言うべきである。そのかぎりにおいて、契約の解釈の基準としての信義則の役割は小さい。したがって、⑪を独立に扱うべきではなく（独立に扱う必要のあるのは、上記ⓑの場合のみであるが、これについては〔146〕参照）、次項に述べるものに吸収してこれを扱うべきであろう（ただし、1条2項という条文上の根拠を有するかぎりで、契約解釈の基準としての信義則はなお特別の地位を保つと言わなければならない）。

〔126〕　　(c)　交換的正義または条理　「〔このように契約を解釈するのが〕相

当である」とだけ述べる判決例（→〔119〕）およびいわゆる例文解釈を採る判決例の一部および黙示の意思表示に依拠する判決例の一部は、実質的には交換的正義の概念によって根拠づけられうると考えるべきである（したがってこの概念は、判決理由中に明示されるという性質のものではない。その意味で、これまでに掲げた基準とは性質が異なる）。学説が契約の解釈の基準として挙げてきた条理の概念も（これは明治8年太政官布告103号裁判事務心得以来の歴史を持つものであるが、法源としてではなく契約の解釈の基準としての内容は、判例・学説によって十分に明らかにされていない）、おそらくこれに近いものと推測される（→〔121〕）。なお、条理を根拠とする旨を判決理由で明示したものは、稀ではあるが下級審判決に見出される。東京地判昭25・8・10下民1巻8号1243頁参照）。交換的正義は、次のような具体的命題の形をとると考えられ、判決例はそれらの命題の適用として位置づけられ、整理されるべきである。すなわち——

　　①　契約の内容（条項）がそのまま実現されたときに両当事者の得るであろう利益を比較して、その間に利益の不均衡が存在するとき、当該内容（条項）は効果を生じない（したがって、公序良俗違反〔90条〕と境を接する命題である——後掲大阪高判平8・1・23参照）。いわゆる例文解釈を扱った判決例の一部はこの例である。たとえば、借地法および借家法制定前において、地主が「該土地入用の節は〔賃借人は〕6ケ月以内に立ち退く」旨の条項につき、かかる特約をすれば賃借人が「1日も安んじて該家屋を所有し能わざるを以て」特約をする意思なしと判示した（当該特約が慣行の文章であることも理由として）もの（東京地判明45・7・3新聞804号24頁。同旨の古い下級審判決は他にも少なくない。ただし、大判大10・5・3民録27輯844頁は、解約申入れ後10日間内に終了すると定めた家屋賃貸借契約の条項の効力を認めた）や、「1ケ月たりとも賃借料の支払いを怠ったときは賃貸借契約を解除し、直ちに土地の明渡しを請求されても異議はない」旨の条項等につき、「賃借人にとって余りにも苛酷な内容のものであって〔賃借人が〕そのような約款をたやすく承諾することは考えられない」等を理由に、それらは例文にすぎないと解してそれらの効力を否定したもの（東京地判昭32・3・9判時111号13頁。）金銭消費貸借におけるいわゆ

る早期完済特約（借主の申入れにより弁済期前に弁済したときには借主は弁済期までの約定利息を支払わねばならないという特約）を例文と解したもの（大阪高判平8・1・23判時1569号62頁——公序良俗違反であることが実質的な根拠となっている）などである。また、借家契約において、天災等により賃貸借は当然に終了し、その場合に、賃貸人は賃料の約1年分に相当する額の「保証金」を返還しない旨の特約につき、「〔本特約は賃借人にとって〕一方的に不利益なものであるから、法的拘束力が認められるためには、それなりの合理性が要求され」るが、「〔賃貸人の〕受ける利益と原告など賃借人の受ける不利益の差はあまりにも大きく」、合理性が認められないと判示して保証金の返還義務を肯定したもの（大阪地判平7・10・25判時1559号94頁）も、この例である。

〔127〕　　② 契約の内容がそのまま実現されたときに、両当事者が受ける利益の間に不均衡が生じる場合には、均衡を回復するために他方当事者に権利を与えまたは義務（あるいは権利の行使に制約）を課さなければならない。この命題が適用された好例は、前掲最判昭和42年11月16日（→〔119〕）である。すなわち、この判決登場前の判例法理によれば、停止条件付代物弁済契約の債権者は、目的不動産の時価と被担保債権額との差額を取得できるのであり（前者が後者の数倍に達してはじめて暴利行為として無効となりうるというのがそれまでの判例法理であった）、契約の達成しようとした担保という目的を考え合わせれば、このことは当事者の受ける利益に不均衡があると感ぜられ、均衡を回復するために、債権者に清算義務が課せられたのだと考えるべきである。この判決が契約の解釈の根拠を理由中で明示せず、しかも立ち入った分析を拒否する不適切な法律論（「相当である」と言うにとどまるなど）を用い、しかも学説上もほとんど論じられていなかった清算義務をはじめて認めた（清算義務を主張した学説は当時きわめて少数であった）にもかかわらず、学説の圧倒的支持をえて立法にまで至ったのは、「交換的正義」にもとづく規範に合致したゆえと解すべきである。このほかに、乳牛の売買契約において、1日1斗3升以上産乳すれば買主が残代金を支払う旨の特約は、それ以上産乳しうるのに買主が故意過失により搾乳しない場合でも支払う趣旨であると解した

大審院判決（大判昭4・12・18新聞3081号10頁）は、この例であるし、さらに、金銭消費貸借契約において、借用期間中でも貸主はその都合で元利金の返済を求めうる旨の特約は、弁済を請求されてもやむをえない事由がないのに請求することはできない趣旨であると解したもの（東京地判昭45・6・22判時613号65頁）、継続的売買契約において、「代金の支払いが履行されないとき」または「その恐れがあると認められたとき」には売主は以降の販売を停止できる旨の条項は、「売主が主観的に代金債務不履行の恐れを抱けば何時でも自由に販売を停止し得る趣旨のものと解することはできず、支払い期日における代金決済を期待し難い客観的合理的な蓋然性が認められた場合に限り、じ後の販売を停止し得る趣旨である」と解したもの（東京高判昭56・2・26判時1000号87頁）、「賃借人は賃借家屋に長く居住して差支えなく立退きの際は賃貸人が賃借人の肯認する代替家屋を提供する」旨の特約は、明渡し請求の当時客観的に相当と認められる代償を提供するかぎり賃貸借を終了させる効力を有する趣旨と解したもの（東京地判昭27・10・27下民3巻10号1494頁）、不動産売買契約において、売買代金を金融機関からの融資金で賄い、当該融資が受けられなかったときには買主が解約できる旨のいわゆるローン条項につき、買主の随意の判断で融資を受けなかった場合でも解約できるのは通常想定しにくいから、客観的な障害によって融資を受けられなかった場合に解約できる趣旨であると解したもの（水戸地判平7・3・14判タ879号215頁）なども、この例である。身元保証人の負う広範な責任の制限に努めたかつての一連の判例法理、その中のたとえば、「使用者が被用者の信用に関して保険契約を締結し被用者に保険料を払わせていた場合には、被用者の責に帰すべき事由によって使用者が損害を受けたときはまず保険金をその塡補にあてるという明示または黙示の契約が成立したと推認すべきであり、かつ身元保証人はその残額について保証に任ずる趣旨で保証したと推認すべきもの」と判示した大審院判決（昭9・9・13民集13巻1675頁。他に、同昭8・5・24民集12巻1293頁など参照）も、ここに含めるべきであろう。

〔128〕　　③　上記②において、不均衡の是正のために権利または義務（あ

るいは権利の行使に制約）を課すべきときには、当該契約の内容に関連する民法の規定（つまり任意規定）または民法上の制度の趣旨あるいは判例の準則をも考慮すべきである。法律行為解釈の基準として任意規定が挙げられるとき（→〔91〕）、それは、具体的にはこのような基準の形で、その作用を発揮すると考えるべきである。建物所有のための土地賃貸借契約において、「賃料支払いを2回怠ったときは賃貸借契約は解除され賃借人は直ちに賃借物を返還すること」という条項 (ただし、公正証書による——この点については〔129〕) につき、「右条項は約定解除権を定めたものと解し、民法第541条所定の法定解除権との均衡を考慮して、賃料2回の弁済期徒過があれば履行の催告を要せずして解除権は発生するが、解除の効果は、当然に発生するものではなく、なお解除の意思表示を必要とするものと解するのが相当」だと判示したもの (東京地判昭31・9・10下民7巻9号2439頁)は、そのような例である。このほか、「賃料を期日に支払わないときは賃貸人は催告を要せず解除しうる」という特約は、賃料が支払われなかったため当事者間の衡平や信義則からして賃貸借を長期にわたり円満に継続することがとうてい期待できないような状態を生じたもの解される場合に限り、催告なしに解除できる趣旨であると解したもの (判例の準則である信頼関係破壊の法理を念頭においている——東京高判昭34・10・14東高民時報10巻10号217頁)、「代金の分割払いを3回以上怠ったときは家屋の売買は当然解除になり、買主は占有する家屋を売主に明け渡すこと」との調停条項は、単に分割払いの代金を3回以上連続して怠ったという事実を停止条件としたものではなく、債務不履行（履行遅滞）という民法上承認されている効果が3回以上発生することをもって停止条件としたと解すべきことを判示したもの (大阪地判昭36・2・3下民12巻2号218頁) も、この例に属すると考えられる。

〔129〕　　　(d)　上記(c)の基準の適用において、利益の不均衡が生じているか否かを判断することが困難であるときには、「本来的解釈によって明らかにされた意味における契約内容または条項が、そのように合意されるに至った過程（手続）において、『公正』である」と判断されれば、当該内容または条項は原則として効力を認められるべきである。「公正な手

続」と判断されるのは、中立的な第三者の関与の下に合意された場合、合意に至るまでに交渉する機会が十分に与えられた場合など、契約の両当事者の意思が契約内容または条項に反映されたと認めるべき状況が合意に至る過程で存在したときである。この基準は、正義論一般に位置する「手続的正義」の概念から生じるものである（何が正義であるかにつき意見が分れるときには、正義実現の手続と考えられるものについて合意をえ、その手続を履むことによって正義についての意見の不一致を制度的に解決しようとするもの——平井・前掲『法政策学』99頁以下参照）。実質的にはこの基準（以下、「公正手続基準」と呼ぶ）は、わが国の判例で採用されていると思われる（なお、コモンローにおける fair bargain (dealing) は、語感は類似するが、これと異なり、大陸法系の信義則にあたる一般条項である。Res. 205および UNI 原則 4・4, PECL1:201 参照）。すなわち、最判昭和44年7月10日（民集23巻8号1450頁）は、訴訟の係属中に訴訟代理人たる弁護士が関与して成立した訴訟上の和解の文言の意味に関する争いにおいて、そのような「和解をその表示された文言と異なる意味に解すべきであるとすることは、その文言自体相互にむじゅん〔原文ママ〕し、または文言自体によってその意味を了解しがたいなど、和解条項それ自体に内包する、かし〔原文ママ〕を含むような特別の事情のないかぎり、容易に考えられないのである」と判示し、和解条項の文言どおりの効力を認めたものであるが（原審が和解条項中の家屋明渡し猶予条項を賃料改訂期間を定めた条項と解したのを、本文のごとく述べて破棄）、その根拠は、和解条項の作成過程においてその公正さを担保するような事情が存在したからだと解すべきであろう（一般に、裁判上の和解とくに訴訟上の和解については文言どおりの効力が認められやすいようであるが〔名古屋高判昭31・8・27下民7巻8号2305頁〕、合意である以上、解釈の余地があることは言うまでもない——東京高判昭32・8・9東高民時報8巻8号184頁、東京地判昭56・8・25判時1032号80頁、東京高判昭58・9・22判タ516号115頁等）。同様に、たとえば、公証人が当事者の真意を確かめた上で作成した公正証書中の条項、中立的な第三者が関与して作成されるのが通常である調停条項などは、この基準の適用によって交換的正義の基準を満たすと考えられることになるであろう（ただし、公正証書中の不動文字の部分については

例文と認めたものもある——東京地判昭44・1・17判時562号54頁)。そればかりでなく、弁護士が関与し、十分な協議を経て作成された契約書は、その関与の事実が認定されることによって、作成過程における「公正さ」を根拠に文言どおりの効力を認められるのが原則だと解すべきである。

〔130〕　***4　契約の解釈に関する諸基準の適用順序***

　契約の解釈の要件（→〔99〕）が満たされるならば、まず、本来的解釈が行われるべきである。比較法上説かれているところを考え合わせると、本来的解釈の諸基準相互の間では、とくに優先順序はないと解すべきであろう。本来的解釈によって契約の成立が認められ（→〔98〕）、しかも本来的解釈だけでは適切な権利義務関係が得られないと判断されたときにはじめて、規範的解釈が行われるべきである（これも比較法上ほぼ認められた原則である）。規範的解釈の諸基準の間では、その性質上当然に「公正な手続」の基準が最後に適用されるべきであるが、それ以外についてはとくに優先順序は存しないと考えるべきである。

5　継続的契約の解釈

〔131〕　**(1)　継続的契約（とくに組織型契約）の解釈の重要性**

　すでに述べたように（→〔75〕）、取引が一定の期間反復され継続され安定した取引が行われることは、取引主体が大規模化し、組織化され、かつ市場機構が高度に分化し相互依存性を高めること、すなわち市場の分化・拡大・発展のためには不可欠である。したがって、継続的な取引は、市場機構による財の配分が大きな役割を果たしている社会ではどこでも重要である。そして、取引の法的発現形態は契約であるから、契約関係の存続に時間的経過を必要とする契約、すなわち継続的契約（詳しい定義について→〔76〕）が取引社会において有する意味は大きい。そして、継続的契約上の権利義務を定めるのは、ここでも当該契約の解釈である

から、契約一般の解釈の基準とは異なった、継続的契約特有の解釈の基準を明らかにすることはきわめて重要である。ところが、契約一般の解釈の基準についてすらもこれまで具体的に論じられることがほとんどなかったのであるから、継続的契約のそれを論じたものは皆無に等しい（比較法上もほとんど論じられていない）。しかし、継続的契約の持つ意味が大だと考えるならば、その解釈の基準をできるだけ具体的に示すように努力するのが学説の責務であろう。そこで、本項では、試論的にではあるけれども、継続的契約の解釈およびその基準について述べることとする（平井・前掲論文（→〔78〕）参照）。

〔132〕 **(2) 継続的契約の解釈の基礎理論**

継続的契約の概念規定は困難な作業ではあるが、すでに一応の定義を与えているので（→〔76〕）、それを前提とすれば、継続的契約には2種のもの、すなわち市場型継続的契約と組織型継続的契約とが存在することになる。つまり、市場型契約には一時的契約もあり、継続的契約もあるけれども、組織型契約は常に継続的契約であるから、継続的契約という視角から見れば、継続的契約には市場型と組織型という2つが存在することになる。市場型契約と組織型契約とを区別する基準についてもすでに明らかにしており、また区別する意味の1つが契約の解釈においてであることもすでに述べたとおりである（→〔79〕）。そこで以下では、契約の解釈の基準がこの2つの類型に応じて異なる理論的根拠について説明する。

(a) 市場型継続的契約は、市場において入手または調達可能な財についての取引であるから、そこでは原則として前述した（→〔107〕以下）契約解釈の基準によって権利義務関係を判断すれば足りる。たとえば、一定の品質・規格・価格の商品を一定期間継続して売買する契約においては、売主または買主は市場で取引相手を見いだし、財を供給者または需要者の間で合意すれば、権利義務関係はすべてその合意の解釈によって決せられる。その合意において当該の期間中を通じて引渡し義務または買受け義務を負っている旨が解釈によって明らかにされれば継続的契

約だと判断されるだけのことである。それ以外の点を取り立てて問題とする必要はない（ただし〔75〕を参照）。代替性の大な財の取引であるから、一方に不履行があれば他方は解除して他の売主または買主から入手しまたは売り渡して、なお損害があれば賠償請求するか、新たな取引による商品の価格に上乗せする等の方法（市場からの退出も選択肢の1つである）、つまり利益または損失については市場からの回収を専ら工夫すればそれで足りる。当該の契約期間が経過または満了すれば更新または告知によって延長または終了させればよい。これらの権利義務はすべて前述の基準を応用した契約の解釈の手法によって決まる。したがって、市場型継続的契約に関しては、契約の解釈は本来的解釈およびそれを補うものとしての規範的解釈に拠れば足り、とくに述べる必要は存しない。

〔133〕　　(b)　組織型契約においては、上記したところと状況を異にする。すなわち、それは市場から入手または調達の困難な非代替性の大な財の取引であり、それ故に取引は継続的となる（むしろ当事者は「契約に封じ込められる（lock in）」種類の契約である。したがって、①当事者間の関係は情報・ノウハウ・金融等によって緊密に結合されたものとなる。たとえば、企業がいわゆるアウトソーシング契約を締結するときは委託する業務内容・目的・手順等について他方当事者に詳しい情報を提供しなければならない。ソフトウェア開発を委託するときは、それをどのような用途に使用するのかを詳しく説明しなければならない。金型の製造を委託するときは資金を融通したり、設計図までを貸与しなければならない場合もあるであろう。企業を買収するときは、企業の評価や買収に応じた場合のメリット等を教えて、応じるか否かの選択を迫る場合もあるかもしれない。これらの取引の際には、競争相手から身を守るために前もって秘密保持契約を結んでおく必要がおそらく生じるであろう。こうして両者の関係は単に取引の必要からというだけではなく、説明義務・秘密保持義務等（これらに違反した場合の措置を含めて）によって結ばれた法律的に（言うまでもなく経済的・社会的にも）緊密な関係となる。そして、②これらの緊密な関係に至るまでには、契約当事者は、たとえば特殊な金型製造技術を持つ取引相手を発見する費用や製造を支援する費用や特別

な金型を開発製造する費用等を投じている。当該取引対象についての市場が存在しない以上、これらの費用を市場から回収することはできない（たとえば、解除して他から入手しまたは売ることはできない）から、それは当該取引から回収するほかない（経済学的に表現すれば「取引特殊的投資 transaction specific investment」である）。このことがまた、当事者の関係を経済的にはもとより法律的にも（この点は組織型契約の解消において問題となるので後述する→〔336〕）緊密にする。そして他方当事者が情報量において大である場合には、一方当事者はその指揮命令に従うしかない場合もある。こうして、当事者間の関係は組織に近くなるけれども、契約で結ばれているという点において契約の論理に服さなければならない。つまり、組織型契約の解釈にあたっては、契約（これはすなわち市場の法的枠組であるから、以下、「市場原理」と言う）の解釈の一般理論に加えて組織の論理（以下、「組織原理」と言う）をも顧慮しなければならない（この意味で組織型契約は市場と組織の中間である「中間組織」（→〔78〕）の法的表現なのである）。「組織原理」を顧慮する解釈原理は従来の解釈の手法が知らないものであるから、本来的解釈（LOI〔158〕の解釈はこれに拠るとしても）に加えて規範的解釈に拠るべき場合が多くなるということを意味する。

〔134〕　（c）　組織型契約の解釈にあたって顧慮すべき「組織原理」とは、「市場原理」との対比で説明すれば、次のごときものである。すなわち、組織は一定の目標を達するための人の結合体であるから、少なくとも目標達成または不達成が確定するまでの間は存続しなければならない。①したがって、組織内部における社会関係は継続的・反復的であり、組織への参入・脱退は自由ではない。②これに対して、市場においては、取引を望む者は誰であっても市場に自由に参入・退出でき、取引によって得た利益もそのための危険も取引者自身に帰属するが、常に市場における競争にさらされており、競争に敗れれば退出せざるをえないという、いわゆる「淘汰圧」の下におかれている。③組織の成員は、組織内の規範に服し、上位者の指揮命令に従わなければならず、市場におけるほど自由ではなく、利益も危険も負うことはないが、直接に「淘汰圧」にさらされることはなく、組織内の規範に従っているかぎり、成員たる地位

にとどまることができる。④市場における取引者はすべての財（たとえば情報）を自らの負担において入手しなければならないが、組織に属する者は、そのような負担を負わない（たとえば、情報は組織内における指揮命令系統を通じて安価に入手できる。しかし組織内の規範に従い、秘密保持義務を負わされることが多い）。組織型契約も契約である以上、基本的には「市場原理」に服するのは言うまでもないが、その解釈にあたっては上記した「組織原理」が加味されなければならない。以上要するに、組織型契約の解釈には「組織原理」を顧慮した解釈とそれにもとづく規範的解釈が必要である、という点において、市場型継続的契約と異なるのである。規範的解釈である以上、解釈論としての根拠は契約行動の理論モデル（→〔48〕）にもとづく当事者の合意の合理的解釈または信義則または条理に拠らざるをえない（→〔108〕・〔125〕・〔126〕）。前述のとおり、継続的契約の解釈の特殊性は、市場型継続的契約よりも組織型契約において典型的に現われるから、次に組織型契約の解釈に焦点をおいて述べることにする。

〔135〕　**(3)　組織型契約の解釈の具体的基準**

　（ア）　組織型契約の2類型　　前述のとおり（→〔132〕）、市場型継続的契約の解釈は、契約一般の解釈に解消されるから、とくに論じるまでもない。論じるべきは組織型契約の解釈である。その具体的基準を論じるには、組織型契約をさらに次の2つの類型に分けて考える必要がある。すなわち、①当事者の一方が、取引対象たる非代替性の大な財（ブランド名・トレードネーム）・特別な技術（生産技術だけでなく、販売・広告のノウハウ・経営分析・財務処理・資産の管理運用・融資を受ける能力等に関するものを含む）に関する情報を、他方に比べて非対称的なまでに多く有している場合には、当該財を得たい他方当事者は、自らに属する非代替性の比較的小さい財（たとえば立地条件のよい土地）や金銭の提供（そのような財しか持たない者は多数にのぼるのが通常であるので、契約の一方当事者は多くなる）によって取引を開始せざるをえない。そこでは、取引において情報等における格差が存在するから、財の大な部分が属する他方当事者には説明

義務・情報開示義務等の対等な取引を保証する義務が課される必要がある。したがって、そのような各種の義務の存否を巡って訴訟上の紛争になることも多い。この種の組織型契約を以下、共同事業型契約と呼ぶ。次述するフランチャイズ契約がその例である。すなわち、「ある事業者〔フランチャイザー〕が他の事業者〔フランチャイジー〕に対し、自己の商標・サービスマーク・トレードネームその他の営業を示す標章と経営のノウハウとを用いて同一のイメージの下に商品の販売その他の事業を行う権利を与え、フランチャイジーはその対価として一定金額を支払い、上記事業に必要な資金を投下し、フランチャイザーの指導及び援助の下に上記事業を行うことを目的とする契約」（川越憲治『フランチャイズシステムの判例分析』〔1994・商事法務研究会〕に負う）がこれである。また、代理店契約および特約店契約、すなわち、「商標付きの一定種類の商品を販売している事業者とそれを継続的に買い入れて再販売または委託を受けて販売する事業者との間の契約」（川越憲治『継続的取引契約の終了』〔1988・商事法務研究会〕に負う）や、いわゆるサブリース（種々の形態があるが、典型的には最判平15・10・21民集57巻9号1213頁に見られるように、当事者の一方が自ら建設したオフィスビル等の事業用不動産を他方当事者が一括して賃借して、賃料を支払いつつ、それを多数の第三者に貸事務所等として転貸し収益を挙げる種類の契約──下巻の賃貸借の箇所で説く）も、同様である。

〔136〕　②契約当事者双方がともに非代替性の大な財を有し、取引によりその財を相互に得たい場合には、そのかぎりでは当事者間に格差は存しないから、そこにおける説明義務・情報開示提供義務等は格差解消のためにではなく、取引開始にあたって契約上当然に要求される義務となる。たとえば、特殊な用途にのみ用いられる部品の金型の製造のために完成品メーカーが部品メーカーに金型の設計図やイメージ図を貸与したり、工具や機械工を手配する等の行為は情報を開示するものでもあるが、これを開示して初めて取引が可能となるという意味で、①におけるものとは異なると考えられる。したがって、これらの義務等に関して訴訟上の紛争になる場合は①に比べると少ない（いわゆる「系列」や下請関係というような社会学的事実の故に少ないことがあるのは当然であろうが、ここでは専ら法律

的な観点から問題にする)。いま例示した、特殊な用途に用いられる金型の製造をそのような技術を持つ当事者に委託する契約のほか、いわゆる次世代コンピュータに用いるソフトウェアの開発契約を高度な技術を持つ開発業者との間で締結する場合がその例である。この種の契約を以下、「仕事委託型契約」と呼ぶ（熟しない語であるが、たとえば事務処理契約と呼ぶと委任や請負等の典型契約と結びつくおそれがあるので、これを用いる）。

〔137〕　（イ）　解釈の具体的基準　　組織型契約は「中間組織」であるから、その解釈にあたっては、「組織原理」および「市場原理」の双方を顧慮すべきである（→〔134〕）。したがって、次の諸命題を基本として解釈すべきである。すなわち──

　　　　　（a）　組織型契約においては、契約書の文言や標題（たとえば、「家屋賃貸借契約書」とあれば、借地借家法が直ちに適用されると解するような）にとらわれることなく、当該契約におけるすべての契約書と契約の成立およびそれ以降に至る全過程を総合的に考慮して（とくに〔80〕に掲げた組織型契約と判断するための標識を手がかりとして）、その性質を決すべきである。

〔138〕　　　　（b）　契約は、「相当」な期間その存続を保証されるべきである。この命題は「組織原理」からの帰結である。共同事業型契約（前記①）においては契約の存続期間は契約書中に明記されていることが多いであろうが（存続期間の定めは利益と損失とを計算する上できわめて重要であるから）、そうでない場合および明記されていないことが多いと思われる仕事委託型契約（前記②）においては、少なくとも「相当」な期間は契約が存続すると解すべきである。何をもって「相当」と解するかは、当該取引に応じ、次の基準によって判断されるべきである。すなわち、非代替性の大な財を入手または獲得するには、契約締結前に資金（時間を含む）の投下が必要であるから、合理的に行動すればその投資を回収できると想定される期間が「相当」であると判断されることになる。したがって、契約において期間の定めがある場合においても、その期間がなお上記の意味において「相当」でないときは、仮に告知または更新拒絶の意思表示があっても契約は終了しない（または「相当」の期間にわたり更新される）と解すべき場合がある（詳しくは〔337〕）。

〔139〕　　（c）上記(b)から導き出されるものとして、期間満了後あるいは期間の定めのない場合の告知は制限的に解すべきである、という命題が挙げられる。したがって、たとえば、告知するには、原則として「やむをえない事由」の存在を要件とする、という解釈（下級審判決例の大勢はそうである——たとえば特約店契約に関する名古屋高判昭46・3・29判時634号50頁。判決例については川越・前掲書（→〔135〕）参照）、または、契約中に再協議条項（一定期間ごとに、あるいは経済情勢の変動があれば、一方当事者の申入れにより契約内容を見直すための協議に応ずべき旨の条項）が存する場合には、原則として再協議を経ることを要件とする、という解釈などが、この命題の具体化として考えられる。以上と同様に考えていくならば、事情変更の原則の発生も原則として認めるべきではないこととなろう。ただし、事情変更の原則というごとき包括的な命題ではなく、どのような経済的状勢の変化があった場合に契約の変更権が生じるかについての具体的・特定的な条項が合意されていたときには（いわゆるハードシップ条項）、なお、それを根拠として契約内容の変更を認めるべき場合もあるであろう（→以上につき〔273〕＊）。

〔140〕　　（d）「組織原理」の類推によって、次のような権利義務が、契約の規範的解釈として、契約当事者に認められるべきである（その解釈論上の根拠については→〔134〕）。

　　　　①　契約上の地位を第三者に譲渡しない義務（契約当事者としての同一性を保持すべき義務なので、以下これを「同一性保持義務」と呼ぶ）。この義務は契約書中に明文で定められることが多いと思われるが、「組織原理」の要請する最も基本的な義務であるので、明文の定めがなくとも原則として承認されるべきである。同一性保持義務は、契約から生じた債権についても、特段の事情のないかぎり、これを譲渡しない義務を負うことをも要請すると解すべきである（466条1項但書の適用によるか、または同2項の譲渡禁止の特約についての黙示の合意〔契約行動の理論モデルに拠るもの——〔48〕・〔108〕〕があったと解するか、のいずれかに拠るべきである）。契約当事者が企業の場合には、これと同様に、合併・会社分割・事業譲渡等、同一性保持義務に反する行為をしてはならない義務を負う。次に、秘密保持義

務（独立的合意としてのそれ→〔168〕）も、組織に属する以上当然に負うべき義務であるから、その違反も「組織原理」に反すると解すべきである。

〔141〕　②　以下に例示するような、組織の一員であったとすれば指揮命令に従って行うであろう義務は、明文の条項の有無にかかわらず、「組織原理」の要求する義務として、原則的に認められるべきである。すなわち、一方当事者の負う、**商品の売渡し義務**（ただし(e)③参照）・**一手販売権の付与義務**・**情報もしくはノウハウの提供義務またはその実施許諾義務**・**設計図、金型または工作機械設備の提供義務**・**従業員に対する訓練および助言義務**、他方当事者の負う、**商品の買受け義務**（ただし(e)③参照）・**一手販売義務**（代理店契約に関する東京地判昭57・11・29判時1089号63頁参照）・**営業専念義務**（東京地判昭58・9・8判時1105号70頁は、代理店契約における同義務違反を理由に解約を認めた）・**秘密保持義務**（「吸収的合意」としてのそれ→〔168〕）・**競業避止義務**（フランチャイズ契約に関する神戸地判平成4・7・20判タ805号124頁はこれを認めた）等である。また組織に属するのは、情報を安価に入手できるという利点の故でもあるから、情報提供義務も「組織原理」の要求する義務である。

〔142〕　(e)　中間組織（→〔78〕）である組織型契約の解釈にあたっては、契約である以上「市場原理」による権利義務も、上記(d)とあわせ認められるべきである。たとえば——

①　各当事者が利益および損失の帰属主体であることは、市場原理の基本的要請であるから、契約から生じる収益と危険の帰属について定めた条項（とくに共同事業型契約においては詳細であるのが通例である）の解釈は厳格でなければならない。したがって、たとえば、サブリース（少なくとも〔135〕におけるような典型的なもの）においては、契約書が「家屋賃貸借契約書」と題されているからといって、共同事業としての実態に注意を払わぬまま、借賃増減請求権を規定した借地借家法32条の適用を認めるのははなはだ疑問である（下級審判決例は、適用を肯定するものと否定するものとに分かれており、学説には肯定するものが多かったが、前掲〔135〕最判平15・10・21は32条の適用を肯定し、これが今後の判例法理となるであろう。しかし、同判決には、強行規定である当該要件を修正する等の非論理的な判示部分があり、

首尾一貫した法律論を提示するという最上級審の役割から見れば遺憾な判決というほかない。なお、これを踏襲した同平16・11・8判時1883号52頁における少数意見参照）。合理的な契約当事者であれば、契約書に再協議条項（→〔139〕）または再交渉義務についての条項をおき、それによって対処すべきである。こう考えれば、再交渉義務を認めるのは明示の合意があるときに限るべきである。そして以上のように厳格に解するならば、その反面として、とくに共同事業型契約においては契約締結前に重い説明義務が一方当事者に課されるべきである（→〔153〕）。

〔143〕　　②　上記①のように考えるならば、利益の保証や損害の担保に関する合意の存在を認めるには慎重であるべきである（明示の合意があるときにのみ認めるべきである）。これが容易に認められるとすれば、当事者は損失の危険を負わずに利益のみを得ることとなって市場の要請に反する結果となるからである（フランチャイズ契約に関する大阪地判平2・11・28判時1389号105頁は、売上保証特約の効力をセールストークだとして否定した）。

〔144〕　　③　同様に、事業内容（収支の状況、顧客開拓の状況、顧客名簿の内容等）の開示義務は、「市場原理」に反するから、これを認めるべきではない。また、一般的・抽象的な商品供給義務（売渡し義務または出荷義務）および買受け義務は認めるべきであるが、特定化され、具体化された上記義務（たとえば一定の期日が到来すれば一定数量・一定品質の商品を買い受ける義務）は、これを当然に認めるべきではない。何を何時供給し、買い受けるかは、市場における経済情勢を顧慮した取引主体の判断に委ねられている部分が大きいと考えられるからである。

　　(f)　上記(a)～(e)に挙げた権利義務は「組織原理」を顧慮した上での「市場原理」にもとづく基本的義務と考えるべきであるから、その違反は債務不履行となり、告知権を発生させるのは当然であるが、損害賠償を得て告知したところで非代替性の大な財を市場で調達できるわけではないから、当該財を得ようとするかぎり高額の違約金等によって履行を強制したり、再協議により不履行を治癒して契約関係を維持したりするという方法で対処するほかないであろう（→〔336〕）。また、当事者の一方に信用の不安を生じさせる事情があれば、そのような危険を負担しな

いために組織ではなく契約を選んだのであるから、「市場原理」の要請に従い、原則として「やむをえない事由」にあたり、告知権を発生させると解すべきである。この場合は、信用の不安という取引を継続すべきか否かの判断に関する最も基本的な事由であるから最終的に組織型契約から離脱する必要があるからである。

　規範的解釈によって組織型契約における権利義務を明らかにするのは、判決例も少なく、必ずしも容易な作業ではないが、〔137〕以下に述べた理論を手がかりとして、問題解決にあたるべきである。

第3節　契約上の権利義務の発生

1　総　説

〔145〕　契約上の権利義務（主として債権債務）は、契約（合意）の成立とともに、契約当事者の間のみにおいて発生し、かつ契約の消滅に至るまで変動しない、というのが基本原則である。これに対して、次のような例外がある。

（ア）　民法は、「契約の成立」と題する款から「第2章 契約」の規定を書き起こしており、契約上の権利義務関係はすべて契約成立に始まると考えているかのようであるが、重要な取引であればあるほど、取引当事者は、契約成立前にまず交渉に入り、種々の協議を経て最終的な合意に至るのであって、「契約の成立」とはこのような一連の社会学的プロセスの最後の段階の民法上の表現を意味するものにすぎない。そして、契約成立前のこのプロセスからいかなる権利義務関係が生じると解すべきかは、重要な問題であるにもかかわらず、規定は存せず、その解決は学説・判例に委ねられている。この問題は、次の2つに分けてこれを説明すべきである。すなわち、①「契約準備段階の権利義務」と題される **2** は、契約成立に向けての交渉その他の社会関係に入った者の間に生じる権利義務である。これについては、交渉が破棄された場合についての判例の準則や生じるべき権利義務についての判例理論が形成されており、**2** はそれについて説く。②これに対し、「交渉により生じる権利義務」と題される **3** は、主として組織型契約の成立前に行われる交渉から生じる権利義務を扱う。①と②とを分けて説く理由は次の点にある。①は、契約の成立前の関係から生じた権利義務（とくに交渉が破棄された場合における）の存否が訴訟上で争われた場合（だからこそ判例法理が形成された）についてであるのに対し、②は、交渉中および契約成立または不成立の際の権利義務が当事者間の書面の交換により詳細に取り決

められており、したがって多くは訴訟上の争いにならないままに契約の成立または不成立に至る場合である。②の場合には、権利義務の判断において①における判例法理にそのまま依拠することができず、その類推または理論（組織型契約についての理論）に基づいて決しなければならない。実際の重要な取引は②の場合にあたるのが通常であるのに、②について説かれることは少なく、まして契約法の体系書において言及されることは皆無に近い。そこで、①と区別して②を説明する必要が生じることになる。

（イ）　合意（意思表示の合致）のみで契約が成立するという原則の例外については、民法自身が規定しているが（要物契約に関する587条・593条・657条、意思実現による契約の成立に関する526条2項・529条～531条）、現在の重要な取引では、書面が用いられることが多く、その場合を例外と考えるべきか否かが問題となる。**4**では、このような場合を含めて、この原則の内容および例外について説明される。

（ウ）　契約当事者間でのみ権利義務関係が発生するという原則に対して民法は例外を認めている。第三者のためにする契約（537条～539条）がそれであって、**5**で説かれる。

2　契約準備段階の権利義務

〔146〕　（ア）　契約準備段階における損害賠償責任（以下は、池田清治『契約交渉の破棄とその責任』〔1997・有斐閣〕に多くを負う）

　　　　（a）　意義　　契約準備段階とは、現在の判例の準則と考えるべき最判昭和59年9月18日判時1137号51頁（マンションの売買契約の交渉中に買主からの問い合わせやその職業等に配慮して売主が設計変更を行ったが契約が成立しなかった事案。原判決は有効に成立したと信じたことにより被った損害である設計変更に要した費用の賠償を認めた）で用いられた表現であって（最判平19・2・27判時1964号45頁もこれを踏襲。ただし、事案は三者間の契約において、交渉破棄につき主たる原因とはならない行為を行った当事者の責任を認めたものである）、契

約の実現に向けての準備行為に入ったが契約成立に至らなかった場合における、準備行為開始から終了までの間の時期を言う。準備行為として判例上問題になるのは、契約成立前に当事者となるべき者の間に何らかの接触があったことが前提となるから、契約成立に向けての交渉の開始が準備行為の要件となる（交渉が開始されてはじめて準備行為が行われる）。準備行為には各種のものがあるが、判決例に現れた準備行為は、交渉当事者の一方が契約を成立させる意思がないのに交渉が進行中である旨の書面を交付したり（大阪地判昭59・3・26判時1128号92頁）、融資契約において融資証明書という書面を交付したりする行為（交付した者が融資に応じなかった事例。東京高判平6・2・1判時1490号87頁）を言う（詳細については池田・前掲書参照）。準備行為をしながら交渉を破棄した者は損害賠償責任を負い、その根拠は「信義則上の注意義務違反」にあるというのが判例の準則である（前掲各最判参照）。契約当事者となるべき者が成立前に何等の接触を持たないまま、いきなり申込の意思表示をして、承諾により契約成立に至る事態ももちろん存在するであろうが（小売店での日用品の売買や大量生産され、規格化された商品の取引。池田・前掲書は、「申込承諾型」による成立が動産取引において多く生じると指摘する）、大きな財産的価値や投資を伴う重要な取引においては、そのような事態が生じることはまれであって、多くは成立前の交渉により取引対象や取引条件等についてあらかじめ確認し、重要な事項につき合意した上で契約の成立に至る場合が多い。したがって契約準備段階でいかなる権利義務が生じるかという問題は重要であるが、準則と呼ぶべきものが形成されているのは損害賠償責任のみについてである（以下の記述においては、平井・総論〔47〕・〔48〕で述べたところと重複しまたは改説した箇所がある）。

〔147〕　　（b）責任の法律的根拠　　損害賠償責任成立の根拠としての「信義則上の注意義務違反」は「契約類似上の信頼関係にもとづく信義則上の責任」と判示した原審判決（→〔148〕）を肯定しているところに鑑みると、契約責任類似のものと解されているとも考えられるが、未だ明確でない（この点についてのかつての下級審判決例は分かれ、「契約締結上の過失」を理由とするものが多かった）。そこで、その内容を具体化した命題に置き換

える必要がある。すなわち、責任の根拠は一般条項としての信義則の中心である「先行行為に矛盾する行為の禁止」法理によると解すべきである。交渉という社会関係に入った者は、これまでの行動から推測されると同様の行動が将来においても行われるという社会的期待または信頼を持つのが社会行動の基本であるから、その信頼が裏切られた場合を法律的に表現すれば、上記の意味での信義則違反と解するのが最も自然であると思われるからである。したがって、交渉中の準備行為により契約が成立するという信頼を他方の交渉当事者に引き起こすような言動をした（前掲大阪地判昭59・3・26参照）当事者、または引き起こした後にそのような信頼を裏切った当事者（前掲東京高判平6・2・1参照。なお、池田・前掲書は、この2つの場合が責任の範囲を考える際に意味があるとしてこれらを区別すべきことを主張する）は損害賠償責任を負うという帰結になる。そうだとすると、交渉に入った者同士の間では、誠実に交渉を続行（誠実に交渉した以上は成立しなくても責任を問われない）するという信義則上の義務（以下、これを誠実交渉義務と言う）が発生すると考えるべきである（下級審判決例では、誠実に交渉するという合意が存在した場合にその合意の違反を理由として責任を認めたものがあるが、以下では、このような場合を含めて誠実交渉義務違反と言う。京都地判昭61・2・20金商742号25頁参照）。

〔148〕　　(c) 責任の性質　　次に、上記義務違反により生じる損害賠償責任の性質は何かが問題となるが、判例の準則ではこの点は明らかにされておらず、解釈に委ねられている。下級審判決や学説では「契約締結上の過失」法理をもって根拠づけるのが有力であるように見受けられる。しかし、「契約締結上の過失」法理（この語は、culpa in contrahendo の翻訳であるので、以下略して cic 法理と言う）はドイツ民法特有のものであって、本来は原始的不能の場合には契約が無効となるという理論を前提として、その場合でも一定の要件の下に信頼利益（消極損害）の損害賠償責任が生じることを認めるものであった（ドイツ民法旧規定306条・307条）。ドイツの判例は、この法理の適用範囲を拡大し、契約成立に向けての交渉に入った者の間に信義則に基づく債務関係の発生を認め、そこから各種の義務（ほぼ前述の誠実交渉義務・説明義務または情報提供義務に対応する）

が生じ、その違反は損害賠償責任をもたらすものと解するに至った。そして、近時のドイツ債務法の改正は、この判例法理を立法化し、契約交渉（Vertragsverhandlungen）に入ったことおよび一定の要件の下での契約準備（Vertragsanbahnung）は債務関係上の義務を生じさせること、を明文で規定し（同新規定311条1項(1)および(2)。この結果、原始的不能を前提とした旧306条・307条は他の内容の規定に置き換えられた）、その義務違反は損害賠償責任を生じさせる旨を明文で定めた（新規定280条。旧規定同条と対比せよ）。したがって、契約準備段階の損害賠償責任をドイツ民法的意味におけるcic法理によって基礎づけようとする意味は、以上のかぎりで失われたと言ってよい。そして、元来cic法理は、不法行為の成立要件の狭隘さをできるだけ契約責任を類推して補おうとするドイツ民法特有の発想から生じたものであって、統一的不法行為要件を有する日本民法ではこれに従う必然性は存在せず、かつ賠償の範囲についての規定（416条）が存する以上、ドイツ民法特有の損害概念（同民法122条参照）である信頼利益に限定する必然性にも乏しい。したがって、前掲最判昭和59年9月18日の言うとおり、責任の根拠を信義則に求め、その内容を精密化すれば足りると考えるべきである。こうしてcic法理に範を仰いだ「契約締結上の過失」法理が日本民法上意味を有しないとすれば、「信義則上の義務（誠実交渉義務）違反責任」の性質は、これを不法行為責任と解することがドイツ民法との対比を示す点において意味を持つ（平井・総論〔48〕は、これを強調する意図で不法行為責任と主張した。最判平2・7・5裁判集民事160号187頁も、契約準備段階の責任を「信義則上の義務違反を理由とする不法行為責任」だと判示している）。確かに、債務不履行責任と不法行為責任との差異が規定上それほど顕著ではない日本民法においては（→〔13〕）、誠実交渉義務違反を債務不履行責任または不法行為責任のいずれに解しても（後者と解すれば、義務違反は709条の「過失」となり、損害賠償の範囲は不法行為の一般理論で決すれば足りる→〔149〕）それほど問題を生ぜず（ドイツにおけると異なり、日本と同様に統一的不法行為要件を有するフランス民法では、交渉破棄の責任の性質は不法行為責任と解されている）、個々の事案の解決としては、それで足りるとも言いうる。しかし、契約法の任務を権利義務の設計にあると

解し、かつ交渉によって到達した合意にもとづく権利義務の設計がとくに重要な意味を持つ（→〔13〕）組織型契約を念頭におくならば、交渉過程において合意（その性質をいかに解するかについては、〔159〕）された権利義務から生じる責任を不法行為責任と位置づけて、その設計に要した工夫をすべて無に帰するような解釈は疑問であり、したがって、「信義則上の義務（誠実交渉義務）違反責任」の性質は、これを契約上の債務不履行責任に類似した責任と解すべきである（平井・総論〔48〕の記述を改める。なお、上記の解決は前掲最判昭59・9・18の原判決が「『契約類似の信頼関係』に基づく信義則上の責任」と判示するのと等しい）。

〔149〕　　　(d)　損害賠償の範囲　　責任の性質を契約上の債務不履行責任類似のものと解するならば、損害賠償の範囲は、債務不履行責任における原則（416条）を類推適用すべきことになる。「契約締結上の過失」法理にもとづいたこれまでの下級審判決の多くは、契約が成立すると信頼したことによる損害の賠償を認めており、その結果として交渉過程において支出した費用の賠償を（それを限度として）認めているようである。その法理に依拠する学説の大勢も「信頼利益」という概念によって判例の処理を是認しているようである（しかし、判決例の態度はあまり明確でない。この点については、池田・前掲書参照）。しかし、「信頼利益」概念を用いるのは日本民法において適切でないとすれば（→〔148〕参照。前述のようにドイツ民法においても、信頼利益に関する307条は、別の内容に置き換えられた。ただし、同122条等の規定は存置されている）、損害賠償の範囲は、416条（その類推適用）によって定めれば足りることになる。判例の準則によれば、不法行為における損害賠償の範囲も416条の類推適用によることとなっているので、債務不履行類似の責任と解するならば、なおのこと416条の類推適用と解すべきである。したがって適用条文上では差異が生じない（ただし、類推適用に反対する立場に立ち、かつ誠実交渉義務違反責任を独自の責任と解すれば、損害賠償の範囲は「信義則上の義務（誠実交渉義務）」の「義務射程」によって定まることになろう。平井・各論123頁）。交渉によって成立すべき対象たる契約は成立前に破棄されているのだから、契約の不履行によって被った損害を考慮することは不可能であるとすれば、この場合におい

て、416条にいわゆる「通常損害」とは、原則として、契約が成立すると信頼して支出した費用・労務の提供・成立を前提としてなされた取引によって被った損害であると解すべきであり、それを越える「特別損害」については、予見可能性の要件の下に（本来の契約の成立は問題とならないのであるから、予見の時期はその時点に最も近い交渉破棄の時点だと解すべきことになろう。ただし、合意によって「誠実交渉義務」が生じた場合には、その合意の時点である）認めるべきことになる。そうだとすると、賠償の範囲は、明確ではないものの、実質的には判例・学説の認める「信頼利益」に類似したものとなるであろう。

〔150〕　(e)　契約準備段階の責任の要件・効果＊　以上で述べた責任の要件・効果を要約すれば次のとおりである。すなわち要件は、①契約成立に向けての交渉における準備行為の存在、②交渉により信義則にもとづいて生じた誠実交渉義務の違反があったこと、効果は、①債務不履行責任類似の損害賠償責任の発生であり、②賠償範囲は416条の類推適用によって決定される。なお、このほかの効果として、③誠実義務違反による契約（契約が成立した場合）の無効・取消・解除という効果も考えられないではないが、それらは契約の成立の前提となった義務（説明義務）違反の効果として考えられるべきである（→〔151〕）。以上のように、契約準備段階の責任については種々の考え方がありうるが、判例の準則と言うべきものもほぼ確立しつつあるので、これを立法的に解決する方途も考慮に入れるべきであろう。

　　　＊　**契約準備段階の責任の比較法的地位**　本文で述べたように、ドイツ民法は契約交渉および契約準備から生じた損害の賠償責任を承認し、フランスでも、交渉の破棄にフォート（faute）があれば、不法行為の統一的要件である1382条によって不法行為としての責任を認める。これに対して、契約を締結するか否かの自由を広く認めるコモンロー系は、原則として交渉から生じる責任を否定する（イングランド法では、これを否定するほぼ確立された先例が存在する。アメリカ法も基本的には否定するが、州レベルでは交渉の法的意味を認める判例があるようである〔池田・前掲書参照〕。なお、UNI 原則 2・15，PECL2：301を参照）。

〔151〕　(イ)　その他の権利義務

(a) 総説　　上記以外の義務につき、比較的判決例に富むのは説明義務（医療過誤を準委任契約と法律構成した判決例の多くは医師の説明義務違反を債務不履行そのものと解しているのでこれを除く。この点は、媒介契約が締結された不動産媒介業者の説明義務についてもあてはまる）に関するものであって、とくにいわゆるワラントおよび変額保険の取引開始前や募集にあたっての証券会社または保険会社（その従業員）の負う説明義務に関する多数の判決例が存する（それらについては、潮見佳男「投資取引と民法理論」民商117巻6号・118巻1号参照。最高裁判決としては、変額保険に関する平8・9・26〔義務違反を否定〕、平8・10・28〔肯定〕いずれも金法1469号49頁）。このほか、判決例中に見られるものとしては、不動産売買における売主（とくに宅地建物取引（宅建）業者を売主とするもの）の負う調査・説明・告知義務または情報提供義務（東京高判昭52・3・31判時858号69頁、大阪地判平5・12・9判時1507号151頁、東京地判平6・9・21判時1538号198頁等）、フランチャイズ契約の締結に際してフランチャイザーの負う情報提供義務（京都地判平3・10・1判時1413号102頁、その他、東京地判平元・11・6判時1363号92頁、東京地判平5・11・29判時1516号92頁等）がある。これらの義務は契約成立前において履行すべき義務であるから、契約成立前に契約当事者となるべき者との間にすでになんらかの接触（交渉）があることを前提としていることになり、その意味では「契約準備段階の権利義務」（→〔146〕）の1つとして位置づけられるべきであるようにも見える。しかし、これらの義務は、その成立の根拠においてこれと異なると考えられるので、項を改めて説くことにする。

〔152〕　　(b) 説明義務　　誠実交渉義務以外の義務として比較的多く判決例に現れるのは、上記のとおり、説明義務（情報提供義務とも告知義務とも言われる。学説には、前者〔フランスの obligation de renseignement の翻訳であろう〕を用いる者も少なくなく、ドイツでもこの語が用いられることが多いが、以下では、説明義務〔ドイツ語の Aufklärungspflicht に由来するものと思われる〕の語に統一する）であるが、その意義・根拠・要件・効果に関する議論はまだ熟しておらず、今後の学説・判例に委ねられている。以下では、これらにつき試論として説く。

(i) 説明義務とは、契約を締結するかしないかを判断するにあたって重要な事実を契約準備段階における一方当事者が知り、他方当事者が知らない場合に、その一方が他方に対し、その事実を告知する義務である。一方が知り「うべき」であったことまでを要求するか否か（すなわちその者に調査義務を課すか否か）は、客観的にみて、当該事実の重要性の程度および他方がその重要性を一方に開示したか否かに依存する。たとえば、買主が建物を建築する目的で土地を買おうとしていることを知った売主は、建築を不可能にするような法令上の制限の有無を調査する義務を一般的に負っていると解すべきである。

〔153〕　　(ii) 説明義務が生じる根拠は、交換的正義の理念（→〔126〕）にこれを求めるべきである。すなわち、契約を締結するかしないかの判断にあたって重要な事実についての知識または情報において両当事者の間に格差があるとき、この格差を解消し両者を対等な地位 (equal footing) においてはじめて「市場的取引の原則」を作用させるべきであるという規範的判断が根拠にあると考えるべきである（消費者契約法1条は、このような根拠が実定法化されたものと考えるべきであろう）。説明義務の根拠は、一方当事者の信頼にあると説く学説も少なくないが（作為または不作為により信頼を生じさせる事実があればそれをも根拠となるが）、基本的には上記のように解すべきである。したがって、契約準備段階の義務とはこの点において根拠を異にすると考えるべきである。もっとも、条文上の根拠としては「信義則」（1条2項）に求めざるをえず、その限りではそれと同一に帰する（→〔147〕）。したがって、定型的に上記の格差が存すると考えられる当事者間（たとえば、知識または情報をその職務上要求される者〔いわゆる専門職または事業者〕とそうでない者）、または当該取引の対象につき支配・管理・実施の経験を経ている者（たとえば長年住んでいた建物の売主）とそうでない者との間においては、原則として、前者に説明義務を認めるべきである。なお、各種のいわゆる業法においては、説明義務が規定されていることがあるが（宅地建物取引業法35条・36条・47条1項、保険業法300条1項4号等）、現在では（かつては行政上の規制手段と考えられていたように思われる）、これらは、上記の民法上または私法上の説明義務に基礎をもち、

〔154〕　　(c) 助言義務　　説明義務としばしば同義に用いられるものとして、助言義務がある。説明義務は事実を告知すべき義務であるが、助言義務は、他方当事者が契約を締結するかしないかの意思決定にあたって重要な影響を与える一方当事者の判断を告知する義務である。一般に、事実の存否は判断を媒介またはそれを透過することによって選択されるものであるから、両者は密接に関連するが、概念としては、このように区別すべきである。助言義務の根拠は、上記(b)に準じて考えれば足りる。したがって、その内容は、意思決定にあたっての複数の選択肢（たとえば、それぞれについての利得の蓋然性と損失の危険についての判断が付されたもの）を提供することに尽きると考えるべきであろう。その選択肢の中から1つを選ぶのは、それを提供された他方当事者の意思決定に委ねるのが「市場的取引の原則」の要請であるからである。しかし、特定の選択肢を選ぶように働きかけたり、選択肢となる判断を提供されても選択する能力を欠くと思われる者に助言する場合には、助言義務違反になる可能性があると考えられる。

〔155〕　説明義務（または助言義務、以下同じ）違反による責任の性質も、これをcic法理を根拠とすると解する学説が有力のようであるが、前述の理由（→〔149〕）により信義則上の義務違反による責任であり、その効果は、契約上の債務不履行に類似した責任と解すべきである（→〔148〕）。そして、⑦説明義務の違反が契約の成立（成立した場合）と不可分である場合（違反がなければ契約を締結しなかったであろうと考えられる場合）には、成立した契約上の責任（債務不履行責任）も追及できるし、契約の無効・取消・解除もできると解する余地があるが、今後論じられるべき問題である（これを論じるものとして、横山美夏「契約締結過程における情報提供義務」ジュリ1094号129頁）。これに対して、④義務違反がなくとも契約が締結された場合には、不法行為責任をもあわせて追及できるのは契約の準備段階で生じた損害に限ると解すべきであろう（それ以降の損害は債務不履行責任の問題である）。損害賠償の範囲はそれぞれの一般原則にしたがって決

〔156〕　　(d)　秘密保持義務　　説明義務（それが高度であればあるほど）によって一方当事者の告知した事実の中に営業上の秘密があるならば、他方当事者にその秘密保持義務を課すべきであろう（判決例上問題になったことはないように思われる。組織型契約における「仕事委託型契約」では（→〔136〕）、この義務が課されるのがむしろ通常である）。説明義務は「対等の地位」を保証するだけであるから、義務を負う者は、不利な事実を告知する義務がないのが原則である。しかし、説明義務（とくに助言義務）を負う場合（たとえば、フランチャイザーの負う説明義務）には、営業上の秘密を説明するという法律上の義務を負う結果となることが考えられないではない。そのような時にも、他方当事者がそれに関してなんらの義務を負わないと解するのは交換的正義に反し、公平でないと考えるべきであり、交渉中の義務として秘密保持義務を負わせるべきである（UNI原則2・16, PECL 2：302参照）。この義務違反の性質も信義則上の義務違反による契約上の債務の不履行責任であり、その効果も先に述べた原則（→〔148〕）によって処理されるべきである（なお、不正競争防止法による差止が問題となることも、ありうるかもしれない）。

〔157〕　　(e)　契約準備段階における合意（いわゆる中間的合意）　　契約準備段階において契約の成立に関する何らかの合意が成立することがある。たとえば、交渉の結果将来成立すべき契約内容につき合意し、成立する日時についても合意した場合（東京地判昭57・2・17判時1049号55頁）、将来の契約成立に向けて誠実に交渉することの合意があった場合（前掲京都地判昭61・2・20）、法律上の手続後に契約を成立させる旨の合意がなされた場合（東京地判平4・12・16判タ832号137頁）などである（東京地判昭58・12・19判時1128号64頁は、この趣旨の合意を「中間的合意」と呼ぶ）。このような合意があれば、契約準備段階の権利義務は、「合意優先の原則」に従い、まずもって合意の解釈によって決せられるべきである。合意に違反した場合の効果は、一般の債務不履行責任の問題である。もっとも、判決例は「信義則上やむをえない」事情があれば責任が生じない旨を判示しているが（以上、池田・前掲書に負う）、一般原則どおり、「責めに帰すべき事

由」が存しない旨を述べたものと解すべきであろう。この問題は組織型契約において交渉中に成立した合意の効力として最も問題となるので、後述するところ（→〔168〕）に譲る。

3 交渉により生じる権利義務

〔158〕　（ア）　総説　　組織型契約の成立に際しては常に交渉が行われる。交渉が行われるのは、取引界の現実においてそうであるというにとどまらず、理論的に見てもそれが不可避または不可欠であるからだという点が重要である。すなわち、組織型契約は、非代替性の大な（「資産特殊性」の大な）財の取引であるので市場からは調達できず、その財を必要とする特定の取引相手同士の間でのみ締結されなければならない。しかも、契約当事者は、代替性に乏しいという財の特質に応じて個別的に権利義務関係を設計する必要に迫られる。この結果、権利義務関係は複雑になり、しかも、他から得られない財である以上、取引は継続的にならざるをえないから、将来生じるであろう様々な事態を想定し、それに備えてあらかじめ権利義務関係を合意しておかなくてはならない。そのような複雑な権利義務関係は、契約成立前の段階で交渉を繰り返すことによって徐々に確定し書面化してゆくしかない。こうして、契約成立に向けての交渉の不可避性または不可欠性が理論的に基礎づけられる。そこで、組織型契約においては、交渉の過程で締結された合意の性質とそこから生じる権利義務関係がいかなるものであるかが問題となる。もちろん、交渉から生じる権利義務関係については、裁判の基準となる判例の準則または判例理論（*2* 参照）も、原則として適用されると考えるべきであるが、これらの準則等は、交渉が破棄され、そのことが訴訟上の争いになった場合に関して形成されたものであるのに対し、組織型契約の当事者間、とくに対等な立場にあると想定される企業間（「仕事委託型契約」は当事者をこのような地位におくことが多い──〔136〕参照）においては（フランチャイズ契約のように企業（事業者）とそれに比べれば零細な起業者との間のそれとは異なって）交渉の都度、letter of intent（この意味については〔80〕。以下、

第3節　契約上の権利義務の発生　　137

LOI と言う）と呼ばれる取引条件・取引対象・交渉中の権利義務等について定めた詳細な事項から成る書面が交わされ、それにもとづいて交渉が進行し、その結果、契約成立前において、将来成立する契約に盛り込まれるべき各種の事項につき書面化された合意が存在するのが常であり、したがって交渉中の権利義務関係をいかに解すべきかは、この LOI の内容と性質とを法的にどのように解すべきか、という問題に帰着する。ところが、LOI の定める権利義務関係が訴訟上の争いに発展することはまず起こらない。そのような場合に備えても交渉当事者はあらかじめ権利義務を定めておくので、紛争が生じても訴訟になることなく、その記載内容によって解決されるからである。したがってまた、*2* で述べたことは、この場合には必ずしも役に立たない。そこで、以下では、専ら LOI の内容および法的性質（効果）について説くこととする。

〔159〕　　（イ）　LOI の内容と種類　　LOI は契約成立前に契約上の権利義務関係が生じないことを前提に取り交わされる書面であるから、その法的性質は申込でも承諾（→〔175〕以下）でもないことは明らかである。したがって、それをいかに解すべきかは困難な解釈問題であるが、まず、LOI の内容を示しておこう。これには種々のタイプが存するが、通常は次のような内容から成る（村井武＝平井宜雄「交渉に基づく契約の成立(上)(中)(下)」NBL702号～704号。この論文が発表された経緯については、702号7頁の「はしがき」〔平井執筆部分〕参照。LOI の内容については704号54頁の記述〔村井執筆部分〕による。なお、村井氏には多くの示唆を受けたことを記して謝意を表したい）。すなわち、「①交渉の最終目的たる契約（契約実務では「本契約」・「確定契約」等と呼ばれる〔「本契約」の語は「予約」との対比で用いられることが多いので、以下、「確定契約」の語を用いる〕）に盛り込まれるべき項目　②交渉の期間・期限　③契約成立の方法　④多くの場合、「書面による、交渉期間内の合意」をもって確定契約成立とする旨の規定　⑤誠実交渉義務　⑥場合によっては互いに排他的交渉権を有する旨の規定　⑦当事者には誠実に交渉する義務以外、一切の法律上の義務が生じない旨の規定」。これらに加えて、⑧相互に秘密保持義務を負う旨の条項が付加されることもある。このうちで LOI に最も特徴的であり、かつほとんどの場合

におかれる条項は⑦（以下、拘束力排除条項と言う）である。そうだとすると、確定契約に盛り込まれるべき事項（①がそうであるが、交渉を通じて固まっていくものであるから、その内容には精粗が存するであろう）等について合意しておきながら、拘束力排除条項によってその合意に拘束されない旨を明確にしている（つまり同一の書面が相矛盾する条項を含んでいる）のはいかなる意味であるかについて、LOI の法的効果が何かを解釈するに先立って明らかにする必要がある。しかし、LOI と言っても種々のタイプが存するので、その内容に応じ拘束力排除条項の法的意味を考える必要がある。そのタイプは、いわゆる理念型として考えれば、次のものに分類される（以下の記述は、G. C. Moss, The Function of Letters of Intent and their Recognition in Modern Legal System, in E. Schulze (Ed.), op. cit. [32] に多くを負っている）。

〔160〕　　　(a)　狭義の LOI　　これは、上記に述べた LOI とほぼ同様な内容のものであるが、次に述べる head of agreement（「合意項目書」とでも訳されるべきであろうが、定訳は存しないようである。以下、HOA と言う）および memorandom of understanding（「了解事項メモ」とでも訳されるべきであろうが、定訳は存しないようである。以下、MOU と言う）と区別するために、以下、これを狭義の LOI と呼ぶ（断らない限り、以下で LOI とは狭義のものを言う）。この書面は上記のような詳細な内容を持つものであるが、それにもかかわらず、拘束力排除条項がおかれる理由として考えられるのは、⑦もっと詳細な内容（たとえば、生産機械の仕様・財務的基盤の強化の方法等、高度に技術的な事項）について交渉の余地を残しておく場合である。それならば、詳細に内容を定めておく必要が存しないように見えるけれども、①詳細な内容を定めることにより相手方が交渉過程または確定契約が成立した段階で勝手に修正したり、都合のよい解釈をするのを封じることができ、逆に、⑦修正したい場合が生じたときでも、拘束力排除条項があれば修正を債務不履行にあたると主張されて責任を追及されるのを免れうる、という効果があるからである。⑥（排他的交渉権の付与）・⑧（秘密保持義務）の条項がおかれるのは、これによって交渉中の行動を相互に規制することができるからである（ただし、拘束力排除条項の存在に

よって、このような規制には拘束力がないことにはなるが、それはこれら⑥・⑧の条項の解釈に帰する。〔168〕参照）。

〔161〕　　（b）　HOA　これは、交渉の過程において当事者が到達した部分的な合意を書面化したものである。複雑な内容の契約を長期にわたる交渉によって成立させるには、HOA により、それまでの交渉によって一応確定した合意内容を書面にしておく必要があり、次の段階の交渉は、HOA で確定されたものを前提として開始するのが費用や時間を節約できるので便利である。しかし、拘束力排除条項が存在すれば、当事者はその内容に拘束されないはずであるが、この便利さと⑤（誠実交渉義務）の存在とがあいまって、拘束力排除条項の存在にもかかわらず、当事者間ではそれまでに到達した部分的合意については拘束される意思があると認めるべき場合が多い。したがって、HOA の効果をどのように解釈すべきかは、(a)の場合とはおのずから異なった考慮を要する（→〔164〕）。

〔162〕　　（c）　MOU　これは、契約が成立した場合の合意内容についてではなく、交渉中の行為を相互に規制することを主な目的とする条項から成る文書である。すなわちたとえば、㋐交渉の手順・交渉から生じる費用の負担割合、㋑確定契約が成立すれば必要となる技術的事項や財務的事項の実行可能性について第三者の評価を要する場合にどの事項についての評価を優先すべきか、㋒評価のためにはいかなる第三者との交渉ならば許されるのか（⑥参照）、交渉そのものについても秘密にしておくべきか（⑧参照）というような問題について合意した書面である。拘束力排除条項が存在すれば、交渉当事者は原則としてこれらの行為の履行を強制されないはずであるが、たとえば、交渉を進める上で必要な費用の負担割合については合意に拘束される意思があったと認めるべき場合もあり、その点についてどの程度の効果を認めるべきかが問題となる（→〔165〕）。

〔163〕　（ウ）　LOI・HOA・MOU の法的性質とその解釈

　　　　（a）　LOI においては、確定契約成立の場合における権利義務が細部にわたって合意される等詳細な合意内容が定められていても、拘束力

排除条項が存在する以上、交渉当事者は合意に拘束されず、合意内容を変更したり交渉を打ち切っても責任を負わない、というのが基本原則であるべきである。拘束力排除条項が存在する（契約の自由がある）からこそ、交渉当事者は安んじて交渉に入り、自由に合意内容を定めたり、変更したり、交渉を破棄したりできると解すべきだからである。しかし、いかなる場合であっても法的効果が生じないと考えるべきかは疑問である。というのは、交渉当事者は誠実交渉義務を負うことについては合意しているのが通常であるし（⑤・⑦参照）、仮に明示された合意がなくとも（つまり、⑦における「誠実交渉義務以外」という文言がなくとも）契約準備段階の責任の一般理論（→〔146〕以下）の類推適用によって、信義則上の誠実交渉義務違反の責任を負うべき場合が存すると考えられるからである。この一般理論を参考とすれば、誠実交渉義務違反の要件・効果は次のごときものとなるであろう。ⓐ将来において契約が締結されるであろうと信頼させ、あるいは、そう信じるのがやむをえないと思われる言明または行為が一方の交渉当事者について認められたこと、ⓑその交渉当事者が拘束力排除条項の存在について言及あるいは注意を喚起しなかったこと、これに加えて、ⓒ交渉が短期間に頻繁に行われ、かつ LOI 中の合意事項がきわめて詳細であること、ⓓそれにもかかわらず交渉が打ち切られたこと、という要件が存在すれば、拘束力排除条項は、当事者の意思表示によって合意内容から除かれたか、または無効に帰したと解すべきであり、その効果は、ⓔ他方当事者は、契約が成立すると信じたために支出した費用等の賠償を誠実交渉義務違反として請求できると解すべきである。ⓕしたがって、この責任の法的性質および損害賠償の範囲は既述したところ（→〔148〕・〔149〕）と同じであると解すべきである。

〔164〕　　（b）　HOA は、書面化されるまでの交渉によって到達した合意を確認するものであり、将来成立すべき確定契約の内容となるべきものである点において、交渉当事者間に一致がある。もちろん、拘束力排除条項が存在する以上、当事者は最終的に成立する確定契約にのみ拘束され、HOA に拘束されないはずである。したがって、交渉当事者は、新たな合意条項を付加したり、過去の合意条項を修正することは可能である。

しかし、HOA の性質を、確定契約に盛り込まれる事項について、交渉を通じて蓄積された部分的合意を確認する書面と解する限り、そのことを確認したという合意については法的な効果が生じると考えるべきである。したがって、HOA において取り決められた合意が、一方の交渉当事者の反対により確定契約の内容にならなかった場合には、他方の交渉当事者は誠実交渉義務違反を理由として損害賠償を請求できると解すべきである。この場合の義務違反の性質および損害賠償の範囲は既述したところと同じである（→〔148〕・〔149〕）と解すべきであろう。

〔165〕　　(c)　MOU は、交渉中の当事者の行為を規制する目的のための書面であるから、一方当事者がその内容に違反する行為をしたならば、他方当事者は、少なくとも交渉の打ち切りまたは破棄をすることができ、それについての責任を負わないと解すべきである。しかし、違反した当事者であっても、拘束力排除条項が存在する以上、履行を強制されないのは言うまでもないが、誠実交渉義務違反による損害賠償責任を負うと解すべきであろう。この賠償の範囲は多額になると想定される場合もあるけれども（たとえば秘密保持義務違反の場合にはそれによって生じた損害は膨大なものになることもありうる。後述のようにこの義務に関する条項を「独立的合意」と解した場合にはなおのことであるが、ここでは原則のみを掲げる）、MOU が成立すべき確定契約と全く独立した合意ではなく、確定契約の成立を前提とした交渉中の合意であるという制約下にあると考えるべきであろうから、責任の範囲も、結局は上記の2つの場合と同様に解釈すべきであろう。したがって、その性質および範囲は既述したところ（→〔148〕・〔149〕）と同じであると解すべきである。

〔166〕　　(d)　交渉中に作成されたり、交渉当事者により署名されたりした文書を、LOI・HOA・MOU のいずれと解すべきか、または、これらのうちのどれとどれとの性質を合わせ持っていると解すべきか、を決するのは、それぞれの文書に示された合意の解釈である。したがって一般的には、前述した契約の解釈についての基準（→〔107〕以下）を類推して解釈すべきであるが、以下のような LOI（広義）の特質に由来する固有の解釈についての一応の基準があると考えられる。すなわち、ⓐ LOI（広

義)は、取引ごとに入念な交渉を通じて、しかも一字一句に注意を払って作成されるものであるから、その解釈にあたっては交渉当事者の「真意」を明らかにするように努めるべきである。つまり、本来的解釈（→〔108〕）に依拠すべきであって原則として規範的解釈に拠るべきではない。本来的解釈によっても真意が明らかでない場合は（そのような場合はきわめてまれであろうが）その条項は無効と解するほかないであろう。ⓑ交渉が短期間に精力的かつ集中的に行われ、その結果成立した合意の内容が詳細に定められている文書は、特段の事情のないかぎり、LOI（狭義）と解釈されるべきである。とくに企業間の取引では、敏速に詳細な権利義務関係を設計する必要があり、このような場合にこそLOIが作成される意味があるからである（ただし、それがHOAの性質を合わせ持つことも排除されない）。ⓒ交渉が比較的長期にわたり、将来生じる権利義務関係についての合意が次第に形成されていくという状況が存するとき、そこで作成された文書は、特段の事情のないかぎり、HOAと解釈されるべきである。部分的な合意を積み重ねて、契約成立に至る場合には、このような過程を経ることが多いと思われるからである。ⓓこれに対して、交渉中の行為の規制についての条項が多く含まれている文書は、前述の性質論が示すとおり、特段の事情のないかぎり、MOUと解されるべきであろうが、これがLOIまたはHOAの性質を合わせ持つことも排除されないであろう。

〔167〕　（エ）　成立した契約の内容とLOI（広義）の内容とが食い違いがある場合の解釈

　　　　　（a）　交渉を経て確定契約が成立した場合においてその契約内容と交渉中に成立した合意との間に矛盾・脱落等による食い違いが生じる場合がありうる（ただし、交渉を経て作成された契約書では入念に内容が定められるから、このような場合が生じるのはきわめてまれであろう）。その場合において、交渉中の合意を優先すべきか、確定契約上の合意を優先すべきかという問題が生じる。基本原則は、確定契約上の合意が優先すると解すべきである。というのは、当事者を拘束する合意とは確定契約におけるものなのであるから、交渉中の合意はすべてこれに優先されると解するのが当

事者の意思だと考えるべきだからである。ただし、基本原則はこのように解すべきだとしても、もっと具体的に、個別の条項に応じて考察する必要がある。

〔168〕　　(b)　交渉を前提としてはじめて意味があると解される条項、たとえば、拘束力排除条項・LOI（狭義のもの）における②（交渉期間・期限についての条項）・⑤（誠実交渉義務）・⑥（排他的交渉権付与）の条項、MOUにおける交渉中の行動を規制する条項は、ⓐその性質上、確定契約が成立すれば当然に効力を失い、確定契約の内容との食い違いを問うまでもないと解されるべきである。また、ⓑLOIにおける①（確定契約に盛り込まれるべき事項）と成立した確定契約との間に矛盾や脱落があれば、前述の基本原則の結果として確定契約に定められた事項が優先されるべきである。これに対して、ⓒHOAと解釈される文書の場合には、そこで定められた事項は確定契約に盛り込まれると考えているのが当事者の意思であるから、食い違いがあればHOAが優先し、そこにおける合意が確定契約に吸収されて確定契約の内容になったと解するのがむしろ原則であろう（この種の合意を以下、「吸収的合意」と言う）。問題となるのは、ⓓLOI中の⑧（秘密保持義務）である。その趣旨が交渉それ自体についての秘密保持義務であれば、ⓐに挙げた基準により当然に効力を失うのが原則である。しかし、交渉中に交換され共有された情報についての秘密保持義務（市場から調達できない財の取引ではそれが必要な場合が多い。たとえば、特殊な用途の部品を製作するために提供された金型の設計図等）であるならば、仮に確定契約が成立し、かつその内容に秘密保持義務が定められていないとしても、当該確定契約についても「吸収的合意」として確定契約上の義務として認めるべきことはもちろん、契約不成立であっても独立した合意としての秘密保持義務を認めるべき場合があると考えられる（確定契約の成立・不成立にかかわらず認めるべき義務であるから、これを確定契約から独立した合意と考え、以下、「独立的合意」と言う。なお、UNI原則2・16，PECL2：302は秘密保持義務を「独立的合意」である旨を規定している）。「吸収的合意」であるか、「独立的合意」であるかは、HOAの解釈の問題であるが、同時に確定契約の趣旨・目的をいかに解するか、すなわち、

契約の解釈の一般的基準（→〔113〕）の問題でもあると言うべきである。

4　契約の成立

〔169〕　(1)　総　説

　（ア）　契約の成立に関する民法の規定と通説の解釈　　民法は、「契約の成立」という款名の下に、521条に始まり532条に至るまでの規定をおいている。これらの規定が現実の取引においてどれほどの意味を有するかを明らかにするために、まずはじめに（詳しくは後述する——〔175〕以下参照）、これらの規定に関する通説（これらの規定に関する判決例はほとんど存在しないので、それに言及する必要性は乏しい）の説くところを紹介しておこう（多くの体系書の説明は大同小異なので、以下、我妻・上〔76〕以下をもって代表させる）。すなわち、①契約は申込と承諾という相対立する2つの意思表示の合致によって、そして合致したその時に、成立する（521条〜528条。ただし、526条2項を除く）。これが成立の最も基本的な型であるが、②承諾だけではなく、「承諾の意思表示と認めるべき事実」があれば、契約はその時に成立する（526条1項・2項）（→〔210〕）。また、③民法に規定を欠くけれども、交叉申込（→〔213〕）の場合には、承諾がなくても契約は成立する。④申込とは、承諾があれば成立すると解釈されるに足るだけの確定した意思表示である。したがって、相手方に申込をさせようとする意思を通知するだけの申込の誘引（申込ではないから、相手方はそれに対し諾否の自由を有する）とは異なる。⑤承諾とは、契約を成立させる目的で特定の申込に対してなされる意思表示である。⑥したがって、契約が成立するには、ⓐ承諾は申込の内容と一致したものでなければならず、ⓑ特定の申込に対してなされたものでなければならない（一般に前者を「客観的合致」、後者を「主観的合致」と言うが、通常の用法と異なる分かりにくい表現〔「既判力の客観的範囲・主観的範囲」の用法におけると同様に、ドイツ語の objektiv, subjektiv に由来する〕である）。③の交叉申込によっても契約が成立するのは、このⓐ・ⓑの要件がともに満たされているからである。⑦

この結果、申込に条件をつけまたは変更を加えた承諾はⓐの要件を欠くので、契約は成立しない（528条）。以上から示されるのは、申込と承諾とが、あたかも鏡に映った姿のように（左右は反対になるけれども、そのことも、「反対方向の意思表示の合致」という契約の成立の比喩としては相応しい）、完全に対応していなければ契約は成立しない、という考え方が通説の基礎に存在することである（以下、外国での表現を借りて、この考え方を「鏡像理論（mirror image theory）」と言う）。

〔170〕　（イ）「鏡像理論」の妥当性と「契約の成立」概念の再定義
　　　　（a）「鏡像理論」が現実の取引の姿を反映したものであるか、また、現実の取引に適合的なものであるかは、甚だ疑わしい。すなわち、①現在の重要な取引（とくに組織型契約）では、ほとんどすべての場合に契約は成立前の交渉を経て成立し、交渉中に合意された文書には契約成立の方法・時期が決められているのが通常であるから（→〔159〕）、契約の成立を申込と承諾の合致として説明するのは困難であり、交渉中の当事者の行動を強いてこの2つに分解して説明しても、無意味である（PECL2：211が、「［申込と承諾による契約の成立を定めた節］の規定は、契約を締結する過程を申込と承諾とに分けることができない場合にも、適切な補正を加えた上で準用される」（前掲邦訳（→〔32〕）による）と規定したのはこのような場合を念頭においているからである）。②現在の取引（とくに大量生産され・規格化された動産の商品）の多くは、契約書式を用いて行われる。そこで、この契約書式中のある条項（とくに当事者が最も関心を持つであろう商品の量・種類・納期・代金額・受渡し方法に関する条項）については双方当事者が合意しているが、他の細目にわたる条項については一方が合意していないという場合が生じる。まして、双方とも内容の異なった（抵触する）契約書式を用いて取引し、合意した場合には、合意の内容・合意の及ぶ範囲が何かについて一層複雑な解釈問題が生じる（いわゆる「書式の戦い（battle of forms）。「鏡像理論」によれば、申込と承諾との「客観的合致」がないのであるから、このような場合には契約は成立しないはずである。しかし、その解釈を貫くのでは、取引の要求に応えられないので、契約の「本質的（essential）」または「重要な（material）」部分につき合意があれ

ば契約の成立を認めるという法律論が生まれざるをえない（なお、UNI原則2・19～2：23，PECL2：209，Res. 2 -207は、「書式の戦い」を含め、このような場合の対応を具体化する規定である）。そうだとすれば、契約の成立は、申込と承諾の合致ではなく、何が「本質的」な部分であり、何が「重要な部分」であるかについての解釈、すなわち、契約の解釈にすべてかかってくることになる（→〔111〕）。こうして、ここでも「鏡像理論」は妥当しなくなる。③「鏡像理論」の下では、申込と申込の誘引とは理論的には明確に区別される（残るのは具体的事例をいずれに解釈すべきかという問題である——我妻・上〔76〕）。したがってたとえば、現在の重要な取引類型である広告による販売・カタログを用いた通信販売における広告・カタログの送付等も、単なる申込の誘引と解されるはずであるが（我妻前掲箇所）、「鏡像理論」の一般的妥当性に疑いが持たれるようになると、申込の概念は、同理論におけるよりもはるかに拡大するから、これらを申込の誘引と解すべきかは疑問である。たとえば、カタログに有効期間が定められており、期間内に同封の注文書が記入されて送り返されたのに対して、なお業者が諾否の自由を有すると解するのは、取引の現実と適合的ではないと思われる。むしろ、②と同じく、これらの行為も申込と解した上で、契約の成否は「本質的」または「重要な」部分について合意が存在するか否かによって決すべきである（この点については〔206〕。なお、本書の対象外であるが、消費者契約法・特定商取引法・割賦販売法等、消費者保護を目的とする各種の法律は申込と承諾による成立という基本型に修正を加えているし、電子的通信媒体の発達により契約の成立に関する民法の概念のいくつか〔たとえば、「対話者」・「隔地者」〕が、意味を失いつつあることも確かであろう）。

〔171〕　　　(b)　以上のとおり、「鏡像理論」が取引の現実と遊離したものであるとすれば、「契約の成立」概念一般は次のように再定義される必要がある。すなわち、ⓐ契約内容の「本質的部分」または「重要な部分」に当事者が合意するならば、それをもって、かつその時に、契約は成立する。何が「本質的部分」または「重要な部分」であるかを決するのは、一般的に言えば契約の解釈であるので、既述したところ（→〔111〕）に譲る（なお、ある合意がどの典型契約に該当するかを決定する問題は、契約の解釈に

属する問題であると同時に典型契約の規定の解釈の問題であるから、契約各論に譲る)。すなわち、解釈によって契約の目的(当該契約によって当事者はいかなる財を入手しようと意図したのか)を確定し、その目的の達成に不可欠の内容または条項について合意していれば、「本質的」または「重要な」部分に合意があったと解して契約は成立したと言うべきである。この定義は、上記(→〔170〕)②および③の場合を念頭においたものである。これに加えて、⑥上記の合意は「確定的」であることを要する。「確定的」とは、それ以後の交渉その他の行為によりもはや契約内容に変更が加えられる余地が原則としてなくなったことを意味する(UNI原則2・11は一定の要件の下にこの例外を定めている)。当事者双方が契約書に署名押印をした場合がその好例であろう。この定義は、〔170〕①の場合を念頭に置いたものである(とくにLOIによる合意だけでは契約はまだ成立していないことを強調する意味がある)。

〔172〕　(ウ)　契約の成立の一般的要件と一般的効果　　上記のとおり、取引の現実に適合的な契約成立の一般的要件は、申込と承諾の合致としてではなく、まず契約(合意)から出発し、それがいかなる要件を備えれば成立したと解すべきか、すなわち、その要件の充足によって契約が成立する、と考えるべきである(この考え方を「鏡像理論」と対比する意味で、以下「合意理論」と言う)。すなわち——

　　　　(a)　要件は、上記のごとく、第1に、①契約の「本質的な部分」または「重要な部分」について合意が成立したこと、である。民法の定める申込と承諾による契約の成立は、①の要件に包括され、その要件によって成立する場合の1つにすぎないことになる(「鏡像理論」によってすべての内容が合致すれば、「本質的かどうか」等を問うまでもなく成立するから)。しかも、申込と承諾とが完全に一致するのは取引上重要でない場合(ガソリンスタンドやスーパーマーケット等におけるいわゆる現実売買[売買の節で説く]で、ほとんど紛争が生じない場合)くらいしか見られないであろうから、申込と承諾による成立が取引の上で持つ意味はきわめて小さいと言うべきである。第2に、②上記①における合意が、前述の意味で「確定的」であること、である。

〔173〕　(b)　以上の2つの要件が満たされるならば、そこから生じる一般的効果は、③当該契約に定められた権利義務（それが何かを決めるのも契約の解釈である）が生じ、④当事者は当該契約から生じる権利義務を履行すべき債務を負い、その債務に違反した当事者は相手方からの⑤履行請求に応じなければならず、かつ⑥一定の要件の下に損害賠償責任を負い、⑦双務契約においては契約を解除される。ただし、契約成立前においても、前述の要件の下に損害賠償責任が発生するのであるから、賠償範囲の問題は別として、厳密に言えば、損害賠償責任の発生自体は契約の成立から生じる効果ではない。むしろ重要なのは、⑤の履行請求権が発生するという効果である。契約成立前の権利義務関係からはこの効果は生じないと解されているので（→〔150〕）、契約が成立したか否かは、履行請求が可能か否かを決するからである。したがって、どの時点から履行を強制できるか、つまりどの時点で契約が成立したかを明確にしておくことは重要である。契約当事者が契約を書面化し、それに署名押印して交換するという調印式と呼ばれる儀式も、このように考えれば、決して法律的意味を有しないわけではない（契約の成立の認定については〔206〕）。とりわけ、履行請求権が発生するか否かは、とくに組織型契約において決定的に重要である。というのは、組織型契約における取引対象は市場から調達できない財であるので、いくら損害賠償（金銭）を得ても市場において入手できないからである。このため、とくに組織型契約においては成立の時期を明確にする必要があり（後述のように「調印式」が行われるのはこの種の契約である）、かつ損害賠償よりも履行そのものを強制し、または続行させる手段を合意によって定めておくことが重要なのである（訴訟上の手段としては間接強制であるが、これらの問題は総論に譲る）。

〔174〕　(エ)　契約成立の態様　契約成立の態様として一般の体系書で論じられるのは、前記(ア)（→〔169〕）における①・②・③の3種である（このほか、競争入札や事実的契約関係についても論じられることがある）。このうち、詳細な規定を持ち、最もよく論じられるのは、①すなわち申込と承諾による契約の成立である。これは取引上重要な意味を有しないこと前述のとおりであるが、比較法的に確立した法技術であり、契約法の体系書と

しては、その説明を抜きにして済ますわけにはいかない。そこで以下では、申込と承諾による契約の成立は、これを(2)で扱う。最も重要な成立態様である交渉による契約の成立は、これとは別に(3)で扱われる。②および③については、(4)において説かれる。

* **「申込と承諾による成立」と「交渉による成立」との区別** この区別を明確に指摘したのは、池田・前掲書（→〔146〕）の功績である（前者に対応するのが同書にいわゆる「申込承諾型」、後者のそれが「練り上げ型」である）。しかし、同書はもっぱら判例を素材として論じているため、当然のことながらこの区別を契約交渉の破棄との関係でのみ論じるにとどまっており、またこの2つの成立形態が生じた理論的根拠についての考察を欠いている。この結果、組織型契約と市場型契約という分類の意義という角度からこの区別を理解する本書の立場と異なるので、用語は同書に従っていない。

〔175〕 **(2) 申込と承諾による成立**

(ア) 総　説

(a) 申込と承諾という2つの意思表示の合致によって成立することを要件とするのが、この成立態様である。上記2つの意思表示に分解して、契約の成立という問題を処理する法技術は、法系の差異を超えて一般的に見られるものであるが、意思表示を要素とする体系的な法律行為概念を生んだドイツ法系諸国においてとくに典型的に見られ、申込と承諾に関する民法の規定の多くは、それに由来するものである。

* **申込および承諾の概念の比較法的地位**　アプリオリに「合意」から出発するフランス民法（同民法1108条参照）では、民法の規定上この2つの概念の分離は明確ではないが、判例・学説はこの概念（offre と acceptation）を用いて論じるのが一般である。コモンロー系では、契約を、約因を伴う相互に一致した「約束」と考えることから出発するため、現象的にはむしろドイツ法に近く申込（offer）と承諾（acceptance）の合致として論じられる。民法の「契約の成立」と題される款におかれた規定も、申込と承諾とに関する規定を主な内容としており、主として（コモンローに由来する規定もある——〔196〕）ドイツ法系の影響を受けたものと考えられる（『民法修正案理由書』521条および522条の理由を参照せよ。なお、旧民法財産編304条以下と対比せよ）。ドイツ法系の考え方は自然法学に由来するものであるから、立法に

あたっては取引界の慣習（たとえば商人団体の慣習法）が顧慮されたものではないようである。ところが、日本民法の起草に際しては、取引界からの意見の聴取が行われたようであり（梅392頁。〔194〕参照）、この点で差異があると思われる。なお、申込と承諾に分解するという法技術は、比較法的に見ても確立している（UNI原則2・1〜2・11，PECL 2：201〜2：208，CISG14〜24参照）。

〔176〕　(b)　契約の成立を申込および承諾の概念に分解し、それぞれにつき規定をおくのは、契約が不成立となった場合（成立すれば当事者は当初予測した利益を受けるから、問題は生じない）に当事者の受けるであろう不利益または危険を配分するためである。たとえば、承諾期間を定めた申込の撤回を許さない旨が規定されるのは（521条1項）、自由に撤回を認めたのでは申込を受けて承諾をするか否かを考慮中の者の利益を害するからであり（→〔180〕）、また、契約成立について発信主義を採用（526条1項（→〔193〕））したのは、承諾の不到達の危険を申込者に負わせることにより承諾者の利益を保護したものである（取引上の考慮が明示されているのは、この款の特色と言えよう（『民法修正案理由書521条・522条・525条・526条参照））。

〔177〕　(c)　民法は、申込と承諾による契約の成立について、かなり詳細な規定をおいているが、これらに関する判決例はきわめて少なく、これらの規定は、ほとんど実務的意味を失っているものと思われる。その理由は、前述のように「鏡像理論」を前提とするこれらの規定が取引の現実に適合していないことにある。すなわち、①現在の重要な取引は、当事者間での交渉を経て成立するから、成立を巡る紛争は、申込と承諾に関してではなく、契約の準備段階の権利義務（→〔146〕以下）に関するものとなる。②申込と承諾によって成立したような外観を呈する場合（たとえば注文書の送付に対して請書が返送される）であっても、そのような取引は継続的供給または売買を定めた基本契約書にもとづく債権債務の履行にすぎないことが多く、基本契約自体は交渉を経て成立する契約である場合がほとんどなので、成立を巡る紛争の形態は①に帰着する。③純粋に申込と承諾によって成立する契約（たとえば店頭における日用品の売買）が成立に関して紛争になることはまれである。それにもかかわらず、申込

と承諾による契約の成立につき、以下に多くの頁を割くのは、前述のように、それが古い歴史と法系の差異を超えた普遍的なものであって、法律家の学ぶべき基礎的な法技術の１つであるからである。ただし、必要な場合には、「合意理論」に基づく解釈論を示して、通説の説明と対比させることがある。

〔178〕　（イ）　申　込

(a)　申込の意義　　(i)　申込とは、承諾がありさえすればそれだけで契約を成立させる目的でなされた意思表示である（このような趣旨の意思表示であるか否かは、意思表示の解釈の問題である）。この点において、相手方に申込をさせることを目的とする意思の表明（その性質は意思の通知と解されている）である申込の誘引と異なる。申込の誘引においては、それに応じてなされた意思表示が申込であり、表意者はそれに対して承諾（契約は成立する）または拒絶（契約は不成立）する自由を有する。このように、表意者自らが諾否の自由を留保する趣旨でなされた意思の表明であるか否かが、申込と申込の誘引との区別である。具体的には、①表明された意思表示内容が、特定的・具体的であればあるほど、②相手方が特定されていればいるほど、申込と解される程度が大であり、小さいほど申込の誘引であると説かれている（我妻・上〔76〕等通説）。したがってたとえば、スーパーマーケット内での正札付きの商品の陳列、タクシー乗り場で客待ちをしている運転手の行為は不特定多数の者を相手としていても申込と解されることが多いであろうが（①参照）、各種商品の広告は（②参照）、具体性があっても（たとえば不動産売買の広告のように）一般に申込の誘引と解されている。

(ii)　申込は、特定かつ具体的な法律効果が生じる契約を成立させる意思表示であるから、申込（または承諾）一般というような抽象的なものではありえず、常に特定かつ具体的な法律効果を生じさせるに足りる（たとえば、売買契約の売主からの意思表示が申込となるには、当該契約の目的物の財産権の移転を受ければ代金を支払う旨の買主の意思表示があること）ものでなければならない。

〔179〕　(iii)　「合意理論」によれば、契約の成否は、申込と承諾の合致では

なく、それと別の要件を備えた合意の存否に依拠するから、申込の概念は拡大する（拡大させても契約の成立を安易に認めるわけではない。〔172〕参照）。通説（我妻・上〔76〕）によれば、たとえば広告は不特定多数の者に対する一方的な意思表示であるから主観的合致がなく、それら不特定多数の中の1人が広告の示すとおりに契約を締結したい旨の意思表示をしても契約は成立しないから、広告は申込の誘引にとどまる。しかし、現在の取引のほとんどは広告を媒体として行われるから、広告すべてを申込の誘引と解するのは取引の現実に即したものではない。広告の内容が商品（動産または特定化されたサービス）の品質・用法等を具体的に指示しており、意思表示をした者がそれらを重要と考え、広告を信頼して意思表示をしたかぎり、その意思表示は承諾と解釈すべきである。したがって、販売業者には諾否の自由はなく、その広告はそのまま契約の内容となる（つまり広告は申込である）と言うべきである（そのような内容の契約が成立するか否かは、「合意理論」の示す要件（→〔172〕）を充足するかどうかにかかっている）。もっとも、非代替性が大きな商品（たとえば不動産）は、いかに具体的な内容を指示した広告であっても、実際の品質・用法（立地条件等）は、買主が調査し、実際に使用してみなければ分からないのであるから、申込の誘引にとどまると考えるべきであろう。同様に、カタログ等による動産の商品の通信販売においては、カタログの送付が申込であると解すべきであり、上記の要件の下になされた買主の意思表示は承諾と解すべきである（なお、PECL6：101参照）。

〔180〕　　　(b) 申込の拘束力　　契約は、成立してはじめて拘束力が生じるのだから、申込の段階で止まっているかぎりは、それが効果を生じたとしても（申込は、意思表示の一般原則により「到達」によって効果を生じる——97条1項）、表意者において自由に撤回できるはずであり、また、できないと解する法的根拠も、見いだすのに困難である。しかし、この結果は、取引の実際の必要に応えられないという理由で（申込が到達してはじめて承諾するか否かを考慮し始めるのに撤回を認めたのではそのような考慮はすべて無駄になるから）、ドイツ民法制定前には撤回の自由に対する反対論が有力に唱えられ、学説の争点となった。ドイツ民法は承諾期間を定めた申込に

ついては、撤回を認めないという規定をおいて、この問題を立法的に解決している（ドイツ民法145条）。フランス民法はこの問題について規定を欠いており、判例法上は、撤回可能を原則とするが、近時の破毀院判決は撤回可能な範囲を限定する傾向にある（コモンローの原則は撤回の自由を認めるが、UCC 2-205やRes. 2d. 87 はこれを修正している。なお、UNI 原則 2・4，CISG16，PECL 2：202は撤回の自由を原則としつつ一定の場合に制限する）。521条1項は、旧民法財産篇308条2項および3項と旧商法の規定を受け継ぎ（『民法修正案理由書』）、承諾期間を定めた申込については、撤回を認めない。撤回を認めない理由は、「被申込者ガ申込ヲ受ケタル後承諾ヲ為スニ至ルマテニハ往々ニシテ特別ノ調査ヲ為シ又ハ一定ノ準備ヲ為スコトヲ要スルコトアリ……然ルニ突然申込ノ取消ニ遭ハハ被申込者ハ意外ノ損失ヲ蒙ルニ至ルコト稀ナルトセサルヘシ此ノ如キハ取引ノ頻繁ナル今日ニ在リテハ不便最甚シキ所ニシテ殊ニ商業界ニ在リテハ到底其不便ニ堪ヘサルヘシ」（梅380頁）という点にある。したがって——

〔181〕　（i）承諾の期間を定めてした申込は、撤回できない（521条1項）。

　　　　① 期間経過後は撤回できるという趣旨ではなく、その期間内に承諾の通知を受けないかぎり、申込の効力自体が当然に失われるという趣旨であるから（521条2項）、承諾期間を定めた申込においては撤回による問題は生じない。したがって、521条は、全体として、被申込者の利益を保護するとともに期間を定めた申込をした申込者にも期間経過後に到達した（→〔182〕）承諾には一切拘束されないという利益を与えていることになる（梅382頁参照）。ただし、同条は強行規定ではないから、期間中であっても撤回できる趣旨または期間後の承諾も有効である趣旨で申込がなされた場合には、その申込は有効である（通説）。

〔182〕　　　② 上に述べたように、承諾期間経過後に承諾の通知を受けても（到達することを要する）、申込がすでに効力を失っているので、契約は成立しないのが基本原則である。しかし、ⓐ申込者が、期間経過後も申込どおりの契約を成立させる意思に変わりない場合には、契約を成立させる可能性を残しておくことが、申込者および被申込者の双方の利益に合致する（梅386頁）。そこで、523条は、「申込者は、遅延した承諾を新

たな申込みとみなすことができる」と規定した。また、ⓑ同じく期間経過後に到達した承諾であっても、「通常の場合にはその期間内に到達すべき時に発送したものであることを知ることができるときは［郵便の日付等から判断できるのが通常であろう］、申込者は、遅滞なく、相手方に対してその延着の通知を発しなければならない」(522条1項)。郵便が配達されるまで通常要する期間等を見込んで承諾の通知を発送しかつ履行のための準備にとりかかった承諾者の利益を保護するための規定である。申込者に延着の通知を発する義務を課した理由は、「申込者ニ取リテハ極メテ容易ナル手続ニシテ而モ相手方ノ為メニ極メテ有益ナルヘキヲ以テ特ニ此義務ヲ申込者ニ負ハシメタルナリ」(梅384頁)。ただし、期間内に承諾が到達しないことを、延着した承諾の到達前に申込者が通知していた場合には、この義務はない。同条1項但書は、表現に明確さを欠くが、このような趣旨だと解されている (新版注釈民法⑬374頁〔遠田〕)。申込者が上記義務を履行した場合には、原則に帰って契約が成立しないことは言うまでもない。義務に違反したとき（すなわち、「通知を怠ったとき」)には、承諾の通知は延着しなかったものとみなされる（2項）。すなわち、契約は成立する。起草者の説明によれば、上記の義務違反は不法行為となって、申込者は損害賠償責任を負うはずであるが（このような立法主義を採用するのは、たとえばスイス債務法〔5条2項〕——『民法修正案理由書』)、損害賠償は不確実なので、「一ノ便法」として、みなす旨の規定をおいたとのことであって (梅385頁)、ドイツ民法草案 (ドイツ民法149条参照) に倣ったものである (『民法修正案理由書』)。

[183]　　　③　なお、本条の規定は隔地者・対話者（この意味については次述〔184〕参照）間であると否とを問わず適用されるが(梅382頁)、商法507条は、対話者間においては被申込者が直ちに承諾をしないときは申込が効力を失う旨を規定する。迅速性を重んじる商取引の特性に基づく特則であるが、現在では民法の解釈としても、同様の解釈が採られている (→〔184〕)。

[184]　　　(ii)　承諾の期間の定めのない申込は、①「隔地者に対してした」場合には、「申込者が承諾の通知を受けるのに相当な期間を経過するまでは」撤回できない (524条)。隔地者とは、申込から承諾までの間に時間

的経過を要する（物理的に遠隔地に居ることを要しない。これに対して時間的経過を要しない相手方を対話者という）相手方である。隔地者についてのみこのような規定がおかれたのは、対話者間と異なり、「直チニ其意思ヲ知ラシムルコト能ハサル」状況にあるので、521条について述べたのと同じ不便（→〔182〕）があるという理由による（梅387頁。『民法修正案理由書』は、スイス債務法および印度契約法〔英領植民地時代の立法〕に倣った立法主義を採ったと言う）。「相当な期間」（通信に要する標準の時間に承諾者が諾否を決するのに通常要する時間を加えた時間と解されている）経過後は、いつでも申込を撤回する（到達によって効力を生じる）ことができ、撤回するまでに承諾があれば契約は成立する（申込が効力を失うのではない——521条2項と対比せよ）。なお、商法508条1項は、隔地者間における承諾期間の定めのない申込は、相当な期間内に承諾の通知を発しないときは効力を失う旨を定める。これも商取引の迅速性の要請に由来する特則である。以上に対して、②対話者については規定が存しない。上記の立法趣旨に鑑みると、承諾期間を定めず相当な期間経過後の申込者と同じ地位に立つ（いつでも撤回でき、撤回あるまでは承諾により成立する）と解すべきであるように思われるが（現に、『民法修正案理由書』および梅前掲箇所はこのように解している）、現在の通説は、対話者間においても524条が類推される（しかも、対話者の関係が終了すれば申込は効力を失う）と解している（我妻・上〔80〕）。この解釈は立法趣旨を顧慮すれば理論的根拠を欠いているように思われるが、上記理由に示された実際上の考慮を優先させて（比較法的に見てもそのようである——UNI原則2・4(2)(a), CISG16, PECL 2 : 202(3)(b)参照）これに賛すべきであろうか。

〔185〕　（c）　申込の効力についての特則　　民法における隔地者間の意思表示の基本原則（詳細は民法総則で説かれるところに譲る）は、①効力発生についての到達主義（97条1項）および②意思表示を発信後、到達までの間に死亡または行為能力を失ってもその効力には影響がないこと、である（同2項）。民法は、①について承諾に関し重要な例外を規定したが（526条1項→〔193〕）、②についても、契約に関して525条の特則をおいている。それによれば、㋐申込者が反対の意思を表示した場合、㋑またはその相

手方が申込者の死亡もしくは行為能力喪失の事実を知った場合、には②の原則は適用されない。この立法趣旨は必ずしも明らかではないが、⑦は、97条2項が「反対ノ意思ヲ容レサル観ヲ以テ特ニ之ヲ明言スル必要アリ」という理由で規定されたもののようである。しかし、97条2項を強行規定と解すべき根拠は見当たらないから、④は、私法の一般原則から導かれる当然の事理を規定したにすぎず（新版注釈民法(13)389頁〔遠田〕）、その存在理由は疑わしい。④が規定されたのは、「本案ニ於テハ既成法典ノ主義〔旧民法財産篇308条6項参照〕ヲ採用セリ蓋シ此主義タルヤ能ク当事者ノ意思ト申込ノ性質ニ適スルヲ以テナリ」（以上、いずれも『民法修正案理由書』）という理由にとどまるようである。学説の説くように、④の立法趣旨は、死亡または能力喪失を申込の相手方が知っていれば契約の準備にかかることもないのでその者を保護する必要も存しない、という考慮にもとづいていると考えるべきであろう（新版注釈民法前掲箇所およびそこに引用された学説参照）。

　　　　　（ウ）　承　諾

〔186〕　　　（a）　承諾の意義　　（i）　承諾とは、契約を成立させることを目的として、申込に対してなされる確定的な意思表示であり、①特定の申込者に対してなされなければならないこと（申込は不特定多数の者に対してもなされうる）、および②申込の内容と一致しなければならないことが（この点については、申込に関する〔169〕参照）、その要件として挙げられる（我妻・上〔72〕は、「鏡像理論」にしたがって、①を主観的合致、②を客観的合致として説明する）。いずれも、申込と承諾による契約の成立の要件から当然に（契約は意思表示の「合致」なのであるから）導かれるものであるが、②については、後述のような問題が生じる（→〔213〕）。

〔187〕　　　（ii）　黙示の承諾なるものを認めるべきか。一般に意思表示の要件として明示たると黙示たるとを問わないと解されているから、認めるべきであるように見える（旧民法財産篇307条2項参照）。対話者間においてはこれを認めるべきことには問題がない（申込者は承諾者の言動から直ちにそのことを了知しうるから）としても、隔地者間の契約の成立は発信主義の原則に立脚するから（→〔193〕）、沈黙が黙示の承諾となる場合を除き（この

場合は、申込者において了知可能であるから)、一般に黙示の承諾なるものを認めれば、申込者に不当に不利益となるように思われる（大判昭11・6・12判決全集3輯7号5頁は、隔地者間においても黙示の意思表示によって契約は成立すると判示するが、事案は沈黙を黙示の承諾としたもの。黙示の承諾によって契約成立を認めたその他の判例は、対話者間におけるものである。たとえば、最判昭47・10・12民集26巻8号1448頁──仲裁契約の場合)。したがって、「承諾の通知」と規定されている場合は、これを明示された承諾に限ると解すべきではあるまいか（なお、明示の承諾でなくても526条2項の要件が満たされるときに同項の規定によって契約が成立することがあるのは、別論である──〔210〕参照)。

〔188〕　(iii)　沈黙は承諾とはみなされない、というのが比較法上一般に承認されている原則である（UNI原則2・6(1), CISG18(1), PECL 2：204(2)参照)。しかし、①他の事情と合して承諾とみなされることまでは排除されない（大判大8・10・9民録25輯1761頁はこの旨を判示する。なお、この点に関し、商法509条の特則に注意せよ)。また、②承諾者に利益のみを与える申込に関しては、沈黙も承諾と解すべき余地がある（そう解しても承諾者の利益を害しないから)。

〔189〕　(b)　変更を加えた承諾　　(i)　承諾者が申込に条件を付す等の変更を加えて承諾したときには、①その申込を拒絶したものとみなされる（したがって、契約は成立しない）とともに、②新たな申込をしたものとみなされる（したがって、それに対して申込者が承諾すれば、契約はその変更された内容どおりに成立する）(528条)。①は「鏡像理論」からの当然の帰結であるが（→〔169〕)、②は「取引ノ円滑ト迅速トヲ期スルニ於テ必要」であると考えられるから、そこに本条の存在理由を見いだすべきであろう（〔190〕参照)。ただし、本条の立法理由は、上記②に加えて旧商法（明治23法32）296条の立法趣旨を否定するためであったようである。すなわち同条は、変更を加えた承諾に対し、申込者（同条は「提供者」と言う）においてこれを拒絶または新たな申込のいずれとみなすかを選択できる旨の規定であるが、これは、相手方の意思に反することになるにもかかわらず随意にその性質を定める特権を申込者に与えることになって、「甚夕穏当ナラス凡ソ此如キ事項ハ当事者雙方ノ便宜ヲ主眼トシ明確ニ之ヲ規

定スルコトヲ要スル」（以上、いずれも『民法修正案理由書』）からである。

〔190〕　　(ii)　528条のような規定があれば取引は迅速化するので（(i)②参照）、この趣旨は法系の差異を超えて広く認められているが（ドイツ民法150条2項、コモンローでも同様——Res. 58 参照。フランスでは規定がないが学説は同様に解する）、次のような問題を生じさせる。すなわち、①事前に交渉と契約成立に向けての合意を積み重ねつつ契約の内容を詰めていく場合に、事前の交渉過程を申込と承諾の連続に分解して本条を適用するならば、その段階では何等かの合意（契約）の成立を認めることさえ困難である（変更を加えた承諾を相互に連発しあうことになるから）という結果をもたらすからである。この問題は、交渉による契約の成立には申込と承諾に関する規定の適用があるか否かという一般的な論点として考察されなければならないので、後述する（→〔204〕）。②解決が困難なのは、被申込者が承諾に変更を加えた上で「承諾の意思表示と認めるべき事実」（526条2項）があった（→〔208〕）とき（たとえば、「次の条件の下に承諾する」旨の記載のある約款を同封して商品を発送する等）には、契約は成立しているのか、成立したとすればその内容は、申込者が示したものまたは被申込者の示したもののいずれとなるのか、という問題である。さらに、③申込者または被申込者の双方が約款を用いて交渉し合意に達したが、用いられた約款が相互に異なる内容であったとき（①参照）、②の場合において申込者も約款を用いており、それの内容と被申込者の用いた約款の内容とが異なるとき（以上はいわゆる「書式の戦い battle of forms」と呼ばれるものである）、被申込者が申込の内容を確認する書面を送ったがその内容が申込のそれと異なっていたときにも、上記と同様に、いかに解すべきかが問題となる。これらの問題の解決に対して、各法系の対応は異なっているが（イギリスおよびフランス法では契約の成立を否定する伝統的態度が採られているが、アメリカではUCC2-227、ドイツの判例では信義則の適用によって次述するところとほぼ同様の結果となっている）、「鏡像理論」に依拠するかぎり、解決困難な問題である。信義則を根拠とするか、または「合意理論」に立脚した解決を探るほかないであろう。たとえばUNI原則2・11(2)は、528条と同旨の条項の後に次のように規定することによって（CISG19(2),

PECL 2：208(2)も参照）解決を図っている。「前項にかかわらず、承諾の形を採った、申込に対する回答が、付加的な条項や異なる条項を含んでいても、申込の内容を実質的に（materially）変更するものではない場合には、承諾となる。ただし、申込者が不当に遅滞することなくその相違に異議を述べたときはこのかぎりでない。申込者が異議を述べない場合には、承諾に含まれた条項によって変更された条項が、契約条項となる（邦訳による）」。わが国では、以上に述べたところは、少なくとも体系書または注釈書のレベルではあまり論じられていないし、現代的な問題であるにもかかわらず、これを扱った判決例も見当たらないようである。528条の「変更を加えて」の解釈として、たとえばUNI原則のような解釈を容れる余地も十分にありうると思われる。

〔191〕　　(c)　承諾の効力　　(i)　承諾の期間を定めた申込に対しては、承諾者は、契約を成立させたいと思うならば、その期間内に到達するように承諾の通知をしなければならない。到達しなければ申込の効力は当然に失われるので、結局契約は成立しないことになるからである（→〔181〕）。

〔192〕　　(ii)　承諾の期間の定めのない隔地者に対する申込は「相当な期間」を過ぎれば撤回できるから（対話者については解釈の問題となる──〔184〕参照）、承諾者は撤回の通知が到達するまでに承諾の通知を発すれば（撤回の通知の到達と承諾の発信とが同時である場合を含むか否かは1つの問題であるが、これを否定すれば被申込者の不利益が大と思われるので、同時の場合を含むと考えるべきであろう）契約は成立する（→〔184〕）。ただし、承諾の通知を発した後に撤回の通知が到達した場合であっても、一定の要件の下に契約が成立しないことがあり、527条はその要件を定めている。これは、522条と「同一ノ精神ニ出ツルモノ」（『民法修正案理由書』）であって、承諾者に延着の通知をする義務を課すことにより522条とは逆に申込者を保護し、同条と522条との間の均衡を図ったものである（本条は発信主義を前提とした規定であることに注意せよ）。

〔193〕　　(d)　契約成立の時点　　526条1項は、「隔地者間の契約は、承諾の通知を発した時に成立する」と規定する。このことは、承諾の意思表示が申込者に到達するのを待たずに発信の時に効力を生じることを前提と

するものであって、これを発信主義（の立場による立法）と言う。本条により、民法は隔地者間の契約においては発信主義を採用していることとなる。これに対して、意思表示の効力の発生時点を到達（または受信）とする立法主義を到達（受信）主義（の立場による立法）と言う。意思表示の効力発生時点に関する民法の原則は到達主義であるから（97条1項）、同条は、隔地者間の契約に関しては（したがって、相手方のある単独行為や意思表示の一般的規定を類推適用すべき準法律行為については原則どおり到達主義による）その特則を規定していることとなる。

〔194〕　（i）　発信主義が採用された理由は、「契約ノ承諾ニ付テハ取引ノ迅速ヲ尊フ為メ」である。すなわち、到達主義によると、承諾者は、承諾が到達したか否かまたは何時到達したかを知ることができず、したがって契約が何時成立したかも知ることができないし（成立時点は、期間・利息の計算等に影響する）、到達しなければ契約は成立しない。このような結果により、「承諾者ノ位置ノ不確定ナルコト固ヨリニシテ取引上尠カラサル不便アルコト」になるからである（以上、梅391〜392頁）。なお、立法当時の調査では、「各地ノ商業会議所及ヒ実業家ノ意見ニ徴スルモ其多数ハ発信主義ヲ是トセリ」（『民法修正案理由書』）という状況であったようである（立法当時の議論の詳細については、星野「編纂過程から見た民法拾遺」民法論集1所収参照）。

〔195〕　（ii）　521条2項によると、承諾の期間を定めた申込につき申込者が期間内に承諾の通知を受けないときは契約が成立しない結果となるから（→〔181〕）、同項は到達主義を定めたように（したがって、526条1項と矛盾するようにも）見える。しかし、民法起草者の1人は明確にこれを否定し、契約の成立には期間内の到達が必要であるが、一旦到達した以上、本条により契約は承諾の通知を発した時に成立すると述べている（梅392頁）。

〔196〕　（iii）　承諾（acceptance）の発信（dispatch）によって契約が成立するというのは、コモンロー系における原則（Adams v. Lindsell, 106 E.R. 250 (1818). ただし、後述するように、そこでは撤回のほかに中止（withdrawal）という概念が認められており、上記に述べた意味での発信主義とは異なっていることに注意）である（民法制定当時にはイギリスの判例も参照されたようであるが、むし

ろ取引についての慣行が発信主義採用の決め手となったように思われる。〔194〕参照)。これに対してドイツ法系では、到達主義の原則が契約の成立についても貫徹されている(ドイツ民法130条参照。なお、フランス民法はこの点について規定を欠き、破毀院の判例は事実問題と判示するのみであるが、学説上は発信主義が有力だと言われる)。ただし、比較法的には契約における発信主義は孤立しており、到達主義が優勢である (UNI原則2・6⑵, CISG18⑵, PECL 2：205⑴参照。なお、CISG27も参照)。

〔197〕　(iv)　契約成立の時点(承諾の効力の発生時点)を何時と解すべきかについて、一時期の民法学者は大いに議論したことがある。論点は、①521条2項と526条1項との関係をいかに解すべきか(→〔195〕)、②承諾の期間の定めのない申込(521条の適用対象ではない)における成立時点をいかに解すべきか、である。この議論においては、到達主義の原則との差異をいかに説明するか(到達主義・発信主義のいずれに重きをおくべきか)、が焦点となった(おそらく、ドイツ民法学の影響を受けた当時の民法学では、コモンロー系の原則への違和感が強く意識されたからだと推測される)。そして現在の通説(我妻・上〔90〕以下)は、㋐基本的には発信主義を重視すべきこと(承諾は不到達を解除条件として発信により効力を生じる)、したがって、㋑承諾の発信によって契約は成立するのが原則であって、承諾の期間を定めた申込についてだけ期間内の不到達により契約は不成立となる(①の問題の解釈)、したがってまた、㋒同期間の定めのない申込では、発信のみにより(不到達でも)契約は成立する(②の問題の解釈)、と解している。この結果、㋒の場合には、承諾不到達の危険は常に申込者が負うことになる(ただし、コモンローでは、同じく発信主義を採用していても、承諾の到達前に「中止」させることができるのに注意(→〔196〕))。

〔198〕　(v)　上記の2つの問題((iv)①および②)をいかに考えるべきか。基本的には、現段階においては、およそ一般的に到達主義または発信主義のいずれにくみすべきかという議論の組み立て方にとらわれるべきでなく(つまりドイツ民法学を基準に据えた発想を捨てるべきであり、また、比較法上両主義にも種々の変種〔撤回を認めるか、中止を認めるか等〕があるからである)、個々の規定の解釈論としてどのように解すべきかを論じれば足りると考

えるべきである。そうだとすれば、①の問題の解決はすでに起草者が明確に述べていたところであるから（→〔195〕参照）、それに従うべきであろう（法律論としては、通説の説くところ〔不到達を解除条件として発信によって成立する〕と同様である）。②は、申込者・承諾者のそれぞれの保護を考えると困難な解釈問題であるが、①の問題についての起草者（梅）の考え方（ただし、起草者間に意見の対立があったことは星野・前掲論文〔194〕が明らかにする）を延長していけば、521条2項と異なり規定を欠く承諾期間の定めのない申込は、なおのこと526条1項に包摂されると解するのが自然であろう。そうだとすると、結局のところ、結論および法律論ともに通説に賛すべきことになる。

〔199〕　　(vi)　上記したところは、現行民法の解釈論であるが、現段階において、立法論として契約について発信主義を採用すべきかと問われるならば、若干の疑問を呈せざるをえないと思われる。その理由は、次のとおりである。①取引の迅速化という発信主義の立法理由は、極めて迅速な取引を可能にする各種の（とくに電子媒体を用いた）通信手段の発達によって失われつつある。②到達を知る繁雑さを省き不到達の危険を申込者に負わせることにより承諾者の利益を保護するという立法理由（→〔194〕）も、通信手段の信頼性が極めて高いものとなっている今日、それほど重視されるべきものではなくなっている。③発信主義は、承諾の撤回を許さない点において承諾者に不利な結果をもたらすが、多様な選択肢が提供されている現在の取引ではむしろこの不利益を重視すべきである。これを重視して撤回を認めるならば承諾者が申込者の危険において投機的取引を行うという弊害が生じるとも考えられるが、それは申込者が承諾の期間を定めることにより防御できる。④変更を加えた承諾によっても一定の要件の下に契約の成立を認めるべきだという解釈論（「合意理論」に立脚する）を採るならば（→〔190〕）、申込者が承諾の内容を確知すべき状態におかれている（つまり到達している）ことが申込者の利益の保護のために必要であると考えられても不思議ではない。上記に加えて、⑤契約成立における発信主義は比較法的に見て孤立している（特に日本民法のような発信主義のいわば「純粋型」はそうである——〔196〕）ことも、

副次的な理由として挙げられるであろう。以上のように考えてくるならば、発信主義を捨てて到達主義を採用することも、今後、立法論をするにあたって視野に含められるべきもののように思われる（なお、電子消費者契約及び電子承諾通知に関する民法の特例に関する法律4条参照）。

〔200〕　(3)　**交渉による成立**

　　　（ア）　総説　　すでに述べたように（→〔170〕）、現在の取引界における重要な契約の成立は、申込と承諾の合致という図式では説明できない。契約当事者となるべき者の間で契約に先立って交渉が行われるのが通常である。とくに、現在の最も重要な取引主体である企業間における組織型契約の成立は交渉の存在と不可分である。まず、企業間の組織型契約成立前における交渉について述べれば、ほぼ次のとおりである（以下の記述は、村井=平井前掲論文（→〔159〕）の村井執筆部分に負う）。

　　　(a)　ある財を取引によって入手しようとする者は、契約当事者となるべき者（それらは当該財についての特別の技術・情報を持つ者が集まっている特定の取引界から選択された、限定された者であることが多い）との間（それぞれの担当者が交渉チームを組織する場合が常である）で、①直接の（つまり「顔と顔とを合わせた（face to face）」）交渉を始める。そして、②交渉を開始するに先立って、交渉における基本的事項（誠実交渉義務・排他的交渉権の相互付与・秘密保持義務等）についての合意がなされ、それが文書化される（広義のLOIにあたる。狭義では、ほぼMOUにあたる。〔159〕・〔162〕参照）。③次に、当事者の一方または双方の交渉チームが契約書の原案を提出して、それを基礎に修正や付加等をして合意を積み重ね、契約の内容を具体化する作業が続けられ、それらの合意はメモの形で文書化される（ほぼHOAにあたる──〔161〕参照）。その際、基本的な問題を含む事項が現れれば、それにつき決定権限を持つ者の裁可を得ることもあり、きわめて専門的な事項が現れれば専門家（弁護士・弁理士・公認会計士あるいは企業内のそれぞれの専門家や技術者）が交渉の場に列席したり、それらの者の意見が徴されたりすることもある。④契約の内容が固まって契約書に盛り込む事項が網羅される（詳細かつ複雑で長文のもので、ほぼ狭義のLOIにあたる）が作成

され、それぞれの当事者の契約締結についての責任者の決定または了承を得る手続がとられる。⑤両当事者についてそれらが得られた段階に至ると、LOIにもとづき正式の契約書が作成され、権限ある者がその契約書に署名・押印し、契約書を交換する。そこではじめて契約は成立したと意識される。⑥上記①～⑤が、交渉による成立の辿る典型的な経過であるが、契約当事者たるべき者の最高責任者（いわゆる企業のトップ）が基本的事項につきまず合意をして、その細目について担当者間で交渉と合意が重ねられ、⑤の段階に至るという場合も存在する。

〔201〕　　　(b)　取引が継続的ではなく、したがって組織型契約の要素を欠いているけれども、重要な取引の場合には、契約成立に先立って交渉が行われる。その典型例は不動産の売買契約である。すなわち、不動産を購入したい者は、広告や不動産業者の説明会等から不動産についての情報を集め、希望する条件に近い不動産を見いだすことができれば、その者は当該不動産の所在地に赴いて（いわゆる現地調査）立地条件や現状を調べ、不動産の権利関係・性質・形状・価格等につき売主または不動産業者から説明を受けたり調査結果を聞いたり、購入資金の融資を受けるために、金融機関の審査を受ける。司法書士や不動産鑑定士といった専門家の意見が求められることもあるであろう。売主または業者も代金支払や瑕疵を巡る紛争等を恐れるため買主と直接に接触することを好むのが一般であり、両者の間では何度となく売買条件についての交渉が行われる。その間にいわゆる申込証拠金が授受されたり、買付け証明書、売渡し承諾書、仮契約書等の文書が交わされることもある。売買条件について合意が成立すれば、法律上の届け出が要求されているときにはそれを行い、手付けが授受され、売主・買主（または一方もしくは双方の業者が同席することが多い。司法書士も同席することがある）が直接に会って詳細な契約書（市販の標準契約書が用いられることも多いが、その場合でも特約または特記条項と題される空欄に当事者間の合意が記載されることが少なくない）に署名・押印し、そこではじめて契約が成立すると意識されている。売主が業者である場合には、その時またはそれに先立っていわゆる重要事項説明（宅地建物取引業法35条参照）が義務づけられている。

〔202〕　　（c）　市場から入手することが容易な取引対象、たとえば規格化され・大量生産される商品についても、継続的に取引しようとする場合（継続的〔売買〕契約。この概念については、〔75〕参照）には、契約締結に先立って交渉が行われるのが一般である。特定の当事者間での継続的な取引は新たな取引相手を探索する費用を節減し、取引が継続的・安定的であるならば、相互に信頼が生まれて紛争の可能性は低下し、取引は一層安価になるからであるが（→〔75〕）、取引開始にあたってはそのような相手方であるのか否かを確かめる必要があり、それには交渉を経ることが必要となるからである。また、一定期間にわたり継続する取引であるから、将来いかなる事態（価格の騰貴・代替商品の参入・追加融資の必要性の発生・信用の不安・法律の改正による契約内容の改定等）が生じるのかを予測してその場合に対処するために各種の権利義務関係（事情が変化した場合には改めて協議し権利義務関係を修正する等を定めるいわゆる再協議条項や、事情の変化により契約内容を改定する権利について定めるいわゆるハードシップ条項等）を細部にわたって定めておかなければならず（したがって書面化が要求される）、それには契約成立前の合意によるほかないので交渉が必要になる。そして、これらの権利義務を定めた契約（基本契約）が一旦締結されると、納品や代金の支払は履行期到来の度ごとに特段の手続を要せずにいわば機械的に行われるから、個別の取引ごとに契約するよりも取引全体を安価にし、効率化に役立つことになる。

〔203〕　　（d）　組織型契約・不動産売買契約・継続的（売買）契約という、上記の３つの例がいずれも契約成立前の交渉を必要とするのは、理論的根拠を共通にする要素がこれらの契約に存在するからである。不動産売買契約は、継続的取引ではなく１回的取引ではあるが、その対象である不動産は、少なくとも規格化された動産の商品と比べれば、非代替性が大である。不動産は、どの場所に位置するか、広さや大きさはどれだけか、どのような構造を持っているのか、権利関係がどうなっているのか、どのような公的規制に服しているのか、買主は購入したらどの用途に利用するのか等々によって異なった特性を持つのであり、程度の差はあれ、個性を持つ。したがって、不動産の個性についての情報を当事者間で交

換したり共有したりする必要があり、この点において、組織型契約と共通する要素を持ち、それゆえに交渉が必要となる。継続的（売買）契約の取引対象は市場において容易に入手できるものではあるが、継続的契約であるがために将来生じうる事態に備えて権利義務関係を合意しておかなければならず、それゆえに交渉が必要になる。そして、これまで述べてきたように、組織型契約は、この2つの要素（取引対象の非代替性と取引の継続性）をともに備えているために、交渉を不可欠とするわけである。

〔204〕　（イ）「交渉による成立」と民法の規定

　交渉による契約成立の過程を申込と承諾の意思表示の合致と解するのは、極めて非現実的であり、かつ法技術的にも無意味であると思われる。確かに、たとえば契約書への署名・押印をもって申込と承諾の合致により成立したと解し、そこに至るまでの過程を申込（または申込の誘引）と承諾（または変更を加えた承諾）の連続として説明できないことはないかもしれないが、このように解してみても申込と承諾とに分解する法技術的な意味は存しない。すなわち、①申込と承諾に関する規定は任意規定であるから、当事者の意思が優先するが、たとえば、交渉における一方からなされる契約書原案の提示（→〔158〕）は、いかなる意味でも申込と解するのは困難であり、これに対する他方の提案も、承諾と解するのはもちろん、変更を加えた承諾と解するのもその意思に反することは明らかである（LOIであれば拘束力排除条項が存在する）。両当事者とも、その段階では原案あるいは反対提案どおりの契約を成立させることは全く意図していないからである（そしてこのような段階が繰り返されるからどこまでいっても事態は同様である）。②また、強いて交渉による成立の過程を申込と承諾との連続に分解してみても、これらに関する規定を適用する法技術的意味があるとも思われない。たとえば、交渉による成立における当事者は常に対話者であり（隔地者において最も意味のある申込と承諾の規定は、この点においてすでに意味を失っている）、対話者間の申込の効力に関する解釈（たとえば申込の承諾適格は対話の終了によって失われる）を適用したとしても意味はない（「対話の終了」に問題が移るだけであり、もしそれが成立前の交渉の終

了という意味だとしたら、①と同じことに帰着する）。このように考えると、契約成立前の交渉の過程に関しては、申込と承諾に関する民法の規定は一切適用されないという解釈に踏み切るべきである。

〔205〕　（ウ）　交渉による成立の要件　　交渉による成立には申込および承諾に関する規定が適用されないとすると、その成立要件は、「合意理論」による契約成立の一般的成立要件、すなわち、契約の「本質的」または「重要な」部分について合意が成立していることおよび契約を成立させる「合意」が「確定的であること（確定性）」の２点に帰着する（太田知行「契約の成立の認定」鈴木古稀記念『民事法学の新展開』所収に多くを負う）。そこで、上記の意味での「本質的または重要な部分についての合意」と「確定性」の２つの要件に分けて説明する。

　　　（a）　契約の「本質的な」または「重要な」部分について合意があること、という要件の存否を判断するのは、交渉による成立の場合には比較的容易である。というのは、交渉を繰り返すことによって成立すべき契約の「本質的な」または「重要な」部分についての合意がおのずから形成されてきているからであって、そのような段階に達したからこそ、当事者は契約の成立に踏み切ることができると解すべきだからである。とくに、LOI（狭義のもの）が作成されている場合には、契約に盛り込まれる内容の詳細がすべて合意された上で書面化されているから、「本質的な」または「重要な」部分についての合意の存在は一層容易に判断できると言うべきであろう。問題となるのは、交渉中に成立した合意が将来成立する契約（確定契約──〔159〕）に吸収されて独立の存在でなくなった（「吸収的合意」）と解すべきか、それとも確定契約と独立に当事者を拘束する合意（「独立的合意」）と解すべきか（この２つの合意については〔168〕）、である。LOI（広義のもの）が用いられる交渉については前述したところに譲るが（→〔159〕）、LOIにおけると異なり拘束力排除条項を欠く書面が交渉中に作成される不動産売買契約のような場合をどう解すべきかが問題となる。その合意が契約成立の一般的要件を満たしているときは、一般原則に従い「独立的合意」と考えるべきであろうが（確定契約の成否にかかわらず効力を有する）、一般的要件を満たしていたとしても、

合意が確定契約の成否にかかっていると解される条項の存在またはそのような意思が認定できるときは、確定契約が成立すれば「吸収的合意」となり、不成立であれば効力を失うと解すべきであろうか（判決例は存しないようである）。

〔206〕　　(b)　合意が「確定的」であること、という要件については、不動産売買契約に関して争われた例が存在する（太田・前掲論文に負う）。

　　　　①　合意の内容が最終的である旨を定めたと解釈される書面が作成されたときにはその合意は確定的である（つまり契約は成立する）と解すべきである。したがって、ⓐ最終的でない旨が書面自体から明らかであるときは契約は成立していないことは言うまでもない。「仮契約書」と題された書面によっては原則として契約は成立しないし（東京地判昭57・2・17判時1049号55頁）、「売渡承諾書」や労働契約における「内定」のときも同様であると解すべきである（前者につき奈良地葛城支判昭60・12・26判タ599号35頁──土地の売買契約）。契約の成立が一定の条件にかかっている旨が明示されているときも同様である（前掲東京地判昭57・2・17は、仮契約書に「さらに具体的細部事項を定めて正式契約を締結する」旨の条項があるもの。同昭59・12・12判タ548号159頁は、「念書徴求後に契約を締結する旨」が売渡承諾書に記載されているもの）。ⓑ上記ⓐの場合ではないとき、すなわち「契約書」と題され、当事者の記名・押印のある書面が作成されたときには、原則としてその時に契約は成立すると解すべきである（京都地判昭44・3・27判タ236号151頁は、手付金の授受なく不動産売買仮契約書をもって成立の合意ありとするが、疑問である）。不動産売買契約については、契約書の作成をもってはじめて契約成立を認めるのが、判決例の原則的立場である（→〔207〕）。まして、組織型契約においては、契約書が作成されていなければ（通常はありえないが）、契約不成立と解するべきである。

〔207〕　　　　②　不動産の売買に関しては、契約書の作成によって契約が成立すると解するのが、判決例の大勢であり（池田・前掲書参照）、その理由を高額な不動産の取引における慣行に求めている（古くからこの旨を判示する下級審判決があるが、近年のものとして、東京地判平元・2・1判タ717号155頁、名古屋地判平4・10・28金商918号35頁等。ただし、親族・友人間では契約書がなく

ても成立を認めるが、事案はやや特殊である──最判昭23・2・10裁判集1号73頁）。なお、不動産賃貸借に関しては、契約書の作成を要求するものは同売買に比べて少ない（池田・前掲書参照。これを要求するものの近年の例としては、東京地判平6・6・28判時1535号101頁）。このほか、大規模な建設請負契約に関し契約書なくして契約を締結することは通常ありえないことを理由に成立を認めなかったものがある（東京地判昭61・4・25判時1224号34頁）。

〔208〕　③　以上のように、判決例は、少なくとも不動産の売買に関しては、契約書の作成をあたかも契約の成立要件のように扱っている。これによって民法の大原則である売買の諾成契約性が否定されと解するわけにはいかないが（判決例が取引慣行によるという論理を媒介させているのはそのためであろう）、①と合わせ考えると、交渉によって開始される重要な取引においては諾成契約の原則の妥当範囲が現実にはかなり縮小されていることに、注意されるべきである。したがって、これらの判決例をも基礎として、「交渉による成立の場合においては、契約書の作成があったときに合意が確定する（すなわち契約が成立する）」という一般論（こう表現すれば諾成契約の原則とは矛盾しない）を提示することは、許されてしかるべきだと思われる。

〔209〕　④　とくに組織型契約においては合意が最終的であるか否かにつき判断しうる権限を持つ者がその旨を決裁し、かつ当該合意の他方当事者が決裁したことを知り、または取引界の慣行もしくは取引の通念から判断して知りうべかりしときは、合意は確定すると解すべきである。通常の場合は契約書に契約当事者の記名・押印がなされることによって（それは交渉による成立の最終段階である──〔200〕）、この要件は満たされるであろうが、企業（または組織）間の取引においてはその前の段階であっても、上記の権限ある者の決裁があれば上記の要件の下に契約は成立すると解すべきである。下級審の判決例には、この趣旨で、つまり決裁がなかったことを理由に、契約の成立を否定したものがある（大阪地判昭43・4・26判タ224号250頁、東京地判昭45・3・3金法580号29頁）。他方当事者の知不知に関する要件は、判決例上では明らかでないが、権限ある者の決裁の存否は企業または組織の内部に関する事情であるから、これを知

りまたは知りうべかりしことを要件とするのがその他方当事者を保護し、公平に資するという考慮にもとづくものである（以上は太田・前掲論文に負う）。したがって銀行グループ間に業務提携等を目的とする「基本合意書」と題する書面が交わされ、その中の条項に誠実交渉義務を定め、かつ同合意書の目的と抵触するような情報提供等を行わない旨を定めた条項（独占交渉義務条項）をおいただけでは、協働事業化をする合意が成立したとは言えないであろう（東京地判平18・2・13判時1928号3頁、最決平16・8・30民集58巻6号1763頁も参照）。

〔210〕　(4)　その他の態様による成立

　　（ア）　意思実現による契約の成立
　　(a)　526条2項の規定する態様、つまり、「申込者の意思表示又は取引上の慣習により承諾の通知を必要としない場合」には「承諾の意思表示と認めるべき事実があった時」に契約が成立することを、意思実現による契約の成立と言う。同項の規定の立法趣旨は次の点にある。すなわち、同条1項は発信主義を定めたけれどもその都度承諾を発信しなければ契約が成立しないとすれば、「其不便極メテ大ナルヘキヲ以テ第2項ノ規定ヲ設ケタリ」というのである（『民法修正案理由書』。ただし、梅393頁の説くところはこれと異なる）。

〔211〕　　(b)　上記の立法趣旨に鑑みると、本項は隔地者間においても適用される規定と解されるべきであるが（対話者間において適用することには問題はない）、申込者の意思表示によって承諾の通知を必要としない場合はもちろん、取引上の慣習（申込者の所在地におけるもの――通説）によって承諾の通知を必要としない場合でも、申込者の利益を考慮しなくともよいから（この意味で慣習は申込者の所在地におけるものにかぎられなくてはならない）、発信主義を採用することに問題はないと考えられる。言い換えれば、本項は、到達主義に立脚したとしてもなお採用しうるものであると言ってよい（到達主義に立つUNI原則2・6(2)(3)参照。黙示の承諾との関係については、〔187〕参照）。

〔212〕　　(c)　「承諾の意思表示と認めるべき事実」の例として、起草者は、

履行に着手したこと、商品または代金を申込者に発送したこと、契約の目的物の製造に着手したこと、を挙げており（梅394頁）、学説もほぼこれにならっている（たとえば、ホテルが特定の室をリザーヴして掃除すること——我妻・上〔100〕）。しかし、上述のように、本項は、申込者の所在地における取引上の慣習によって承諾を必要としない場合についてのみ適用される規定であるから、これらの例はやや一般的に過ぎると言わなくてはならない（特に、我妻・前掲の例はその感が強く、適切でない例と言うべきである）。しかも、学説の例はドイツ民法の例にならったものと推測されるが、契約の成立について到達主義が採用されていることを前提とした例であることに注意しなければならない。本項に関する判決例は乏しく、適切な例を挙げるのは困難である（大判大3・7・3民録20輯576頁は、手形債務を保証する旨を記載した証書を手形債権者に交付した手形債務の保証人が、その証書に債権者を指名していなくても交付以後に手形上の権利を取得した全員に対し保証債務を負い、当該保証契約は上記保証人の承諾の通知なしに成立すると判示しており、承諾の通知を要しないと解する部分が本項の適用された例と言われている（新版注釈民法(13)405頁〔遠田〕）。しかし、問題は交付行為（意思表示）の解釈として決せられるべきである）。

〔213〕　（イ）　交叉申込による契約の成立　　申込が未だ到達しない間に申込の相手方が同一内容の申込をすることを交叉申込と言う。申込に対する承諾が欠けているので、これによって契約が成立するか否かが問題となる。民法に規定は存せず、起草者はこれを否定していたが（梅392～393頁）、現在の通説は、ドイツ民法学上の通説（交叉申込の語も Kreuzofferte の翻訳である）を受け継いで、簡単にこれを肯定している。その理由は、上記の2つの意思表示が客観的にも主観的にも合致し（ドイツの通説と同じ）、かつ「敏活な取引界の需要を充たし当事者の意思にも適する」（我妻・上〔98〕）というにある。そして、申込に対する承諾は観念できないので、契約成立の時期は双方の意思表示が到達した時（つまり到達の遅い方の時点）だと解している。しかし、交叉申込の問題は「鏡像理論」を前提とし、かつドイツのように到達主義に立つ立法の下で初めて意味を持つものであり（発信主義に立つコモンロー系およびフランスでは〔とくにそこ

では合意が重視される〕この問題は論じられていないように見える)、発信主義に立つ(→〔193〕)民法と整合しない解釈であるばかりでなく、ここだけあえて到達主義に立脚して交叉申込による契約の成立を肯定することは、かえって「敏活な取引界」の要請と反する解釈であるようにも思われる。むしろ、契約の成立を否定し、改めて承諾を発信してはじめて契約が成立すると解するのが、民法の原則と整合的であろう(ただし、2つの意思表示が同一内容の意思表示であるか否かは、意思表示の解釈にまたなければならないが、全く同一であると解釈されることは稀であろうから、この問題は理論的な争いにとどまる。なお、交叉申込に関する判決例は見当たらないようである)。なお、「鏡像理論」は、「合意理論」に包摂される一場合であるから(→〔172〕)、「合意理論」を採用しても、論理的には交叉申込は契約成立の一態様となりうるが、取引の現実への適合性という角度から見れば、ことさらに、交叉申込の概念を採用する解釈論の当否はきわめて疑わしい。

〔214〕　(ウ)　契約締結を競争させることによる成立　　市場が存在しない財に価格を付し、その財により最も欲求を満足する者にそれを入手させるための工夫として、契約の当事者となるべき者の一方を契約締結に向けて競わせることにより、他方当事者が最も有利な条件で契約を成立させる制度が存在する。このうち、競争関係にある当事者において他の競争者の競争に入る条件を知ることができるものが競売であり、知ることができないものが入札である。競売および入札による契約成立の主な問題点は、契約の一方当事者が行う申出が申込であるか申込の誘引であるかに関する。つまり、意思表示の解釈の問題であって(なお公の機関の行う競売等に関しては、民事執行法等に規定されているので省略する)、前述した、申込および申込の誘引に関する解釈の応用問題である(以下は多くの体系書で述べられていることの要約である)。すなわち——

　　　　(a)　競売を申し出た者が価格を示さず、最高価格を提示した者との間でのみ契約を結ぶ趣旨であるときは、最高価格の提示によって直ちに契約が成立するのであるから、最高価格の提示が承諾であり、競売の申出は申込と解すべきである。これに対して、競売申出者が自ら価格を提示し、それに応じる者がいない場合に価格を引き下げていく形態では、

申出者は、応じる者がいた場合には契約を成立させる趣旨で価格を提示しているのだから、価格の提示が申込であり、応じることが承諾であると解すべきである。

　(b)　入札を申し出た者が、最高価格または最低価格等の条件を提示しているときは、その条件に適合した応札者がいれば直ちに契約を成立させる趣旨と解されるから、提示された条件が具体的であればあるほど、入札の申出自体が申込に等しく、応札は承諾と等しいと解すべきである。これに対して、それらの条件を提示しない単なる入札の申出であっても、最も有利な価格を示した者であれば常に契約を結ぶ趣旨であるならば申込であるが、申出者が応札に対してなお諾否の自由を有する趣旨であれば、申込の誘引であり、応札が申込であると解すべきである。一般に入札は後者の趣旨であることが多いと解されている。

*　**事実的契約関係による契約の成立**　なお、このほかの契約の成立態様として、一部の学説は、電気・交通機関の利用等においては、電気を使う・電車に乗る等の行為（社会類型的行為）をすれば意思表示の合致がなくても契約関係の成立を認めるべきだと主張する（たとえば、四宮・総則49頁・141頁——行為能力の規定の適用・錯誤無効の主張の排除等を狙いとする）。これは、ドイツ民法学説によって唱えられ、連邦最高通常裁判所の判例でも採用された事実的契約関係の理論（契約関係は、意思にもとづいてではなく一定の社会関係の存在という事実によっても成立するという考え方を基本とするもの）に倣うものであるが（最近これを詳細に紹介するものとして新版注釈民法(13) 282頁以下〔五十川〕参照）、これを承認するならば、事実的契約関係は契約成立の新たな態様として位置づけられる。しかし、これはドイツ特有の法学的風土（意思理論の支配の大きさ、約款の普及と約款規制法〔現在は民法に吸収〕の存在、不法行為法・不当利得法の要件の狭隘さのために契約関係を広く認める傾向等）に由来するものであって、わが国においてこの理論に従う必然性は乏しいのみならず、これは将来の権利義務関係の設計を任務とする契約法学の構想とも背馳するものである。したがって、日本民法の下で事実的契約関係の理論を採用する必要性は否定されるべきものと思われる。

5　㈱——懸賞広告

〔215〕　(1) 総　説

　　（ア）　民法は「契約の成立」の款に懸賞広告に関する4箇条（529〜532条）をおいている。このことは、懸賞広告が契約の1つであり、したがって懸賞広告もやはり申込と承諾によって成立することが前提とされた上で、懸賞広告における申込と承諾については特別の規定をする必要があったからだ、という印象を与える。しかし、懸賞広告の規定をこの款におくべきか否かは、民法起草当初から問題視されていた。『民法修正案理由書』からその間の事情を窺うと、次の如くである。すなわち、①ほとんどの国の法典は懸賞広告に関する規定を持たないが（同『理由書』はこう言うが、ドイツ法系に属するラント法典およびドイツ民法草案には規定があった。旧民法には規定がなく、民法はドイツ民法草案の影響を受けたものと思われる）、今日のようにこの種の広告を多く見る時には規定を設ける必要がある、②設けるにあたっては懸賞広告の性質を契約と解し（契約説）その申込と考えるか、それとも単独行為と解するか（単独行為説）が問題となるが、法律の規定によってそれを決することを避け、広告した者が報酬を与える義務を負うことについては異論がないので義務だけを規定した、③したがって、申込と承諾の文字を用いることを避けた、④仮に単独行為と解しても通常のそれと大いに異なり契約に類するから本款中に規定した、というのである。以上のような立法理由に鑑みると、懸賞広告は、ひとまず申込および承諾と関連させずに独自のものとしてこれを扱うのが適切であろう（付論として説明するのはそのためである）。

〔216〕　（イ）　上記『理由書』は、契約説と単独行為説との差異を、広告を知らないでそこに指定された行為をした者も報酬を請求する権利があるか否かの点に求め（契約説に従うと懸賞広告という申込に応じて指定された行為をすることが要件となるので、報酬請求権は否定され、単独行為説に従うと上記要件は不要なので肯定される）、広告を知らないで指定された行為をした者に報

酬を与える必要はないと述べ、そうであれば、「単独行為説ヲ採ルノ実用ハ全ク存セサルナリ」と論じている。したがって、上記②および③の説明にもかかわらず、契約説に立脚する立法主義を採用したかのように見える（梅398頁もそう解し、これを支持している）。しかし、その後の学説では、懸賞広告に関するドイツ民法657条の解釈（同条は、「懸賞広告を顧慮せずに」なされた行為であっても報酬を与える義務があると定め、単独行為説に立つものと解されている）に倣ってこれを単独行為と解するものが有力となり、現在に至っている（現在の学説の状況については、新版注釈民法(13)418〜419頁〔五十嵐〕。なお比較法的には、単独行為説は孤立しており、規定を持たないフランス民法でもコモンローでも契約と解されている）。

〔217〕　（ウ）　契約説と単独行為説との差異は、強調されるべきでない。この差異は、上記(イ)に挙げられたもののほかに、①契約説に従うならば、申込と同様な要件のもとで懸賞広告を撤回できるが（530条3項はその特則となる）単独行為説に従うならば懸賞広告の撤回が認められない結果になる（一方的意思表示で相手の権利を奪うことになるから）と言われるが、相手に不利益とならない工夫をすれば撤回を認めても差支えないはずである（現にドイツ民法658条はそのような工夫であり、民法530条もドイツ民法草案を経由して生まれた同旨の規定である）。また、②優等懸賞広告においては、契約説を採ると同広告に対する応募の撤回は広告者に到達した以上不可能であるが、単独行為説を採ると優等者の判定前には可能だとも説かれる。しかし、応募者は報酬請求権を請求する地位（期待権）のみを有するから、いずれの場合でもこれを放棄することは自由であると考えるべきであろう。さらに、③契約説によると、懸賞広告をすることは契約の申込となるが、この申込は常に不特定多数の者に対する申込であり、かつこれに対する承諾と考えられるものは意思表示ではなく、指定された行為をすることであるから（529条参照）、契約とまったく同じとも言い切れない。そして、上記(イ)に挙げられた差異について述べるならば、ドイツ民法657条のような規定を欠く民法の解釈としては、懸賞広告の存在を知らないで指定された行為をした者に報酬請求権を与えるだけの根拠（前述のように、現在主張される単独行為説の根拠は薄弱だと言いうるし、後述の優

等懸賞広告においては、知らないで行為することはありえない）を見いだすのは困難であろう。懸賞広告にそれほど大きな社会的・経済的意味は存しないからである（懸賞広告に関する判決例はないに等しい）。その意味では『理由書』（および起草者の立場）を支持し契約説に賛すべきことになるが、契約の成立に関する一般原則はこれにあてはまらないから、懸賞広告は契約一般ではなく、特殊な（sui generis）契約というほかない。もともと懸賞広告が民法に規定されたのは、19世紀にプロイセン一般ラント法で訴権を与えられ、それが議論の対象となってドイツ民法に受け継がれたもののようである。このような伝統のない日本民法では、立法論としては、懸賞広告に関する規定は、契約各則に移すか（ドイツ民法は請負の次におく）、またはそれらの規定は懸賞広告の性質上当然に導かれるものと考え、削除すべきか（民法制定当時から不要論が唱えられている——新版注釈民法(13)417頁〔五十嵐〕）のいずれかとなるであろう（後者に賛すべきである）。

〔218〕　**(2) 懸賞広告の意義および要件・効果**

　懸賞広告とは、①「ある行為をした者に一定の報酬を与える旨」を②「広告した者」が③「その行為をした者に対してその報酬を与える義務を負う」（529条）ことを目的とする特殊な契約である。上記②における「広告」とは、不特定多数（その範囲が限定されている場合でもこの要件を満たす）の者に対し①の趣旨を表示することであり、①および②の要件が満たされれば、③の効果が生じる。したがって、懸賞広告は広告者のみが義務を負い、「その行為」をしてはじめて報酬請求権が発生する（行為すべき旨を通知しただけでは何等の効果も生じない）片務・要物契約である。懸賞広告とはこのような要件・効果を有するものであるから、一般のマスメディアにおける広告（それにはいわゆるイメージ広告のように法律的意味を持たないものから申込の誘因（多くはこれ）または申込に至るまでの種々のものがある）と異なることは言うまでもない。指定された行為をした者が数人あるときには、531条の規定によって権利義務関係が決定される。

〔219〕　**(3)　懸賞広告の撤回**

　懸賞広告は当事者の一方のみに権利を与えるものであるから、義務者の撤回（変更も一部の撤回である）を容易に認めるならば、権利者に不利益となり、かつ不特定多数の者に権利を与えるものである以上、撤回を認めるとしても、その方法が制限されるべきである（懸賞広告の規定を有するドイツ法系諸国の法典はいずれも撤回につき定めをおく）。そこで、530条は撤回および撤回の方法につき定めをおいている。

〔220〕　**(4)　優等懸賞広告に関する特則**

　懸賞広告に定めた行為をした者が数人ある場合に「優等者」のみに報酬を与える趣旨のものを優等懸賞広告と言う（たとえば、特定の論題についての学術論文の執筆に応じた者の中で最優秀の者に賞金を与える旨の懸賞広告）。したがって、一般の懸賞広告とは異なり、指定した行為は優劣を判定できるものでなければならず、また単に行為をしただけではなく、行為した旨を広告者に通知しなくてはならない（優劣を判定すべき者の範囲が不明となるから。この結果、広告の存在を知ってすることを要する）。このように、優等懸賞広告においては、広告者は、報酬を支払う債務に加えて優秀者を判定するという債務を負うから、後者の債務を履行したか否かを判断することができるようにしておく必要が生じる。このために民法は、次の2点を規定する。すなわち、①応募の期間を定めるのが要件となる。期間の定めがなければその広告は無効である（532条1項）。もし期間を定めないとすれば応募者は増加し続け優等者の判定が困難となり（『民法修正案理由書』）、また広告者が勝手に期間を伸長して優等者の判定をする時を不明にしうる（梅408～409頁）からである。②判定者についての定めをおかなければならない。同条2項ないし4項はそれに対処するための規定である（同3項に「異議を述べることができない」とは、私法上の権利義務関係を表現する用語としては適切でないように見える。優等者を判定すべき債務が本旨に従って履行されたか否かを争う権利は応募者に発生しない、という趣旨に解すべきであろう）。

第4節　契約上の権利義務関係

1 総　説

〔221〕　(1)　**契約上の権利義務関係一般と民法の規定**

　　契約が成立（前節参照）すると、契約上の権利義務関係が発生し、発生原因である契約が消滅する（その要件については次節参照）までは存続する。本節は、まず、契約上の権利義務関係の設計の手法につき、簡単に説明し、次に契約が成立した後の権利義務関係一般について説明する。もっとも、民法はこのような権利義務関係一般について「契約」の章に規定をおいているわけではなく、「契約の効力」と題された533条以下の規定は、契約一般の効力について定めたものではない。すなわち、これらの規定の定める制度のうち、同時履行の抗弁権・危険負担・解除の3つは双務契約の効力に関するものである（ただし、解除については双務契約に限られないという異論がある──〔292〕）。そこで本節は、それらの定めのうち、同時履行の抗弁権および危険負担については「双務契約に特有な権利義務」の箇所（→〔237〕）で説明し、解除については次節の「契約上の権利義務関係の消滅」の箇所で説くこととした。なお、「契約の効力」の箇所では、上記以外に、第三者のためにする契約に関する規定がおかれているが（537条〜539条）、これは、契約上の権利義務関係に関する基本原則の例外として位置づけられ、本節中で説明される。

〔222〕　(2)　**権利義務関係の設計の手法**

　　契約法学の任務を「特定取引主体間の権利義務関係を設計することにある」と再定義するならば（→〔43〕）、どのようにして設計するのかが問われるであろう。そこで、設計手法の概略を簡単に述べておきたい。当然ながら、契約上の権利義務の設計手法について述べている文献は存在

しないので、以下に説くところはあくまで試論の域をでない。

　　（ア）　まず最初になされるべき作業は、取引という手段を選択するのは何のためかを明確にすることである。契約行動の理論モデルにもとづけば、取引によって得られる便益がそれに要する費用より大な場合にのみ取引が選択されるから、取引に要する費用が大である場合には取引という手段そのものが選択されない。このことはとくにＢ２Ｂ契約において生じる。たとえば、ある企業が、特定の取引相手の信用調査を調査会社に依頼するよりも自社の調査部に調査させた方が良質または同程度の品質の情報が得られ、費用も少なくて済むと判断した場合には、取引という手段は選択されず、契約締結の必要がそもそも存しないであろう。

〔223〕　（イ）　取引が選択される（契約が必要になる）と判断されるならば、次になされるべきなのは、契約の目的は何か、目的達成のためにはいかなる財を入手すべきかを明確にすることである。財の特性が権利義務の設計方法に影響を与えるからである。最も重要な特性は、当該財が市場において調達または入手できるものか否かである。たとえば、足りなくなった市販のコピー用紙の補充というような汎用性の高い商品の売買契約であれば、仕様・納期・代金額等のほかに、どのような場合が不履行となるかを定めておけば、不履行の際には、解除・損害賠償・代金債権の担保の実行等を行った上で、他のメーカーから（つまり市場から）代品を入手すれば足り、契約上の権利義務は大体において民法の定めるもので間に合うので、その設計はいわば単純作業である（これは市場型契約の通有性である）。しかし、たとえば特別の用途に用いられる独自の仕様のコピー用紙の開発・製造を委託する契約を締結するとなれば、権利義務の設計は複雑な作業となる（これは組織型契約の特性である）。すなわちまず、そのような財の開発技術を持つ特定の相手を発見し、その者だけと取引しなければならないし、製品の用途等についての説明義務または情報提供義務・義務違反となる場合とその効果・秘密保持義務の有無や範囲・開発製造費の負担・納期に遅れた場合の責任（市場から調達できないのであるから、解除や損害賠償は救済とならず、契約を強制または継続するしかない）等々を定めなければならないからである。市場からの調達が容易

であるか否か（代替性の大小）によって、財には、一応の序列がつけられる。厳密ではないが、代替性の大きな財から順に挙げると、①大量生産され・規格化された動産の商品、②引渡請求権を表象する証券（貨物引換証等）、③金銭債権を表象する証券（手形等）、④各種の証券化された金銭債権が組み合わされたいわゆる金融商品、⑤不動産（証券化されていないいわゆる実物不動産）、⑥情報・ノウハウ・技術的知識（財産権化されたものもあればそうでないものもある）、⑦人の行為（医学・法律・会計・金融・財務・高度な先進技術等の専門的な知識にもとづく行為）である。この場合に知識が特定の専門分野に分化されるほど、市場からの入手は困難となるのでこれらの財の取引は組織型契約の性質を帯びるようになる。

〔224〕　（ウ）　取引対象である財が特定化され、（イ）に述べた性質が決定されると、それに応じた権利義務を設計する。典型契約の規定とその解釈は設計の道具の１つであるけれども、権利義務が複雑なものとなれば、どれか１つの典型契約に依拠して設計することはありえないから、各種の典型契約から生じる権利義務を組み合わせて複合的な権利義務の組合せを作り上げる必要がある。しかし、典型契約の規定は、抽象的すぎてそれだけでは役に立たないものが多いから（たとえば、人の行為を目的とする債務（行為債務）を発生させる最も一般的な委任においては債務不履行の要件は「善良なる管理者」の注意義務違反という茫漠たる一般条項である）、それを具体化・特定化した命題に構成して契約に盛り込まなければならない。具体化・特定化する作業は当該の「契約の目的の達成に適切であること」を基準として行われなければならず、そうだとすると、それは当該取引ごとに「契約の目的」とは何かを判断することになって、結局は（イ）に帰着することになるであろう。したがって、上記（イ）の作業がここでも重要なのである。

〔225〕　（エ）　権利義務を設計すれば、次に、関連する法令を広く調査して、当該契約の内容がその法令中の強行規定と解されるものに反していないか、つまり「合意優先の原則」を貫徹してよいかどうかを検討する。反していればその趣旨に合うように修正しなければならないし、仮に反していない場合であっても、「信義則」の要請、すなわち「交換的正義」

を構成する諸命題（→〔126〕）に適合しているか否かについてさらに検討し、適合していることを確認しなければならない。

〔226〕　（オ）　以上の作業が終われば、一応確定された権利義務を契約書の各条項で、その法律的意味を明確に把握できるように精密に表現するという仕事に移る。もっとも、権利義務の内容はその表現方法と切り離せない関係にあるから、（エ）と（オ）の作業はいわば同時並行的に行われるのが一般であろう。言うまでもなく、契約上の権利義務は契約の内容如何にかかるので、この（オ）の作業はきわめて重要な法律家的作業である。そして、条項を巡って紛争が生じ、訴訟にまで発展すれば、各条項の法律的意味は契約の解釈によって確定されるから、契約の解釈一般に共通する基準や解釈の手法を理解していることが重要である。本書が契約の解釈に多くの頁を割いているのは（→〔88〕以下）そのためである。訴訟になった場合や将来の状況の変化に備えた条項を盛り込むことも重要である。裁判管轄の合意・仲裁の合意・証拠制限契約（書面化された合意のみを証拠とするというような）・再協議条項とその再協議の発生要件・再協議の対象となる契約内容の範囲・一方が再協議に応じない場合の権利義務というような条項がこれにあたる。

〔227〕　（カ）　上記の手順を経て契約書が一応完成すると、その内容について契約当事者となるべき相手方の合意を得るという仕事が待っている。そのためには交渉を積み重ねて合意できる内容とそうでない内容とを選り分け、合意を得られない部分についてはさらに交渉・妥協を重ねて合意に達するという過程が繰り返される。「仮契約書」・「売渡承諾書」・LOI・HOA・MOU という題名を持つ書面がこの過程で交換されることも多く、そのような書面の作成も要求されるであろう。

　　（キ）　こうして完成された契約書が契約成立の一般的要件（→〔205〕）を満たしているかを確認すれば権利義務設計の作業は終了する。残るのは、権限ある当事者の契約書への署名・押印・調印式等であり、それを経て契約は成立し、効果を発生することになる。

　　以上の（ア）～（キ）のうち、（ア）は、法律家の仕事というよりも取引主体の判断であるが、（イ）～（オ）・（キ）は法律家特有の仕事である。（カ）

は交渉という仕事であるから、法律家特有のものというよりも、外交官やセールスマンや交渉請負業などに共通するものである。しかし、交渉において遵守すべき普遍的な取引の規範に従い、法的な視点および立場において交渉するのは法律家固有の仕事でもあり法律家に期待されている仕事でもある。こうして、法律家は「法的」な交渉理論や技法を学ぶべきであるが、それについて論じることは本書の範囲を越える。

[228]　(3)　**契約上の権利義務関係に関する基本原則**

　　(ア)　権利義務の内容　　契約上の権利義務の内容は、契約の解釈(→[88]以下)によって決定されるのが原則である。しかし、前述のように契約の解釈は個別具体的な契約ごとに行われる作業であり、また、契約の解釈の基準の1つである典型契約における任意規定も典型契約ごとに異なっているから、契約上の権利義務を一般的に述べることはできない。一般的に述べうるとすれば、債権総論の問題であり、本書の対象外である。したがってここでは、契約上の権利義務は究極的には契約の解釈によって決定されるというのが基本原則の第1である、と言うにとどめる。

[229]　(イ)　権利者および義務者　　契約上の権利義務が帰属するのは、契約当事者のみ、すなわち、その間に契約が成立した者のみである、というのが基本原則の第2である。言い換えれば、契約上の権利義務は当事者以外の者に及ぶことはない(旧民法財産篇345条はフランス民法1165条に倣ってこの趣旨を規定したが、現行法では当然のこととして削除された──『民法修正案理由書』は「言フヲ俟タサル」ことと述べる)。前節で述べたように、契約が成立したか否かについては多くの解釈問題が生じるが、それが肯定された以上、契約当事者の概念はそれに比べて明確である。もっとも、契約当事者が誰かを巡って解釈上問題となる場合も存在する。論じられることが多いのは、預金契約における預金債権者は出捐者か預金名義人かという問題である(判例は出捐者だと解している。平井・総論[172]参照。ただし、最判平15・6・12民集57巻6号563頁は、やや異なる態度に立つものと考えられる)。また、債権者代位権によって、契約当事者以外の者が契約上の

権利を行使する場合もある（同〔225〕以下参照）。さらに、契約上の地位の譲渡（同〔135〕参照）によって、当初の契約当事者が変更する場合もある。契約の成立形態が複雑化するにつれ、契約の効果の及ぶ範囲を当事者以外の者に拡大する必要も説かれている。しかし、統一的不法行為要件を持ち、しかも不法行為による損害賠償請求権者の範囲を限定していない民法（平井・各論Ⅱ 162頁）の下では、上記の基本原則は（例外については、次述〔230〕）、現在でも維持されてしかるべきであろう（ドイツ民法では、不法行為の要件の狭さを契約法理によって補う解釈論が発達しており（平井・各論Ⅱ 10頁）、その一環として当事者以外に契約の効力を及ぼす場合のあること（「第三者の保護効を伴う契約」）が説かれているが、日本民法ではその必要はない）。ただし、この基本原則には、「第三者のためにする契約」という例外がある。

〔230〕　**(4)　基本原則に対する例外——第三者のためにする契約**

　　（ア）　総説　　上記(3)(イ)に述べた基本原則（比較法上も強固な原則である）に対し、民法自体が、第三者のためにする契約を規定することにより、その例外を認めている。第三者のためにする契約とは、「当事者の一方が第三者に対してある給付をすることを約し」、その第三者に債務者に対して直接にその給付を請求する権利を与える契約だからである（537条1項）。第三者のためにする契約が規定された理由は、旧民法の立法主義を否定しつつ第三者が権利を取得する要件を明らかにしようとする点にあったようである。すなわち、『民法修正案理由書』によれば、旧民法財産篇323条1項および同2項は、第三者のためにする契約を「金銭ニ見積ルコトヲ得ヘキ正当ノ利益」が欠けるがゆえに無効としていたが（フランス民法の解釈に倣うものである）、現行法はそのような要件を必要としないから（399条）、同契約が有効であることは言うまでもなく、明文を要しないはずであるけれども、第三者は契約に関与していないから利益を受けられないとする立法例があるので、第三者をして直接に権利を取得させる（当時のドイツ民法草案はこのように規定した——現行ドイツ民法328条1項参照）旨を規定した、ただし第三者の知らない間に取得させる（ドイツ民法333条と対比せよ）のは当を得ないから537条2項の規定をお

いた、というのである。

〔231〕　（イ）立法趣旨　民法は、第三者のためにする契約に関し、3箇条をおく。①537条1項は、第三者が債務者（「ある給付をすることを約した」契約当事者の一方。諾約者と言い、他方当事者を要約者と言う）に対し「直接に」その給付を請求しうることを定める。この「直接に」権利を取得させる（つまり、当事者の一方が第三者の代理人としてでなく、他方当事者に対し第三者に権利を取得させる債務を負担するのでもなく、第三者に事実上利益を与える趣旨でもない）という要件は、第三者のためにする契約の基本的特質を示すものであるから、同項は同契約の定義でもある。たとえば、AB間の契約によりA（要約者）がB（諾約者）に対して建物の所有権を移転する債務を負い、Bがその代金を直接C（第三者）に支払う債務を負う旨を定めた場合においては（我妻・上〔157〕の例）、AがBに対し契約上の権利としてBがCに負っている債務の履行を請求できるのは当然であるが、第三者のためにする契約であるならば、Cが代金債権を取得し、それを支払うようBに対して直接に請求できるわけである。②同2項は、前述のとおり、権利といえどもそれを得る者の意思を無視できないという原則を表明するとともに、学説史上争われてきた第三者の権利の発生時期を、債務者に対して「契約の利益を享受する意思」（これを受益の意思表示と言う）を表示した時と定めて、立法的に解決したものである。③538条は、前条の規定により第三者の権利が発生した以上、契約当事者がその権利を変更または消滅させることができない旨を定める。本条がなければ第三者は当事者が自由に契約を変更または廃棄する範囲内で権利を取得したという解釈が生れ、そうだとすると、第三者の権利は「有名無実ニ帰ス可キヲ以テ」本条をおいたのである（『民法修正案理由書』）。④第三者の権利は、一旦発生した後にはまったく独立の存在となるのではなく、当事者間の契約から生じるのであるから、債務者をしてその契約にもとづく抗弁を行使させるのは「甚タ至当ノ事ナリ」（前掲書）という理由で設けられたのが539条である。なお、②～④の規定に対応する立法例はフランス法（ただし、同法1121条2項後段と③とはやや類似する）およびドイツ法には見当たらないように思われ、起草者独自の考えにもとづいて生

まれたもののようである（②および③につき、新堂明子「第三者のためにする契約法理の現代的意義」法協115巻10・11号参照）。

〔232〕　（ウ）　規定の性質および解釈の基準　　前述のように、第三者のためにする契約の最も重要な性質は、「第三者に対して直接に権利を取得させる」ことであるから（そうであれば、その権利は前記②〜④の規定に従う）、ある具体的な契約がその趣旨のものである（またはその趣旨の合意を含む）ならば、それは第三者のためにする契約またはその趣旨を含む契約と解される（したがって、「第三者のためにする契約」という類型の契約が存在するわけではない）。契約または合意がこのような趣旨のものであるか否かは、契約の解釈によって決せられるが、上記(イ)で見たとおり、民法は解釈の助けとなる規定を定めていないので、契約の解釈の一般的基準（→〔88〕以下）の応用で決しなければならない。問題は、第三者のためにする契約に固有な解釈の基準、すなわち、「第三者に直接に権利を取得させる」趣旨と判断すべき基準は何か、である。学説および判例を参考とすれば、たとえば次のごときものが挙げられるように思われる（学説・判例〔特に後者〕を網羅的に扱う近時の業績は、新堂・前掲論文である。以下の記述は、同論文に負うところが多い）。

〔233〕　　(a)　要約者が財産的利益（金銭に換算できる）を支出（出捐）し、その出捐と第三者への給付との関連性が明白である（たとえば、財産を贈与するからそれによって第三者に扶養料を払ってくれというように、出捐が第三者への給付の条件または対価となっている場合。このような契約をする以上、要約者もそのことによって利益を受けるという事情がその背後にある）場合には、特段の事情がないかぎり、第三者が直接に権利を取得したと解すべきである（この解釈基準は、来栖三郎「第三者のためにする契約」民商39巻4・5・6号が初めて提唱した）。これは、第三者のためにする契約の効力を原則として否定した立法例においてさえも例外として許容される場合（ローマ法以来、出捐は原因のある場合の典型である。フランス民法1121条、これを受け継ぐ旧民法財産篇323条3項参照）であるからである（ただし、判例がこれを解釈基準としているか否かは明らかでない。新堂・前掲論文は、要約者・諾約者間の契約の「有償性」は判例上考慮されていないと述べる）。これに対し、諾約者の出捐だけ

では第三者のためにする契約と解釈するのに十分ではない。第三者に権利を取得させるには代理を用いるのが通常であり、諾約者ならそうしうるのにそれを用いなかった以上、第三者が権利を取得すると解すべきではないからである（来栖・前掲論文）。

〔234〕　(b)　権利を取得すべき第三者が、明確に特定された実在（現存していなくても将来確実に存在するであろう場合を含むと考えるべきであろう）の権利主体（このような権利主体であれば、通常は契約書に明記されるであろう）ではないときには、第三者のためにする契約であるかは疑わしいと解すべきである。第三者に直接に権利を取得させるものである以上、第三者が特定されていなければならないと思われるからである。判決例上、第三者のためにする契約であることが否定されたのは、この場合であるように思われる（新堂・前掲論文参照）。

〔235〕　(c)　契約の解釈にあたって取引上の慣習が考慮されるのは解釈の一般的基準からみて当然であるが、第三者のためにする契約においては、第三者が加わるのであるから、契約当事者間のみならず第三者・諾約者間の取引上の慣習も顧慮されるべきであろう（電信送金契約は第三者のためにする契約であるか否かが数次にわたって争われた事案は、〔最終的には最判昭43・12・5民集22巻13号2876頁によって否定〕この点において支持されるべきである）。

〔236〕　(エ)　第三者のためにする契約と他の契約または法制度　　契約を含めて広く法律関係の当事者以外の者に利益を与える制度（弁済供託・他人のための保険契約・信託等——これらについては新版注釈民法(13)605頁以下〔中馬〕参照）を第三者のための契約として説くことはしばしば見られるところであるが、その意味は当該法律関係が当事者の意思に基礎をおくという思想を表明する以上のものではなく、単なる説明のためのものにすぎないと考えるべきである。当該法律関係は、あくまでその法律関係固有の基礎にもとづき、個別的に解釈されるべきである。また、下級審判決例においては、契約当事者以外に契約上の損害賠償責任を負わせるために第三者のためにする契約という法律論が用いられることがあるけれども（たとえば、名古屋地判平元・2・17判タ703号204頁——分娩のため入院した母は、出生する子を第三者とする第三者のための契約を病院と結んだと言う）、すでに述

べたように（→〔229〕）、わが国の不法行為法は、請求権者の範囲を限定せず、かつ統一的要件主義に立脚するから、このような法律論は不要である（前述の基準を適用すれば第三者のためにする契約ではないと解される）と考えるべきである（契約責任しか主張されていないときには、裁判所は釈明して不法行為による請求を追加させるべきである）。以上のとおり、第三者のためにする契約に対して採るべき解釈上の一般的姿勢は契約法の基本原則の例外である以上、その成立を厳格に解すべきである、という帰結になるであろう。

2　双務契約に特有な権利義務

〔237〕　(1)　**総　説**

　本項は、双務契約に特有な権利義務関係について説明する。双務契約とは、契約当事者双方ともに他方に対して債務を負う（したがって双方ともに他方に対して債権を有する）契約であり、しかも、一方当事者が債務を負うに至ったのは、他方当事者も負うであろう債務の存在を前提としているという関係にある契約を言う（→〔72〕）。このように、互いに他を前提として双方が債務を負っている関係を一般に対価的関係にあると言う（たとえば、売買契約において一方当事者の負う財産権を移転する債務と他方当事者の負う代金支払債務とは（555条参照）、一方が他方を前提とする対価的関係にある）。対価的関係（価格を意味するわけではないので、紛らわしい語であるが、一般の用法に従う）にある以上、その効果は、当事者の意思に関わりなく客観的に判断される。双務契約上の権利義務は、このような関係にあるから、一方の債務の存在を他方の債務の存在と切り離して扱うことはできず、そのような性質（これを一般に牽連関係と言う）に即して処理する法技術を要請する。同時履行の抗弁権および危険負担の制度はそのためのものである。ただし、前者は、公平の考慮にもとづくものであるため、後述のように（→〔254〕・〔255〕）双務契約から生じたのではない債務相互間にも広く準用または類推適用されており、それらの場合を含めて同時履

行の抗弁権と言うならば、その限りで双務契約特有のものではなくなっている。現実の取引の上では、契約存続中に同時履行の抗弁権の果たす役割は大きなものではない。履行期は契約中に詳細に定められるのが通常なので、同抗弁権の成立要件（→〔241〕）を欠くことが少なくないからである。むしろ、同抗弁権は訴訟上の紛争になった場合に債務不履行から生じる効果（→〔249〕）を免れるために主張されるか、または契約上の権利関係が解消される際のいわば後始末である履行拒絶権（→〔257〕）として主張されるか、のいずれかであることが多い。

〔238〕　**(2)　同時履行の抗弁権**

　（ア）　意義と立法趣旨　双務契約における「当事者の一方」が「相手方がその債務の履行を提供するまでは、自己の債務の履行を拒む」ことのできる権利は、一般に同時履行の抗弁権と呼ばれる（533条）。このような権利が認められるべき根拠は、それが「公平ナル結果ヲ生スル」（『民法修正案理由書』）からである。なぜかと言えば、双務契約では当事者双方に債務が生じるのに、その一方だけが履行し他の一方が履行を怠るのを認めるならば、同一の契約の債務の履行につき義務を守る者は損をし、義務を怠る者は得をするという不公平が生じる、そこで当事者の一方が債務を履行しないときは他の一方の者も自己の債務の履行を拒否できることを許したのだ、というのである（梅412〜413頁）。つまり、①双務契約上の債務（特に市場型契約としての売買におけるように、1回限りの取引で契約関係が終了する場合における──〔243〕）であることが、このような権利の必要性を感じさせるわけである。同時履行の抗弁権は、公平（これは交換的正義を意味する──〔121〕）という普遍的な法的価値に基づくものであるから、類似の制度は多くの法系に見られる。旧民法は、フランス民法（同法1612条・1653条）に倣い、売買の箇所に売主および買主の有する履行（引渡）拒絶権として規定したが（財産取得篇47条・74条）、現民法はドイツ系の立法例に従い双務契約の通則として掲げたものである（コモンロー系諸国は、制定法（動産売買法・UCC等）にほぼ同種の規定をおく。比較法については、新版注釈民法(13)453頁以下〔沢井=清水〕）。しかし、②双務契約か

ら生じた債務であっても契約当初から成立したわけでなく、したがって一方が他を前提としていない債務（発生時期を異にする債務）については、厳密な意味での同時履行の抗弁権が成立すると解すべきでない場合がある（→〔243〕）。また、③双務契約上の債務でなくても、公平の考慮から法律に同時履行の抗弁権を準用する規定がおかれている場合もあり（→〔254〕）、解釈上も同じ考慮から同時履行の抗弁権の規定が類推適用される場合もある（→〔255〕）。したがって、同時履行の抗弁権と呼ばれるもののなかには、①のごときものと、②のごときものとの２種が存在し（来栖・各論184頁）、さらに、③を上記の２つに加えれば、広い意味では、３種類のものがあるということになる（以下、①を狭義の同時履行の抗弁権、②を広義の同時履行の抗弁権、③を履行拒絶権と言う）。この広義の同時履行の抗弁権に共通するのは、自らは履行しないでおきながら相手に履行を請求できるとすれば不公平だという考慮であるが、このことは、履行しないかぎり弁済を受けられないという担保的機能を持つことを意味し、したがってやはり公平の考慮にもとづく担保物権である留置権（295条以下）と機能的には類似する。しかし、留置権は、同時履行の抗弁権と異なり、物権の１つであるから、両者の間には次の点において差異がある（新版注釈民法⒀536頁以下〔沢井＝清水〕に負う。詳細は同所参照）。㋐留置権は物権であるから、すべての者に対し主張できるが、同時履行の抗弁権は契約上の権利であるから、特定人（債務者またはその承継人もしくは法定の者）に対してしか主張できない。㋑前者によって担保される債権は他人の物に関して生じた債権であれば足りるが（ただし、295条２項）、後者によって実質的に担保される債権は双務契約上のものに限られるのが原則である。㋒前者の内容は他人の物を留置できるだけであるが、後者にはこの制限がなくすべての履行を拒絶できる。㋓前者は、担保物権の１つであるから、それに固有の権利義務関係（担保の提供による消滅、競売権の存在等）を有するが、後者においては当然ながらそのような関係は存しない。

〔239〕　　（イ）　要　件
　　　　　（a）　同一の双務契約から生じた債務が存在すること（533条本文）。
　　　　　（ⅰ）　前述のように、同時履行の抗弁権は、双務契約という特質にも

とづくものであるから、同一の双務契約から生じた債務が存在しなければならない。したがって、それと異なる契約において同時履行の抗弁権を主張できないことは当然である。しかし、この原則に対しては、いわゆるクレジット契約（与信業者が販売業者と提携して消費者である購入者に信用を供与する契約。割賦購入あっせん〔割賦販売法2条3項〕がその例）において、法律上例外（抗弁の接続と呼ばれる）が認められている（同法30条の4参照、この要件にあてはまらない場合にも抗弁の接続が認められるべきか否かについて判例・学説上争われているが、消費者〔保護〕法の解説に譲る）。なお、双務契約の当事者が同一である必要はない。債権譲渡または債務引受により当事者が変更しても同時履行の抗弁権は債権債務の移転に伴って新債権者または新債務者が有することになる（判例・通説）。

　(ii)　双務契約から生じた債務は同一の性質を有するものでなければならない。たとえば、本来の給付の履行請求権とその不履行による損害賠償請求権とは同一の性質を有するというのが現在の通説であるから（平井・総論〔64〕）、履行請求権が損害賠償請求権に転化しても同時履行の抗弁権は失われない。逆に、更改があれば、原則として旧債務は消滅し新債務が成立するので（新旧債務には同一性がない——平井・総論〔209〕）、旧債務に存した同時履行の抗弁権は消滅するという帰結になるのが原則である。ただし、更改の対象たる債務のうちのどの部分が同一性を失うかは、当該更改の合意の解釈の問題であり、この帰結は、その解釈如何に依存する。同様の問題は準消費貸借についても生じる（この問題に関する学説判例については新版注釈民法(13)474頁〔沢井＝清水〕参照）。なお、履行地が同一である必要はないというのが判例（大判大14・10・29民集4巻522頁）・通説（我妻・上〔131〕）である。

〔240〕　　(b)　双方の債務が対価的関係にあること。
　規定の上では明らかでないが、同時履行の抗弁権の趣旨から考えて当然の要件である。ただし、双務契約上の債務といっても、1つに限られないから、どの債務とどの債務とが対価的関係に立つと解すべきかは、解釈によって決定すべき問題である。たとえば、㋐売買において目的物の引渡と代金の支払とが同時履行の関係にあることは言うまでもないが、

不動産の売買では、これに加えて登記と代金の支払も同じ関係にあり、したがって買主は、登記がなされた以上引渡がないことを理由に代金の支払を拒絶できない（判例・通説）。㋑請負において、注文者の代金支払債務と同時履行の関係にあるのは請負人の目的物引渡債務であって、目的物の製作義務ではない（大判大13・6・6民集3巻265頁）。㋺同じく請負において、注文者の工事代金債務と請負人の瑕疵修補に代わる損害賠償債務とは同時履行の関係にある（最判昭53・9・21判時907号54頁。これを前提としつつ両者間の相殺を認めた）。

〔241〕　　(c) 同時履行の抗弁権の行使の相手方の負う債務が弁済期にあること（533条但書）。㋐自らの債務を履行しないで相手方の債務の履行を求めるのは不公平だというのがこの制度の根拠であるから、相手方の債務が履行を求めうる状態になっていること、すなわち履行期（つまり弁済期）にあることは、当然の要件である。したがって、相手方の履行に先立って履行すべき債務（先履行義務）を負う者は同時履行の抗弁権を有しない。いかなる場合に先履行義務を負うと解すべきかは、関連する規定または契約の解釈に帰着するが（弁済期がいつであるかは契約の重要な内容であるから実際には、契約書中に明記されているであろう）、次のような困難な解釈問題が生じる場合がある。すなわち――

　　(i) 賃貸借における借賃・雇用・請負・有償委任または準委任における報酬は民法上後払いが原則と規定されており、これは支払時期をも定めたものと解されているから（614条・624条・633条・648条2項）、これらの債務は弁済期を迎えておらず、したがって、先履行義務を負うこととなる一方当事者（使用収益させる義務を負う賃貸人・労務を給付すべき労務者・仕事完成の義務を負う請負人・事務を処理すべき受任者）は、同時履行の抗弁権を持たないと解されている。したがってたとえば、賃貸人は、借賃（賃料）の支払がないからといって使用収益させるのを拒んだり、使用収益させるのに必要な修繕義務の履行を拒んだりできず、請負人が仕事の完成物の引渡をしない以上、注文者は報酬を提供しなくても遅滞の責めを負わない（以上は判例・通説である。ただし、それに疑問があることは〔242〕参照）。

〔242〕　　(ii)　上記のとおりだとすれば、①前払いの特約がある場合には、同時履行の抗弁権が生じるように見える。大審院は、賃貸借についてこれを肯定し（大判大10・9・26民録27輯1627頁）、必ずしも明らかでないが通説も同調するものと思われる（新版注釈民法(13)497頁〔沢井＝清水〕参照）。これに対して、②同時履行の抗弁権が生じることを否定する有力説（来栖・各論179頁、これに賛するのは広中303頁）がある。その論拠は、「前払いの特約は賃借目的物が使用収益できることを前提としてなされているので賃貸人は前払いあるまで修繕しないと抗弁できないこと」（つまり、両債務にはいわゆる「対価的関係」が存しないこと）に求められている（来栖・前掲箇所）。すなわち、この説は、使用収益させる債務の履行があってはじめて賃料債務が発生するという論理を前提しており、判例が認めたのは同時履行の抗弁権（狭義の同時履行の抗弁権）ではなく、別種の権利（広義の同時履行の抗弁権）だというのである。そうだとすると、①および②の対立は、③後払いの原則とは、契約締結と同時に債権が発生し、その支払時期（履行期）のみを定めたものなのか（①）、それとも債権の発生時期そのものを定めたものなのか（②）、という解釈問題（論理的には、前者によると契約成立後は債権について差押・譲渡が可能であるが、後者によると不可能である）と関わっていることになる。③の問題については、請負における報酬債権に関する大審院判決は、それが請負契約の成立と同時に発生するものであって、工事完成後にはじめて発生するものではないことを説きつつ、工事未完成の間に報酬債権につきなされた差押の効力を肯定している（大判昭5・10・28民集9巻1055頁。その後もこれは踏襲されており、準則と考えてよい）。しかし他方で、雇用における報酬債権は労務給付後にはじめて発生すると解しているように見える（大判昭12・6・30判決全集4輯13号8頁——月の途中で退職しても全額を請求できるとの慣行なしと判示したもの。学説は双務契約上の債務であるから契約成立とともに発生すると解してこの一般論に反対する——我妻・中2〔844〕）。このように、判例の態度は明確だとは言えないが、①をも考えあわせると、一般的には、賃料債権または各報酬債権は、使用収益させる義務または仕事完成の義務と同じく、契約成立とともに発生し、民法の規定は支払時期を定めたものにすぎず、し

たがって前払いの特約があるときは同時履行の抗弁権が生じると解しているものと思われる。

〔243〕　(iii)　この問題の解決は、双務契約の概念からではなく、当該具体的契約の解釈から導かれるべきである（広中・304頁）。したがって、一般的にこれを論じるのは困難であるが、①まず、請負について述べるならば、その契約の趣旨に鑑みて、仕事完成前には報酬債権も発生しないと解するのをもって原則とすべきである。工事完成後（または期間経過後）に生じた報酬債権と注文者の引渡債権その他の権利（瑕疵修補請求権等）とが同時履行の関係に立つのであって、完成前には同時履行の抗弁権（狭義）の存在の余地はない。ただし、契約の目的によっては、報酬債権は契約成立とともに発生していると解すべき場合（したがって、報酬債権の譲渡・差押は可能）もある（いわゆる定額請負、つまり、契約で定められた代金額を一切増減しないという趣旨のものは、そう解すべき場合が多いであろう）。前払いの特約がなされたときも、その趣旨・目的に応じて解釈すべきである。単に支払時期に関する特約であることもあろうが、請負代金の一部支払や注文者による信用供与という趣旨であることが少なくない。前者の場合には、請負人は少なくとも工事に着手する義務を履行しなければ前払いを請求できないと解すべきであるが、後者の場合には、代金の一部支払があるまでは工事の着手も拒否できると解すべきである。しかし、これは同時履行の抗弁権（狭義）ではなく、特約の趣旨に基づく履行拒絶権（公平のための債権担保的意味を持つ）であると考えるべきである。②次に、雇用・賃貸借（有償寄託もこれらに準じる）について述べれば、これらの契約の目的を達成するためには、一定期間の経過が不可欠であるから、期間経過後でなければ、報酬債権または賃料債務そのものが発生しないと解すべきである（期間経過後に生じる支分権としての債権の譲渡・差押が可能なのは言うまでもない）。したがって、報酬・賃料の前払いの特約があっても、賃貸人の使用収益させる義務（賃借物の引渡義務・修繕義務）はやはり先履行義務であると解すべきであろう。特約の結果として当事者が履行拒絶権を持つと解すべき場合もあろうが（次述）、その場合でも、それは同時履行の抗弁権とは性質を異にする（雇用における労働者または賃貸人は原則と

して先履行義務を免れるものではない）と考えるべきである。なお、大判大正10年9月26日民録27輯1627頁は、賃貸人の修繕義務と賃借人の賃料前払い義務との間の同時履行の関係を認めた判決と解されているが、事案は、修繕義務を履行するまでは賃料の支払を拒絶する賃借人の権利を、同時履行の抗弁権と「謂フヲ妨ケス」と解したものである。結論には異論がないと思われるが、これをもって上記両義務の間に同時履行の関係を認めたものとは言えない（来栖・各論178頁）。ただし、前払いの特約の趣旨如何によっては、賃貸人にも履行拒絶権が生じる場合も考えられないわけではない。たとえば、同特約が転貸についての事前の承諾だと解される場合には、賃貸人の側で前払いがあるまで引渡を拒否できるであろう。しかし、それも特約の趣旨と公平の考慮から導かれた一種の履行拒絶権であって同時履行の抗弁権ではないと考えるべきである。このように解するならば、同時履行の抗弁権と呼ばれるものには、理論的には、売買契約におけるように契約成立とともに発生し対価的関係にある債務相互間におけるもの（狭義の同時履行の抗弁権）と、契約成立後一定の要件を満たしてはじめて成立し、その時から対価的関係が始まる（したがってそれ以前においては公平の考慮に基づく一方のみの拒絶権〔広義の同時履行の抗弁権〕が認められる可能性があるにとどまる）ものとの2種が存することになる（すなわち、結論的には〔242〕で述べた有力説を支持すべきである）。

〔244〕　　(iv)　先履行をする旨の合意がある場合には、それにより先履行義務を負う債務者が同時履行の抗弁権を主張できないことは言うまでもない。たとえば、大審院の一連の古い判決は、売買契約中に荷為替により代金を支払う旨の合意がある場合には、売主において目的物を先に発送すべき義務があると判示する（大判昭10・6・25民集14巻1261頁ほか）。またたとえば、居住者を立ち退かせて明け渡す旨を合意した建物の売買では、売主の負う立ち退かせる義務は買主の代金支払義務よりも先履行の関係にある（東京高判昭51・10・27判タ347号181頁）。なお、先履行義務を負う当事者が自らの債務を履行しないうちに、相手方当事者の債務も履行期に達した場合にも、同時履行の抗弁権を主張できるであろうか。規定の上では可能のように見えるが、そう解すると同時履行の抗弁権の基礎にある

公平の観念に反することは否めない。したがって原則的にはこれを否定し、先履行義務者が履行しないことにやむを得ない事由がある場合にのみ、認めるべきであろう（我妻・上〔133〕が説く原則と例外とを逆にする解釈である）。

〔245〕　　（d）　相手方が自ら負う債務の履行または履行の提供をせずに履行を請求してくること（533条本文）。

　　　（i）　533条は、「債務の履行を提供するまで」と定めている。履行行為そのものが行われるならば、もはや同時履行を認める意味が失われることは言うまでもないから、同時履行の抗弁権を主張されないようにするためには、「少なくとも」相手方は履行の提供をしなければならないというのが同条の趣旨である。また、規定の上では明らかでないが、履行または履行の提供は「債務の本旨」（415条）に従ったものであるべきことは当然である（平井・総論〔142〕以下参照）。

〔246〕　　（ii）　したがって、履行またはその提供と思われる事実が存在しても、それが債務の本旨に従うものでない場合には同時履行の抗弁権は失われないのが原則である。この結果、――

　　　①　可分の引渡債務（実際にはすべて金銭債務である）を負う債務者がその一部を履行したのみでは本旨に従った履行ではないから、相手方は自己の負う債務の全部につき同時履行の抗弁権により履行を拒絶できる。ただし、全部の履行拒絶が信義則に反するような場合には、履行されない部分に相当する一部についてしか拒絶できないと解されている。信義則に反する場合とは、抗弁権を行使すべき者の負う債務の価額または価値が既履行部分に比べて著しく少ないとき等を言う（通説――ドイツ民法320条2項はこの趣旨を規定する。通説はこれに倣ったものであろうが、その実質は上記のとおり交換的正義の観念に依拠するものと解される。なお、最判昭63・12・22金法1217号34頁は同趣旨の傍論を述べる。事案は双務契約ではなく、しかも抗弁権の行使が肯定されたもの）。

〔247〕　　②　不可分の目的物の引渡債務および行為債務につき本旨に従った履行またはその提供がなされなかった場合には、相手方は自己の負う債務の全部につき履行を拒絶できるのが原則ではあるけれども、上記①

と同様に、公平の考慮（交換的正義）に照らして例外が認められる。すなわち、本旨に従わない履行またはその提供があってもなお契約の目的を達することができると認められるべき場合には、全部の履行を拒むことはできない。たとえば、賃貸人が修繕義務を履行しなくても賃借人が賃借物の使用収益を継続できる状態であるならば、賃借人は賃料全額の支払を拒絶できず、十分に使用収益をなしえなかった期間および部分に相応する賃料の支払を拒みうるにとどまる（大判大5・5・22民録22輯1011頁、最判昭38・11・28民集17巻11号1477頁）。抗弁権を行使すべき側の債務が不可分であれば、全部について履行すべきことになるであろう。これを一般化して、学説は、「不履行の部分が軽少なものであれば、一部についても抗弁権がなく、反対に重要なものであれば全部について抗弁権が成立する」と述べ、重要か否かは「契約の趣旨と公平の原則によって定める」と説いている（我妻・上〔134〕）。

〔248〕　　　(iii)　本要件の結果、①1度履行の提供があれば、同時履行の抗弁権は失われ、それ以降どのようなことがあってもその状態のままである（したがって、1度履行の提供をした債務者の請求に対してはその後提供がなくても弁済をしなければならない）と解すべきように見える。他方、②履行の提供があっただけでは債務は消滅しないのだから、その後履行の提供が継続されていないときは、同時履行の抗弁権は依然存続する（したがって、請求を受けた債務者は履行を拒める）と解すべきようにも見える。判例は、①の解釈を採ると履行の提供をした債務者がその後無資力に陥ってもその相手方は必ず債務の履行をしなければならないことになり、これは「甚シキ不公平ノ結果」だという理由で②の解釈を採っており（大判明44・12・11民録17輯772頁——本来の履行を請求したもの。最判昭34・5・14民集13巻5号609頁は傍論で同旨を述べる）、かつての学説には、反対説も有力であったが現在では判旨に賛成するものが多く（学説の状況については、新版注釈民法⑬509頁以下〔沢井=清水〕参照）、②がほぼ確立された解釈だと考えられる（ただし、本来の履行請求ではなく、解除する場合の解釈については、〔306〕）。

〔249〕　　（ウ）　効果　　上記(イ)に述べた要件が満たされると、当事者の一方は、相手方から履行の請求を受けたとしても、「自己の債務の履行を拒

む」ことができる（533条）。

　　　(a) 「履行を拒む」とは、履行を拒絶できるというにとどまらず、履行しなくても債務不履行の責任を問われないことを意味する（判例・通説）。具体的には、①履行期を過ぎても遅延損害金は発生しない、②違約金等の合意がある場合でもその合意に基づく債務は発生しない、③担保を実行されない、④債務不履行を理由に解除されない、等の効果が生じる。

〔250〕　　(b) 請求すれば同時履行の抗弁権を主張される関係にある債権を自働債権として相殺することはできない（履行の提供をしないで相殺の意思表示をしても無効だという意味である——判例・通説）。このような債権について相殺を認めるならば、同時履行の抗弁権を主張しうる債務は、債権者の一方的意思表示によって消滅し、結果として抗弁権は行使しえないままに奪われることになるからだと言うのが、その理由である。ただし、請負における瑕疵修補に代わる損害賠償請求権および報酬請求権とは同時履行の関係にあるが（634条2項）、最高裁は、この間の対当額による相殺を次の理由で認めている（ほぼ準則となっているものと認められる）。すなわち、瑕疵修補に代わる損害賠償請求権が「実質的、経済的には、請負代金を減額し、請負契約の当事者が相互に負う義務につきその間に等価関係〔対価的関係の意か。この判旨部分を引用する次掲最判昭53・9・21も「等価関係」と言う〕をもたらす機能をも有するもの」（最判昭51・3・4民集30巻2号48頁——637条1項の期間徒過後の損害賠償請求権につき508条を類推して相殺を認めたもの）であり、しかも両債権は、ともに同一の原因関係にもとづく金銭債権であるから、「相互に現実の履行をさせなければならない特別の利益があるものとは認められず、……むしろ、……相殺により清算的調整を図ることが当事者双方の便宜と公平にかない、法律関係を簡明ならしめるゆえんでもある」（最判昭53・9・21判時907号54頁）。瑕疵修補に代わる損害賠償請求権が報酬請求権（請負代金債権）を減額する機能を有することは疑いないが、そこから明文の規定（634条2項）および同時履行の抗弁権の効果における基本原則に反する帰結を導くには、最高裁の示す理由は便宜的に過ぎるように思われる。両債権とも可分である

から、反対給付と対応する部分のみについて同時履行を主張できるというのが公平だという判例理論（〔246〕参照）の応用として解決すべきではあるまいか。

〔251〕　　(c)　「履行を拒む」ということは、同時履行の関係にある債務を負う者の間では、ともに訴訟で履行の請求をしても、履行の提供のないかぎり、いずれに対しても敗訴の判決が下されるということを意味する。しかし、敗訴判決が下されても、ともに履行またはその提供をして再訴すればいずれも勝訴することは明らかであるから、最初から敗訴判決を下すよりも、原告の履行と引換えに被告も履行すべしという趣旨の判決（引換え給付判決という）を下したほうが訴訟にかかる時間および費用の節減の観点から見て望ましい。そこで現在の確立した判例および学説は、同時履行の抗弁権を有する者の間の訴訟において給付判決を下すときは、引換え給付判決によるべきものと解している（この旨を定めるドイツ民事訴訟法756条・765条に倣う解釈である）。なお、引換え給付判決の執行の要件については、学説・判例上かつて大いに争われたが、民事執行法31条は、これを立法的に解決した（執行文付与の要件ではなく、執行開始の要件と規定した。詳細は民事執行法の講義に譲る）。

〔252〕　　(d)　判決において同時履行の抗弁権の効果を認めるには、訴訟上同抗弁権の要件の存在することが示されていれば（すなわち、訴訟当事者のいずれかの主張立証中にその成立要件たる事実を認定できれば）足りるのか（これに賛する立場を存在効果説という）、それとも、同抗弁権の効果を受けたい訴訟当事者の主張をまたなければならないか（これに賛する立場を行使効果説という）。この問題は、古くから争われている。

　　　　　　(i)　両説の差異は、次の点にあると解される（新版注釈民法⒀530～531頁〔沢井=清水〕、倉田・上119頁以下）。存在効果説によると、双務契約上の債務（たとえば売買契約における代金支払債務）が履行期を過ぎても履行されず債権者も履行の提供をしていない状態では、債権者が契約上の本来の給付（売買代金）と遅延損害金とを請求しても、双務契約であることは請求原因自体から明らかであるから、主張がなくても当然に同時履行の抗弁権は認められて、本来の給付の請求は認容されるが遅延損害

金の請求は棄却される。したがって、遅延損害金までも請求するには、原告は履行の提供をしたことを請求原因として主張しなければならない。他方、行使効果説によると、買主の同時履行の抗弁権の主張がなければ、遅延損害金を含めた全部につき請求認容となり、買主から主張され、それが認められれば、買主はさかのぼって債務不履行に陥っていなかったことになり、遅延損害金の支払い義務を免れる。いずれの場合でも、原告は履行を提供したことまでを主張することを要しない。存在効果説のもたらす帰結について、行使効果説は、①履行の提供のあったことまでを主張しなければ遅延損害金についての請求が認められないという結果は不当であり、②履行の提供のあったことを常に原告に主張させるのは、過重な負担を課す（弁論期日に被告が欠席したときでもこのことを主張しておかなければならない）、③抗弁権を行使するか否かは、それを有する者が自由に決められるはずなのに、当然にその行使の効果を認めるのは抗弁権の性質に反し、他の抗弁権との整合性を欠くことになる、と批判する。判例の態度は必ずしも明確ではないが、前記のとおり、(a)および(b)の効果（いずれも履行の提供を要件とする）を承認しており、これをもって判例は存在効果説に立つというのが、一般的な理解である（以上の点については、新版注釈民法(13)532頁〔沢井=清水〕参照）。通説も、結論的には存在効果説を支持する（我妻・上〔139〕）。

〔253〕　(ii)　この問題の解決は困難であるが、次のように考えるべきであろう。行使効果説の批判のうち、理論的に最も鋭いのは、おそらく①である。請求原因事実中において（これを再抗弁と解するのが適切でないことについては、倉田・前掲箇所）履行の提供のあったことまでを主張させるのは、理論的には履行の提供を請求権の一部と考えていることを意味し、同時履行の抗弁権がまさに抗弁権として確立されたドイツにおける学説史的伝統に反するからである。しかし、同時履行の抗弁権がドイツ民法に倣った制度であることは確かだとしても、日本ではそのような学説史的伝統を欠いており、また、前述のように（→〔243〕）、同時履行の抗弁権と呼ばれるものの中には、双務契約上のものだけでなく、公平の観念にもとづく履行拒絶権（留置権類似のもの——なお、留置権の効果については存在効

果説的に考えるべきことは明らかであろう）が含まれていると考えるべきである。そうだとすると、解釈論としては、抗弁権の概念にとらわれて解釈すべきではない。この結果、③の批判も退けられるべきであり、②も、理論的には決着のつかない批判（負担が過重であるかどうかは、状況により異なるであろう）であるが故に容れるべきではない。こうして、結論的には存在効果説がもたらす帰結を支持すべきである。

〔254〕　（エ）　同時履行の抗弁権に関する規定の準用またはその類推適用
　前述のように、同時履行の抗弁権は公平の考慮を根拠とするものであるから、双務契約から生じた債務以外の場合にも、公平に適うことを理由として、法律上準用され、あるいは解釈によって類推適用されることがある（前述〔238〕の履行拒絶権）。

　　　（a）　533条が民法上準用されている場合は、次のとおりである。——契約の解除によって両当事者の負う原状回復義務（546条）、負担付贈与における受贈者の負担を履行する債務と贈与者の贈与すべき債務（553条。ただし、後者が先履行義務であることが多いと言われ、その場合には準用の余地がない）、担保責任における売主の損害賠償債務と買主の代金債務（571条）、請負における請負人の損害賠償債務と注文者の報酬支払債務（634条2項。なお、終身定期金に関する692条も参照）。このほか、借地借家法（10条4項・31条3項）・農地法（18条3項）・仮登記担保契約に関する法律（3条2項）等にも、準用する旨の規定がおかれている。

〔255〕　（b）　解釈上同時履行の抗弁権が認められている場合のうち、主要なものは次のとおりである。

　　　　　①　契約が取り消された場合に両当事者の負う、契約によって得た利益の返還債務は同時履行の関係にあるというのが、現在では（かつてはこれを否定した大審院判決があった）、ほぼ判例の準則だと言ってよい（最判昭47・9・7民集26巻7号1327頁。詐欺による売買契約の取消の場合）。無能力を理由とする取消について、こう解すべきことには判例（最判昭28・6・18民集7巻6号629頁。昭和22年改正前の民法下で親族会の同意を得ないでした契約の取消）・学説（我妻・上〔130〕等。新版注釈民法⒀477頁以下〔沢井＝清水〕）に異論はないが、詐欺をはたらいて取消原因を作った当事者が抗弁権を

主張するのは、公平に反する（留置権に関する295条2項との均衡が顧慮されている）という理由で、抗弁権を否定すべきだという説（強迫についても同様の結論になるであろう）も有力である（星野・Ⅳ 46頁。ただし、前掲最判昭47・9・7はこの種の事案ではない）。契約の無効による同様の返還債務については、最上級審の判決は見当たらないようであるが、これを同時履行の関係にあると解すべきことについては、学説に異論がない（我妻・上〔130〕および新版注釈民法⒀の各前掲箇所参照）。

〔256〕　　② 弁済者の弁済目的物の引渡債務と弁済受領者の受取証書交付義務（486条参照）とは同時履行の関係に立つ（判例・通説）。これに対して、弁済受領者の債権証書返還義務（487条参照）と弁済する義務とは同時履行の関係にないというのが通説（判例は見当たらない）である（487条が「全部の弁済をしたときは……返還を請求することができる」と規定しているので、弁済が先履行であるというのがその根拠。なお、以上につき、平井・総論〔153〕参照）。

〔257〕　　③ 借地借家法上の建物買取請求権または造作買取請求権（同法13条・33条）の行使によって生じた借地権者の建物引渡および登記移転の義務または賃借人の造作引渡義務と借地権設定者または賃貸人の代金支払義務とが同時履行の関係にあることは、確立された判例の準則（旧借地法および旧借家法時代のものであるが、現時点での解釈でも同様に解すべきことは疑われていない。ただし、借地借家法33条は強行規定ではなくなった。同法37条と旧借家法6条とを対比せよ）であり、通説である（新版注釈民法⒀483頁以下〔沢井＝清水〕参照）。問題は、借地権者が建物に加えてその敷地の明渡しをも拒絶できるか、また、建物賃借人が造作だけでなく賃借建物の明渡しをも拒絶できるか、である。建物は敷地上に存在し、造作は建物に付加されるのであるから、これらについても明渡しを拒絶できないとすると、建物買取請求権または造作買取請求権と同時履行の関係に立たせた意味が減殺されることは否定できないためである。判例の準則は、建物の引渡しを拒絶できることの反射的効果として敷地の明渡しを拒絶しうると解し（たとえば、旧借地法10条に関して、最判昭35・9・20民集14巻11号2227頁）、学説は一致してこれに賛成する。しかし、判例は、造作買取請求権の行使により建物の明渡しを拒絶することを一貫して否定し（対価的

〔258〕　④　賃貸借契約における賃貸人の敷金返還債務と賃借人の賃借物返還債務との間には同時履行の関係はない、というのが判例の準則であるが（最判昭49・9・2民集28巻6号1152頁）、これに対して、賃借人の保護に欠けるという理由で反対し、同時履行関係にあることを主張するのが学説の多数説である*（③および④の問題については、『債権各論Ⅰ下』に譲る）。

　　　＊　**不安の抗弁権**　先履行義務を負う債務者が同時履行の抗弁権を有しないことは前述のとおりであるが、履行の相手方の財産状態が悪化し、対価的関係にある債務の履行に不安が生じたと認められる状態のときにもなお先履行を強いるのは公平に反すると考えられる場合がある。そのような場合に先履行義務を負う債務者が履行を拒絶しうる権利を不安の抗弁権と言う。各国の立法例にこの種の権利が認められているため（双務契約上の権利として規定するのは、たとえばドイツ民法321条等）、古くから着目されてきており、現在の学説の大勢は、これを解釈論として認める方向にある。下級審判決にも、これを承認するものが少なくない（学説・判例の動向につき、新版注釈民法⑬502頁以下〔沢井＝清水〕参照。同箇所は、不安の抗弁権についての、近時における最も詳細な記述である）。少なくとも組織型契約（→〔78〕）においては、不安の抗弁権は、たとえそれについての契約書の条項を欠いていても、契約の規範的解釈として承認されるべきである（不安の抗弁権を扱う下級審判決はほとんど継続的取引に関する）。財の調達を「中間組織」によって行う意味は損失の危険を取引相手の計算に委ねるところにあるからである。不安の抗弁権の要件・効果（これを明確に論じるものは前掲・新版注釈民法⑬を除いては少ない）は、このような視角から再構成されるべきであろう。

(3)　危険負担

〔259〕　（ア）　総説

　　（a）　意義　双務契約において対価的関係にある債務の一方が「債務者の責めに帰することができない事由」によって履行不能となって消滅したとき、他方の債務は同じく消滅するのかそれともなお存続するのか、という問題を決する制度を危険負担と言う（534条〜536条）。たとえば、建物の売買または賃貸借契約の成立後間もなく、契約の目的物である建物が全部類焼（つまり、債務者の責めに帰することができない事由による焼

失）したとき、売主の負う建物引渡債務または賃貸人の負う建物を使用収益させる債務は履行不能となって消滅するが、買主の負う代金支払債務または賃料支払債務は消滅するかまたは存続するか、という問題であり、このときに、代金債務または賃料債務も消滅するという形で問題を解決すれば、債務の一方の消滅による危険は債務者（消滅する債務の債務者という意味であって、この場合では売主または賃貸人）が負うことになるから、これを危険負担における債務者主義と言い、反対に、消滅しない（つまり、買主または賃借人は依然として代金または賃料を払わなければならない）という形で解決すれば、危険は債権者（消滅する債務の債権者という意味であって、この場合では買主または賃借人）が負うから、これを危険負担における債権者主義と言う。民法は、双務契約上の債務一般における危険負担の原則として債務者主義を規定したが（536条1項）、「特定物に関する物権の設定又は移転」を双務契約の目的とした場合には、債権者主義を採用した（534条・535条）。したがって、上記の例では、建物の賃貸借の場合には債務者主義により賃借人は賃料を支払わずに済むが、売買の場合には債権者主義により買主は代金を支払わなくてはならないという結果になる。

〔260〕　(b)　**現代的意義**　危険負担は、おそらく最も古い起源を持つ取引法上の規範の1つである（取引当事者が無責のときに生じる紛争を解決するには、責任の所在によって決めるわけにはいかないから、なんらかの規範が必要になる）。それを反映して、危険負担の法理は最も古い起源を持つ取引形態である物の売買を中心に発達し（フランス民法では危険負担に関する規定は「与える債務」についてのみおかれている）、それが双務契約一般に拡大され（ドイツ法系がそうである）、日本民法もそれを受け継いだ。しかし、専ら特定物の引渡債務を発生させ、かつ契約成立とともにそれと代金債務とが対価的関係にある売買について発達した法理をその他の双務契約、とくに主として行為債務を発生させる契約に適用するのは、実際には困難であり、例外的な場合にのみ認められる（→〔263〕）。また、民法は特定物の取引につき債権者主義を採用しているが、後述のように（→〔265〕）、これに対しては学説は一致して批判しており、取引の実際では、特約に

よりこれを修正している場合が多い（→〔268〕）。さらに、危険負担を、広く「取引の目的（物または行為）に対して将来生じるかもしれない（とくに不可抗力による）危険をあらかじめ取引当事者に配分しておく制度」と理解すれば、そのような危険に備えて、誰がいかなる危険を負うかをあらかじめ定めておくことは、契約実務（とくに継続的契約における）の基本に属する事項であるから、この意味での危険負担はほとんどすべて取引当事者の合意によって解決されているはずである。解決方法の1つとして保険があり、それが利用できる場合にはそれによって危険の分散を図るのが実務であると言われる。また、双務契約上の請求権が契約成立と同時に双方当事者に発生するのではないと解すべき契約（→〔242〕）においては、双務契約上の債務が生じるまではそもそも危険負担の問題は起こらないと考えるべきである（来栖・各論184頁）（→〔262〕）。そうだとすると、民法上の危険負担の制度は、実務上も理論上も大きな意味を持っていないと考えられる。民法の危険負担の規定に関する判決例が必ずしも多くないのはそれを示すものであろう。こうして、以下に説明する危険負担に関する民法の規定はあまり重要でないとも思われるが、取引の基本的規範の1つであったことは疑いなく、また実務もそれを前提としているという意味では、民法の規定を理解しておくことは必要であるので、以下にこれを説くこととする。

〔261〕　　　（c）立法理由（小野秀誠『危険負担の研究』〔1995・日本評論社〕参照）
債務者主義の原則（536条1項）が由来するのは、旧民法財産篇542条である。同条は、義務を免れた債務者が受け取るべき対価については「既ニ出捐シタル限度ニ於テノミ権利ヲ有ス」と規定していたが、多くの場合には債務者は損失することはなく、また、このような規定であると計算の問題が生じて煩雑になるという理由によって、現在のような形に改められた。債務者主義の原則自体は、「諸国ノ法律皆此ノ如クナラサルハナシ」としてその採用に疑いは抱かれていない（作為または不作為債務についての債務者主義も「古ヨリ疑ヲ生セス」と考えられている）。これに対して、例外としての債権者主義（534条）の採用に関しては、旧民法以来の立法主義（財産篇335条。フランス民法1138条に源を有する）であるにもかかわらず、

起草過程では必ずしも確信が持たれえなかったようである。すなわち、合意のみによって物権が移転するものとすれば、債権者は同時に所有者となるのだから「危険問題ノ実用ハ殆ント之ナキカ如シ」であるが、「当事者ノ意思ヲ以テ物権ノ移転ヲ一時停止シタル場合ニ在リテハ此問題ヲ決スル必要アリ」。この場合の危険を負担する者が誰かについては立法例は分かれ、債務者主義（主としてドイツ法系に由来する）は「一見双務契約ノ旨趣ニ適シ頗ル公平ナルカ如シ」。しかし、特定物を契約の目的とした場合には、債権者は目的物の価格が増減しても対価の増減を求めえないのだから、滅失した場合でもまた「債権者ヲシテ対価ヲ供スルノ義務ヲ免レシム可カラサルナリ」。つまり、債権者に特定物の滅失の危険を負担させることと債権者が特定物の増減または価格の高低があっても「其負担ニ変動ヲ来スコトナキ」こととの間には「権衡」がとれているから債権者主義を採用したというのである。そして、ローマ法が債権者主義を採ったのはこの理由であること、かつ本条は任意規定であるから当事者の意思に反する結果が生じるならば反対の特約をもって対処できること、が付け加えられている（以上、『民法修正案理由書』。梅416〜417頁もほぼ同様の説明をする）。このような根拠が学説により一致して批判されていることは、後述のとおりである（→〔265〕）。

〔262〕　（イ）　原則としての債務者主義

　　　（a）　要件　「当事者双方の責めに帰することができない事由によって債務を履行することができなくなった」ことである（536条1項）。

　　　（i）「当事者双方」の責めに帰すべからざる事由とは、「双方ともに」同事由の存しないことを意味する。債務者に同事由がなく、債権者にのみ同事由の存する場合（危険負担は債務者に同事由の存しないことを要件とするものであるから（→〔259〕）、この場合も債務は消滅することとなり、危険負担によって解決されるべき場合に属すると解されている）は、同条2項によって解決される。すなわち、「債務者は、反対給付〔対価的関係にある債務〕を受ける権利を失わない」。つまり、債権者主義を採用したわけである。債権者に責めに帰すべき事由の存する場合なので債権者に危険を負わせるのが公平だからだという理由にもとづく（ただし、〔271〕参照）。同条2

項2文も公平の考慮にもとづくものであり、いずれもドイツ民法草案（現行ドイツ民法324条1項）に倣ったものである（『民法修正案理由書』）。

(ii) 「責めに帰することができない事由」とは、債務不履行の要件における「責めに帰すべき事由」の反対概念であるので、後者に関する説明に譲る（平井・総論〔67〕以下）。

〔263〕　　(iii) 「履行することができなくなったとき」とは履行不能となったことを意味する。ところが、特定物に関する物権の設定または移転が双務契約の目的であるときには本項は適用されないから（534条1項参照）、ここに言う履行不能とは種類物に関する上記と同種の契約または作為・不作為（行為債務）を目的とする契約についてのものに限られる。しかし、種類債権については原則として履行不能は生じえず、行為債務については履行不能を観念することは一般的には困難である（以上につき、平井・総論〔12〕・〔54〕・〔69〕）。しかも、一定期間を経てはじめて対価的関係に立ち、そこに至る間は権利義務が一方のみにしか発生していない双務契約もあり、その場合にはそもそも危険負担の問題にならない（→〔243〕）。したがって、行為そのものがまったくなされえない（しかも、責めに帰すべき事由によらずに）状況にあったという特殊な場合にだけそれを想定できる。こう考えてくるならば、本項が適用されるのは、極めて例外的な場合に限られるであろう（私有地である賃借土地が市道になった場合等——大判昭14・3・10民集18巻148頁）。

〔264〕　　(b) 効果　　上記(a)の要件が満たされるならば、「債務者は、反対給付を受ける権利を有しない」（536条1項）。危険負担における債務者主義の一般原則どおり、反対給付が消滅するからであるが、この原則を機械的に貫いてまったく債務者の権利を否定すべきかは疑問とされるべき場合があり、そのような場合には危険負担の法理ではなくして、当該契約の性質に即した解決が図られるべきである（→〔263〕）。

　　　　（ウ）　例外としての債権者主義（534条1項）

〔265〕　　(a) 総説　　534条1項は、「特定物に関する物権の設定又は移転を双務契約の目的とした場合」には、債権者主義を採用する。しかし、この立法理由（→〔261〕）に対しては、現在の学説はこぞって批判する（学

説の詳細については、新版注釈民法(13)556頁以下〔甲斐〕)。すなわち、①危険が所有権の所在と一致すると解しているのは（以下の諸点につき〔261〕と対比せよ）、対価的関係にある両債務が牽連している双務契約の特質を無視するものである、②契約によって所有権が移転するといっても引渡または登記を得る以前の実質的な支配を伴わない所有権（所有権留保売買においても債権者主義が適用されることが前提とされている）に危険を負担させるのは根拠がない、③目的物の増加や価格の騰貴に対応するのはその減少や低落であって滅失ではない、というのである。この結果、学説はほぼ一致して同項の適用範囲をできるだけ狭くする解釈論を提唱している（→〔268〕）。これに対して、判例は債権者主義の原則を維持していると解するのが一般的な見方である。以上のような学説の批判は、基本的には支持すべきであるが、同項が存在する以上、解釈論としては債権者主義そのものを否定することはできない。したがって、債権者主義の問題点は、あらかじめの合意によって対処できない局面において、集約的に現れる（だから問題は小さいとも言いうるが、解釈論では限界があるとも言いうる）という点に注意されるべきである。

〔266〕　　(b)　要件　　(i)　双務契約の内容が「特定物に関する物権の設定又は移転」であること（534条1項）。特定物（その意味については、平井・総論〔12〕・〔16〕参照）に関する物権の設定または移転とは、地上権・地役権等の用益物権の設定・移転や所有権の移転を言う。担保物権は債権に付従するので、それ自体について移転は考えられず、担保物権付債権の移転であれば536条1項の適用を受けると解されている（我妻・上〔145〕をはじめとする通説。古い大審院判決に反対の趣旨のものがあるが（大判昭2・2・25民集6巻236頁）、現在でも維持されるかは疑問である）。なお、双務契約の内容が不特定物に関するものである場合には、401条2項の規定によりその物が特定（534条は「確定」と表現する）した時から（そこに至る間は債権者主義によること前述のとおり）、この要件が満たされる（同2項。この点に関しては平井・総論〔21〕参照）。

〔267〕　　(ii)　その特定物が「債務者の責めに帰することができない事由によって滅失し、又は損傷」したこと。「責めに帰することができない事由」

とは「責めに帰すべき事由」の反対概念であることは536条1項におけると同様であるから、その箇所（→〔262〕、平井・総論〔67〕）を参照せよ。「滅失」とは、物の引渡債務の履行不能の代表的な場合であるので、履行不能の箇所を参照せよ（平井・総論〔54〕）。「損傷」とは、その特定物が物理的に損傷を受けたことによって取引上の価値の低下がもたらされたことを意味する。

〔268〕　　　(c) 効果　以上の要件が満たされると「その滅失又は損傷は、債権者の負担に帰する」（534条1項）。すなわち、対価的関係にある債務は消滅せず、したがって債権者（消滅しないほうの債務については債務者である）はその債務を履行する義務を負う。前述のとおり、これは危険負担における債権者主義の帰結である。

　　　　　　(i) 前述のように、学説は債権者主義に対して立法論として強く反対しているので（→〔265〕）、解釈論としては債権者主義の適用を狭めるような解釈を提唱する（通説）。そのような解釈論として、①債権者主義の帰結に反対の趣旨の特約または合意を広く認定する、②特定物に関する物権の移転を目的とする双務契約の特殊な場合（他人物売買・二重売買・所有権留保売買等）には、債権者主義の適用を否定する、③特定物の引渡またはそれについての登記を移転する時期について合意のある場合には、それらは危険の移転時期をも定めたものと解釈（規範的解釈を含む）する（したがってその時に至る間は債務者主義）、等が主張されており、さらに、④上記③の解釈論を延長して合意がなくとも③の帰結を認めようとする説も主張されている（学説の詳細については、新版注釈民法(13)539頁以下、567頁以下〔甲斐〕参照。これらの問題を扱った判決例は見当たらない）。なお、契約実務においては、引渡に至る間の危険については債務者が負担し、引渡以降の危険については債権者が負担する旨の条項を有する契約書が用いられることが多いと言われており（契約書の実例とその分析については、沢井裕「危険負担」現代契約法大系2 参照）、その限りで民法における債権者主義の原則は実質的には修正されている。

〔269〕　　　(ii) これに対して、判例は債権者主義を維持するものと解するのが一般的な理解である。その根拠として引用されるのは最判昭和24年5月

31日民集 3 巻 6 号226頁（特定物売買の目的物が空襲により滅失しても代金債権は消滅しないと判示して、その支払のために振り出された手形にもとづく請求を認めたもの）であるが、上記の判決の事実関係は、売買の目的物が買主の占有下にあるときに滅失したものであるから、反対説に立っても危険が債権者に移転したと解される事案であり（③参照）、これを根拠に判例が債権者主義を維持していると解すべきでないとも言いうる（小野・前掲書→〔261〕）。そして、引渡時により危険が移転する旨の契約書または約款の普及により、双務契約において債権者主義の当否が争われた例はまれである。むしろ、契約によらずに所有権が移転する場合において、下級審判決は明確に債権者主義の原則によって問題を解決している（借地借家法にもとづく建物買取請求および造作買取請求の場合につき、大阪高判昭26・12・22下民 2 巻12号1494頁）。この場合には合意の解釈によって債権者主義を修正するという手法を用いることができないので、債権者主義の原則の問題点が顕在化することになる（この場合でも、債権者主義を拒否するとすれば、解釈論の限界に近い〔268〕の④説を採用するほかない）。そこで、立法論としては、すべての債務につき債務者主義に立脚する旨の規定をおくことが考えられるが、そうだとすると行為債務における履行不能とは何かという新たな理論的問題（→〔263〕）が生じてくることは避けられない。したがって立法論には慎重に臨むべきであろう。

〔270〕　　　（d）　債権者主義の例外　　停止条件付双務契約の目的物がその条件の成否未定の間に滅失した場合には、債権者主義の原則は適用されない（535条 1 項）。つまり債務者主義になる。条件付法律行為は条件成就の時に効力を生じるものであるから、その時に目的物は存在すべきであり、したがって滅失していたら当該法律行為は「要素」を欠いて無効となるので債務者は対価を請求しえないからだ、というのがその立法趣旨である（梅420～421頁）。これに対して解除条件付双務契約については規定がない。解除条件が成就するまでは契約は効力を生じているのであるから、債権者主義の原則で処理されるのは当然であり、同条件が成就すれば契約は効力を失い債権債務は消滅するが、それは終了から生じる債権債務の履行に関するものであるから危険負担の問題ではない（不当利得の問題

となる)というのが規定をおかなかった理由である(梅424頁、通説)。停止条件の成否未定の間に目的物が滅失ではなく損傷の場合には規定があり(535条2項)、損傷の場合には目的物が存在するのだから、債権者主義の原則に戻る。したがって、滅失が損傷かによって債務者主義または債権者主義が適用され、正反対の結果が生じることになる。滅失と損傷とは量的差異(後者はその程度により前者に近づく──〔267〕)にすぎず、その境界は不明確であるのに、このような結果を生む上記の規定については、立法論としてかねてから疑問が提起されている(梅421頁。通説も反対)。解釈論としてこの「不公平」(梅421頁はこう表現する)を解決するのは甚だ困難であるが、同条1項は全部履行不能のゆえに債務から解放される場合を定めたものであり、2項は一部不能の場合を規定したものであって、債務者は不能の程度に応じて債務から解放され、債権者は不能の程度に応じた対価の請求権を有するにすぎないと解するとでも考えれば、多少は不公平は解消されるであろう。もっとも、この解釈は危険負担ではなく広義の債務不履行として理解するものであるから、明文に反することはたしかである。立法論としては、本条を危険負担の問題ではなく、ともに不能による債務解放効に関する規定として理解し「不公平」を解消すべきではないかと思われる。ただし、本条についてはほとんど判決例が見当たらない。なお、535条3項は、停止条件の成否未定の間における「債務者の責めに帰すべき事由」による損傷について定めたものであるが、債務者の責めに帰すべき事由であるから、これは危険負担の問題ではなく、また、同項の定めるところも543条から当然に生じるものであって、同項は注意的な規定にすぎない(「前2項ノ場合ト対照シテ一目瞭然タルコトヲ欲シタルニ過キス」──梅423〜424頁)。

〔271〕　　(エ)　債権者の責めに帰すべき事由による履行不能の場合の危険負担
　　　　(a)　「債権者の責めに帰すべき事由」による履行不能のときは「①債務者は、反対給付を受ける権利を失わない。②この場合において、自己の債務を免れたことによって利益を得たときは、これを債権者に償還しなければならない」(536条2項後段)。債権者の責めに帰すべき事由による履行不能は、債務者の責めに帰すべき履行不能におけるのと同様に

損害賠償請求権を他方当事者に与えることによって解決すべき問題であるようにも思われるが、ドイツ法系（フランス民法は規定を有しない）の立法はこれを危険負担の問題（つまり、債務者の責めに帰することができない履行不能の一場合であるから反対給付請求権が消滅するか否かの問題となる）として扱うようになり（小野前掲書（→〔261〕）参照）、民法もこの立法主義に従った（『民法修正案理由書』――ドイツ民法324条1項参照）。そして、この場合には帰責事由のある当事者に危険を負わせるのが公平であることに疑問が抱かれないため、債権者主義を採用したものである。①はそのことを前提とした当然の規定であるが、②は、公平に合致するという理由で①の帰結をその限度において修正するものである（これもドイツ民法前掲条に倣った）。しかし、行為債務においては、履行不能を観念することは困難である場合が少なくない（平井・総論〔54〕）ので、行為債務の場合には、損害賠償の問題として解釈すべきではないかと思われる。

〔272〕　　　(b)　536条2項が適用される重要な事例は労働法の分野におけるものである。というのは、⑦使用者の争議行為（ロックアウト）は、債権者の責めに帰すべき事由による履行不能なのか、そうだとすれば被用者は反対給付を受ける権利（賃金請求権）を有するのか、①労働基準法26条は「使用者の責に帰すべき事由による休業の場合」に、休業期間中一定額（平均賃金の100分の60）以上の賃金の支払義務を使用者に課していることとの関係をどのように解すべきか、等が問題となるからである。すなわち、同条の使用者の責めに帰すべき事由とは債権者の責めに帰すべき事由と同じなのか、同じだとすれば同条は536条2項によって全額請求できるはずの賃金請求権を制限（536条2項の適用を排除）したものと解すべきか否か、という問題が生じるからである。最高裁は、⑦については正当な争議行為であれば賃金請求権は生じない（たとえば、最判昭50・4・25民集29巻4号481頁）と判示し、①については、労働基準法26条の趣旨を労働者の生活を同条の定める限度で保障しようとするものだと解して、536条2項の適用は排除されない（たとえば、最判昭62・7・17民集41巻5号1350頁）と判示する。いずれも労働法的な考慮にもとづくものであって、民法の解釈論として論じるべきか否かは疑問であり、しかも、

雇用契約における労務提供義務のような行為債務については履行不能を論じる余地は乏しいから（→〔271〕）、536条2項の解釈として扱うべきか否かも疑問である（したがって、請負契約に関して536条2項の適用によって問題を解決した最判昭52・2・22民集31巻1号79頁は疑問である。──〔263〕参照）。学説は、労働法上の考慮を要する問題をも536条2項の適用例として扱うのが一般であるようにみえるが（新版注釈民法⒀593頁〔甲斐〕参照）、以上のように考えてくると、判例・学説において536条2項の適用に相応しい事例は未だ現れていないように思われる。

第5節　契約上の権利義務の消滅

〔273〕　***1***　総説——各種の消滅原因

（ア）　契約上の権利義務の多くは債権債務であるから、債権一般の消滅原因（弁済・相殺・更改・免除等——平井・総論〔139〕以下）によって消滅し、解除権のように契約当事者たる地位から生じる形成権は、特殊の原因（547条・548条）によって消滅する（→〔334〕以下）。いずれの場合でもこれらの権利は権利一般の消滅原因（消滅時効・解除条件の成就等）によっても消滅する（この問題は総則に譲る）ことは言うまでもない。これらと異なり、本節は契約関係そのものの解消または消滅（したがって、それに伴う契約上の権利義務の消滅）という問題を扱う。[*]

[*] **事情変更の原則および再協議（再交渉）義務**　契約上の権利義務が消滅する特殊な場合として、事情変更の原則の適用による場合がある。事情変更の原則（以下の記述は、新版注釈民法(13)63頁以下〔五十嵐〕に多くを負う）とは、契約締結後その基礎となった事情が当事者の予見しえなかった事情の発生によって変更し、そのために当初の契約に当事者を拘束することが苛酷となった、という要件の下に、その効果として、当事者に解除権または契約内容の改訂権（近時では、第1次的効果として次述の再交渉義務）を認める、という法理である。激しい経済的変動があった時（1970年代のいわゆるオイル・ショック時や1990年代のいわゆるバブル崩壊時）に、訴訟において当事者がこの原則を主張することが少なくないが、一般論として言及する判決は存在するものの、この法理の適用を正面から認めた最上級審判決は存在しないようである（判決例については前掲・新版注釈民法前掲箇所を参照）。しかし、この原則を支える考え方は、具体化された要件と、再交渉義務および裁判所による契約改訂権または契約解消権という効果を持つ、いわゆるハードシップ条項として広く認められるようになっている（UNI原則6・2・1〜6・2・3，PECL 6：111参照）。継続的契約（とくに組織型契約）においては、将来生じるであろう経済的変動に備え、要件を明確化した上で再協議（再交渉）に応じる義務を定めた条項（再協議条項）をおくことは、法律

家のなすべき仕事であると言うべきであろう（いわゆるサブリース（→〔135〕）において、法律家が契約書作成に深く関与しながらもこの種の条項をおかなかったことが紛争の解決を難しくしたとも考えられる）。したがって、要件・効果を明確に定めたハードシップ条項は、包括的な事情変更の原則の可否とは別に、その効果を認めるべきであろう。

（イ）　契約を締結するかしないかを決定する自由と同様、契約を解消するかしないかを決定する自由が存在することは、市場が財を配分する機能を果たす際の基本的要請であり、したがってそれは契約自由の原則（本書の用語によれば「市場的取引の原則」——〔84〕）の根幹を成している。こうして、ⓐ契約関係の消滅は契約当事者の合意（意思）によるというのが基本原則（以下、合意による消滅と言う）となる。この基本原則の例外として、ⓑ民法の定める一定の要件の下で一方当事者がその者の意思のみによって（つまり他方当事者の意思如何にかかわらず）契約関係を消滅させることができる（そのような法律上の地位を解除権と言う）場合が存する。民法は、ⓐの基本原則については規定せず、ⓑについてのみ規定をおくが、それらの規定は2種に分かれる。すなわち、①当事者の一方が債務を履行しない場合一般における解除権の要件・効果について定めた規定（540条～548条）と、②各種の典型契約ごとに定めた解除権の発生原因およびその効果に関する規定（561条～568条、570条、594条3項、607条、610条～612条、625・626・635・641・642・651・691条等）との2種である。②については典型契約を説明する第4章以下（『債権各論Ｉ下』）で扱われるので、本節が説くのは、ⓐおよびⓑ①のみである。以下まず、「合意による消滅」と題してⓐを説明し、次いで「法定解除権の行使による消滅」と題してⓑ①を説明する。

〔274〕　***2*　合意による消滅**

　　　（a）　総説——合意による消滅の種類　　合意による消滅の原因として2種のものが区別される。すなわち、①契約の消滅そのものを目的とする合意による場合と、②当事者の一方に一定の事由が生じたときに他

方当事者が解除できる旨を定める場合とである。①を合意解除または解除契約と言い、②を約定解除または解除権の留保と言う。両者の差異は、原則として、①においては消滅の要件・効果が、消滅を目的とする合意の解釈にすべて帰着し、債務不履行についての解除権に関する規定を適用すべきでないと解されているのに対し、②では、特段の合意の存しないかぎり、それが解除権の要件・効果に関する規定の準用または類推適用によって解釈すべきものと解されている点にある（我妻・上〔210〕・〔341〕等通説。ただし、判例には、①の場合に関し、合意解除を法定解除と同一の根拠によって解釈したものがあるが、これが適切でないことについては、〔278〕参照）。

〔275〕　　(b)　合意解除　　(i)　要件　　①以前に締結された契約が存するのに、締結されなかったと同じ状態にすることを目的とする趣旨の合意があること。要件はこれに尽きる（ただし、合意解除も契約の1つであるから、これ以外に法律行為および契約の一般的要件を満たす必要があることは言うまでもない）。この趣旨の合意であるか否かは契約の解釈の問題であり、それが有効であるか否かの問題も法律行為の一般理論によって決すべき問題である。②上記のとおり、合意解除の要件（および次述の効果についても）はあくまで当事者の意思を基準とすべきであるが、その解釈の基準を挙げれば次のとおりである。

　　　　⑦　契約の履行がすべて終了した後になってその契約を合意解除するのは異例と考えるべきであるから、履行がすべて終了したことを認定しつつそれを解除する旨の合意の成立を認定するのは慎重であるべきであり、原則として特段の事情あるときに限る、と解すべきである。したがって、履行が未だ終わっていない場合（将来にわたって履行すべき継続的契約がこれにあたることが多い）に合意解除の存在を認定するのを原則とすべきである（継続的契約の場合には合意解除の効果は原則として将来に向かって生じると考えるべきである──〔75〕）。

　　　　①　契約が有効に存続しかつ何等の問題を生じさせていないのに合意解除に至るのは例外的な事態と考えるべきであるから、そのような場合に解除の合意の存在を認定するのには慎重であるべきである。これに対して、履行が一定期間にわたって中断されていたり、債務不履行

またはそれに準じるような事態が発生したり、合意解除に向けての交渉が開始または継続していたような場合には、原則として合意解除を認定するのに妨げはないと考えるべきである（債務不履行事由の存在を当事者双方が認識しつつ合意解除をしたときの効果については、〔277〕）。

〔276〕　　(ii) 効果　　合意解除の効果がいかなるものであるかを決するのも、当該合意の解釈に帰着し、これを一般的に論じるのは困難であるが、当該合意の趣旨が明瞭でない場合における解釈の一般的基準をあえて挙げれば、次のとおりである。

　①　合意解除の趣旨は、契約当事者間の法律関係を契約締結前の法律関係を単純に（つまり、合意解除の対象たる契約の締結によって生じた法律関係を不問に付して）復活させることにあるのを基本とするものと解すべきである。したがってたとえば──

　㋐　手付の授受を伴う売買契約が合意解除された場合には、解約手付の趣旨で交付されたとしても手付は返還されるべきであり（大判昭11・8・10民集15巻1673頁）、手付の授受に関する特約も適用されない（大判昭8・4・24法学2巻225頁）。また、合意解除により返還した代金につき売主が財産税を納付していてもその返還を求めることはできない（最判昭28・1・8民集7巻1号1頁）。損害賠償や違約金の請求ができないのも言うまでもない。したがって、更改契約を合意解除しても一旦消滅した旧債務は復活しないと判示した古い大審院判決（大判大6・4・16民録23輯638頁）は不当だと解すべきである（名古屋高判昭52・7・20下民28巻5＝8号856頁は、復活すると判示する）。

　㋑　合意解除の趣旨を①のように解するとき、その法律的性質如何が問題となるが、原則として、契約締結前の法律関係を復活させるように行為すべき義務が合意解除（という契約）から生じると解すべきであり、したがって、その性質は契約上の義務であると考えるべきである。したがってまた、この義務については、法定解除に関する民法の規定が適用されないのは言うまでもない。もっとも、判例は合意解除から生じる返還義務の性質を不当利得だと解しているようであるが（大判大8・9・15民録25輯1633頁。最判昭32・12・24民集11巻14号2322頁もこれに従って

おり、準則と言ってよい)、その趣旨は545条以下の規定を準用すべきでないという点に力点があると解すべきであろう（返還義務の範囲につき合意の趣旨が明らかでないときは不当利得の規定が類推適用されるべきであろうから、結論的には同旨に帰する）。

〔277〕　②　当事者の一方に責めに帰すべき債務不履行の事由があることを双方が知りつつ合意解除した場合の効果も、当事者の合意の解釈によって定まることは言うまでもないが、解釈によっても明らかでない場合には、次のように解すべきであろう。すなわち、ⓐ当事者の他方は、特段の事情のないかぎり、債務不履行を原因とする権利（損害賠償請求権・履行請求権・解除権）を放棄したものと解すべきである。これに対して、ⓑ合意解除の外形のみを作り出す目的であったときは、虚偽表示に関する一般原則に従い、当事者間では債務不履行の効果は失われず、外形を信頼した第三者の保護が図られるべきである（なお、最判昭47・3・7判時666号48頁は、土地賃貸借の合意解約の原因がもっぱら賃借人の債務不履行にあるときは、その効果を地上建物の競落人に対抗できる旨を判示しているが、判旨の主たる理由は合意解約による賃借権の消滅を知りつつ競落した点にあると解すべきである）。

〔278〕　③　合意解除の効果は、当事者以外の第三者に対しては主張できないのが原則である。これは、契約の効果の及ぶ範囲は当事者間に限られるという一般原則の帰結である。したがってたとえば——

　　　㋐　土地の賃貸借が合意解除されても、土地賃貸人は特別の事情のないかぎり、その効果を地上建物の賃借人に対抗できない（判例の準則と認められる。たとえば最判昭38・2・21民集17巻1号219頁、同昭49・4・26民集28巻3号527頁——ただし、後者は特別の事情により対抗を認めたもの）。同様に、適法な転借人に対しては賃貸人は賃貸借の合意解除の効果を対抗できない（大判昭9・3・7民集13巻278頁、最判昭31・4・5民集10巻4号330頁、同昭38・4・12民集17巻3号460頁——ただし、両判決とも特別の事情により対抗を認める）。

　　　㋑　不動産売買契約を合意解除しても、売主はその効果を転買主に対抗できないのは一般原則上当然であるが、最高裁は、法定解除に

関する545条1項但書を引用しつつ、上記但書にいわゆる第三者についても177条の適用があるとして仮登記を経由したにとどまる転買主に上記第三者たる地位を与えない（したがって合意解除の効果を対抗できる——最判昭58・7・5判時1089号41頁）。しかし、前述のとおり、合意解除の効果はあくまで契約の一般原則によって処理されるべきであるから、少なくとも法定解除の規定およびその解釈を根拠とするのは適切でないと言うべきである（判旨は仮登記を経由しただけでは転買主たる地位〔利害関係の大きさ〕を有しない旨を判示したとも解されるが、合意解除の場合には転売契約の存在だけで十分だという解釈もありうる）。

㋒　かつて大審院は、詐害行為の対象たる契約が合意解除されたときは、債権者は詐害行為取消権を行使できないと判示したが（大判大11・6・22民集1巻343頁。理由は契約が存在しなくなった以上取消できないというにある）、これも上述した契約の一般原則による処理に反する解釈である。合意解除の効果は第三者に対抗できないのが原則であるから、詐害行為取消権の要件（無資力要件等）が満たされているかぎり、合意解除後であっても取消権は行使できると解すべきである。

〔279〕　　(c)　約定解除または解除権の留保　　(i)　意義および要件　　当事者間の合意で、一定の事由が生じたときには一方が解除できる（つまり解除権が発生する）旨をあらかじめ定めておくことを約定解除または解除権の留保（以下、約定解除と言う）と言う。解除権発生の要件である一定の事由には種々のものがあるが、概して、①他方当事者の債務不履行により解除権が発生することを前提とした上で、債務不履行にあたる事由を具体化し列挙するもの、②取引を継続する（したがって②は継続的契約である場合に用いられる）のに危険があると思われる事由（他方当事者の資力不足のおそれがあることを示す事由——たとえば、他方が差押・滞納処分・不渡処分を受けたこと等）が生じたときに解除できる旨を定めるもの、等が多い。

〔280〕　　(ii)　効果　　約定解除においては、解除権の発生原因だけについて当事者の合意があるにとどまり、解除の内容そのものに合意があるわけではないから、合意の解釈によって解除による権利義務が定まるという問題は生じない。したがって、解除権が発生さえすれば、その内容は、

特段の意思表示がないかぎり（催告や相当期間の定めなしに効果が発生する旨の特約はしばしば行われる——これらの要件については〔300〕以下）、一方的意思表示である法定解除の規定によって定まるのが原則である（→〔274〕）。したがって、法定解除に関する説明に譲り、これ以上立ち入らない。

〔281〕　**3　法定解除権の行使による消滅**

（ア）　総　説

（a）　解除の意義と性質　　（i）　解除とは、契約当事者の一方に債務の不履行があれば、他方当事者に法律上当然に（一方当事者の意思如何にかかわらず）、契約を締結されなかったのと同様の状態を作りだす地位（つまり契約上の債権債務を免れる地位）が発生し、その地位（解除権）にもとづいて、契約を締結前の状態にすること、またはその権利を言う。「契約」の章の「総則」の節における第3款「契約の解除」に属する規定は、これを定めたものであり、合意解除に対する意味で、これを法定解除と言う。解除という語は、契約総則に現れるだけでなく、典型契約の規定の各所に現れるが、それらの「解除」は、法定解除とは要件・効果において差異がある。すなわち、①要件において異なるのは、売買における売主の担保責任（561条～568条・570条）、使用貸借（594条3項）、賃貸借（610条～612条）、雇用（625条3項・626条・628条）、請負（635条・641条・642条）、委任（651条）、終身定期金（691条）におけるものであり、②効果において異なるのは、賃貸借（620条）、雇用（630条）、委任（652条）、組合（684条）におけるものである。②におけるものは、いずれも継続的契約であり、「将来に向かってのみその効力を生ずる」（620条）点（つまり、後述する原状回復義務が生じない点）において共通しているので、理論上はこれを「解約」または「告知」と呼んで、解除と区別するのが一般である（本書は告知と言う→〔75〕）。さらに、③特殊な「解除」として、手付による解除（557条）および買戻における解除（579条）がある。広い意味では、「解除」とは上記①②③を言うが（さらに広い意味では合意解除を含むこともある）、狭い意味では、法定解除のみを言う。以下、解除と言うときに

は、法定解除のみを意味する。

　　　(ii)　解除に関する規定は、「契約」の章の「総則」の箇所におかれているから、特則のないかぎり、契約上の債務不履行すべてに適用されるはずのものである。しかし、解除の規定の総則としての性格は必ずしも大きなものではない。その理由は、各典型契約において規定されている特則の適用範囲がかなり広いこと ((a)参照)、判例・学説によって新たな要件がこれらに加えられていること、総則の解除に関する規定は、本来、特定の契約の型（引渡債務を内容とする一時的契約）のみを念頭において生まれたと思われること、による（→〔296〕・〔299〕）。

〔282〕　　(b)　立法趣旨　　解除に関する主要な規定の立法趣旨は、おおよそ次のとおりである（高森八四郎「解除と第三者」関西大学法学論集26巻1・2号、好美清光「契約の解除の効力」現代契約法大系1所収、北村実「解除の効果」講座5所収、渡辺達徳「履行遅滞解除の要件・再構成に関する一考察」法学新報105巻8 = 9号およびこれらに引用されている文献等を参照）。

　　　(i)　旧民法財産篇は、解除を「成立ノ単純、有効又ハ条件附ナル義務」という題名を有する款（ただし、同編第9節は「解除」と題して561条のみをおくが、「義務ノ消滅」の面から定めたにすぎず、解除の内容は実質的には同款における規定の定めるところに尽きる）において、条件の1つとして扱い（同406条2項）、かつ双務契約を「義務不履行ノ場合ニ於テ常ニ解除条件ヲ包含ス」るものと規定する（同421条1項）。そして解除するには裁判上請求することを要し、これに対して裁判所は一定の事由があれば請求を受けた者に「恩恵上ノ期限」を与えることができる（同条2項・406条）。これらの規定は、フランス民法に倣ったものであるが（同民法1234条・1184条・1656条参照）、現行民法起草の際にはこの立法主義は踏襲されなかった。すなわち、「契約解除ニ関スル諸国ノ立法例ハ凡ソ之ヲ三種ニ区別スルコトヲ得……［それらは］①既成法典［旧民法］ノ如ク裁判上解除方法ニ依」るもの、②「独逸……民法草案ノ如ク……意思表示ニ依ル解除方法ヲ採」るもの、③「当然解除主義ニ依ルモノ［ドイツ商法357条等が念頭におかれていたらしい］」であるが、このうち、③は、簡便に過ぎて「法律ニ慣レサル一般人民ハ往々ニシテ不知不識ノ間ニ権利ヲ失ヒ意

外ノ不利益」を被るという弊害がある。①は、「鄭重確実」ではあるが、「干渉ニ失シ」、費用および手数を要する上、「人民ハ裁判所ニ出ラルコトヲ厭フカ如キ感覚上ノ理由」により、取引の便宜のために認められた解除権の効用が減殺される。そこで、②を採用して、「実際ノ便宜ニ適セシムルト同時ニ取引ノ確実ヲ失フコトナカラシメタリ」（以上、『民法修正案理由書』）。このように、現行民法の解除に関する規定は、旧民法における解除の制度を、意思表示によるという点ではフランス型からドイツ型（ドイツ民法346条以下参照）へと転換させることを意図して立法されたものであるが（ただし、起草者は解除の対象となる契約を双務契約に限定しておらず、この点でドイツ民法とも異なる——〔292〕）、その実質においてなおフランス民法の影響をとどめていることは、次述のとおりである（→〔283〕以下）。

〔283〕　(ii)　541条は、解除条件という旧民法の立法主義を改めたほかに、適用対象を双務契約に限定した点をも改めて、片務契約にも適用を認める趣旨でおかれたものである。「相当の期間」を定めた催告を要求したのは、旧民法の「恩恵期限ノ許与」が「妥当ナルノミナラス債務履行ノ見込アルトキハ甚タ便利ナルヲ以テ……恩恵期限ナルモノヲ認メサルニ拘ハラス之ニ代フル」ものとする趣旨であり、そこに旧民法との連続が認められる。

〔284〕　(iii)　541条は「債務を履行しない場合」一般に関する規定である。このことは、履行不能の場合の解除を定める543条が、「履行不能ノ場合ニモ之レアリ〔541条の解除権がある〕ト云フヲ得ス」という理由でおかれたという趣旨（415条と同じである）に鑑みて明らかであり、かつてのドイツ民法が履行遅滞と履行不能とに区別して解除を規定していた（ただし、2001年の債務法改正によりこの区別は棄てられた。現行323条参照）のと異なって（同民法）、解除条件とするフランス民法に近い。もっとも、履行不能の場合の解除について定める543条は「責めに帰すべき事由」（帰責事由）の存在を要件にしている点において異なっている。

〔285〕　(iv)　545条１項は、旧民法財産篇409条２項が「解除条件カ成就スルトキハ当事者ヲシテ合意前ノ各自ノ地位ニ復セシムルト規定シ其他多数

ノ立法例ニ依レハ解除権ノ行使ハ法律行為ヲシテ根本ヨリ消滅セシメ従テ物権上ノ効果ヲ生スルコトヲ認」めていたのを改めたものである。その理由は、旧民法の同項のような効果を認めたのであれば、「公示ノ方法［同編410条2項参照］ヲ尽サシムルモ尚ホ第三者ハ往々損害ヲ蒙ムルコトアルハ免レサル所ニシテ従テ取引ノ安全ヲ妨クルノミナラス……第三者ヲシテ其取得シタル物ヲ保護改良スルコトニ躊躇セシメ一般経済上ノ利益ヲ害スル」ことになるからであり、そこで「独乙民法草案ニ倣ヒ……単ニ人権［債権］上ノ効果ノミヲ生シ……各当事者カ其相手方ヲ原状ニ回復セシムル義務ヲ負担スルニ止マリ第三者ハ之レカ為メニ其権利ヲ害セラルコトナキヲ認メ以テ取引ノ安全ヲ保チ経済上ノ利益ニ適セシメタリ」。そして、同条3項がおかれたのは、「解除権ノ行使カ損害賠償ノ請求ヲ妨ケサルコト殆ト疑」ないのではあるが、「多数ノ立法例ニ依レハ解除権ト賠償請求権トニ付キ其一ヲ選択セシムルモノナレハ或ハ解除権ノ行使ハ損害賠償ノ請求権ヲ除却スルモノナリトノ疑ヲ生セシムルニ因リ特ニ明文ヲ掲ケタ」からである（以上、『民法修正案理由書』）。このように、同条1項は、解除に債権的な効力しか認めない点において、「独乙民法草案」に倣ったものではあるが（ただし、ドイツ民法が解除に債権的効力しか認めないのは、物権行為の無因性という大原則があるからであって、無因性を認めない〔176条参照〕日本民法とは、その点でまったく異なる）、解除と損害賠償とを両立させるのはドイツ民法草案の解除制度には存在しなかったものであり（そこでは、不履行を受けた当事者は、解除するか損害賠償を請求するかのいずれかを選択しなければならない。2001年の債務法改正前の同民法326条1項参照。ただし、改正後はこの趣旨は根本的に改められ、両立しうることが規定された。同民法325条参照）、フランス民法に従ったものである（同民法1184条参照）。

〔286〕　　　(c)　判例・通説の態度　　解除の制度の立法趣旨が上記(b)のようなものであったにもかかわらず、解除についての伝統的な判例・通説（以下、伝統的通説と言う）はこれと大きく異なり、ほぼ次のごとき状況にある。

(i)　債務不履行を理由とする解除の要件は、損害賠償という効果を生じさせるものとしての債務不履行の要件（415条参照──平井・総論〔37〕

以下）と同じく、履行遅滞・履行不能・不完全履行の3種に区別され、541条は履行遅滞にもとづく解除、543条は履行不能にもとづく解除、の要件をそれぞれ定めたものである。不完全履行については民法は規定を欠いているが、追完して完全な履行をすることが可能な場合（追完を許す場合）には541条が、追完を許さない場合には543条が、それぞれ準用される（〔283〕と対比せよ）。

　　　(ii)　上記(i)における3種の不履行すべてを通じる要件として、「責めに帰すべき事由」の存在が要求される（〔284〕と対比せよ）。

　　　(iii)　解除の効果は、物権法上の効果を含めてすべての権利義務関係を遡及的に消滅させることにある。したがって、すでに履行した給付については不当利得による返還請求権を生じさせることになる（このように解する説を直接効果説という。これに反対する説の主なものは、解除によって原状回復義務が生じるだけだと説く間接効果説である。直接効果説を〔285〕と対比せよ。詳細については〔314〕以下）。

〔287〕　　　(d)　近時の学説　　しかし、近時の学説は、(c)に掲げた通説（以下、伝統的通説と言う）にいずれも批判的であって（前掲好美・北村・渡辺各論文参照）、伝統的通説は次第に力を失いつつあるように思われる。その理由は、ほぼ次のとおりである。

　　　(i)　解除とは、契約当事者を締結した契約の拘束力から解放させ、当該契約を締結しなかったと同じ状態を回復させる制度であるから、当事者に生じた損害を賠償させる制度と異なる機能を有するはずであり、したがって、解除の要件および損害賠償の要件は、この機能の差異に応じて分化されるべきであって、両者の要件を等しく解するのは（→〔286〕参照）、疑問である。

　　　(ii)　帰責事由の存在を要件として課するのは、上記(i)に述べたところに鑑みると疑問であり、履行不能の場合を除き（解除と危険負担とが異なる制度である以上、この場合には帰責事由を要求せざるをえない──〔307〕参照）、この要件は再考されなくてはならない（→〔284〕参照）。

　　　(iii)　直接効果説は、解除の効果に関する民法の規定を統一的・整合的に説明できない。解除によって契約上の効果がすべて遡及的に消滅す

ると解するならば、論理的には損害賠償請求権も消滅することになって解除と損害賠償請求権との両立を承認する規定（545条3項）と整合しない（直接効果説は、この規定を遡及効を制限したものと解する）。また、既履行の部分の返還請求権を不当利得によって説明しても、原状回復義務の範囲についての民法の規定（545条2項）は不当利得の原則（703条・704条）とは一致しない（直接効果説はこの規定を不当利得の特則だと説く）。これらを遡及的消滅または一般原則の例外だと説明することは不可能ではないが、それは、直接効果説の理論としての説明力を奪う結果となる。

〔288〕　　（e）評価　　上記(d)に示した近時の学説は、日本民法の解除制度の構造（次述）に適合した解釈論の樹立をめざしており、評価されるべきであって、解除についての解釈論は、次の理由にもとづき、近時の学説の説くところを基本として、これを考えるべきである。

　　　（i）解除に関する伝統的通説は、ドイツ民法における解除制度の解釈論に倣うものである。たしかに、現行民法は、立法形式の上では旧民法を捨ててドイツ型へと転換したが、その実質においては旧民法を受け継いでおり（→〔305〕）、ドイツ民法の解釈論をそのままの形で採用するのは無意味である。すなわち──

　　　（ii）債務不履行の要件を履行遅滞・履行不能・不完全履行の3種に類型化するのは当時のドイツ民法に倣ったものであるが、2001年の債務法改正によりこの区別は解除の要件としても意味を有しなくなった（ドイツ民法323条参照）、この類型化は、損害賠償という効果をもたらす要件としても、理論的に適切ではない（平井・総論〔67〕以下）。まして、解除と損害賠償とはその機能を異にするのであるから、一層強い理由によってこれに従う必要はないと言うべきである。立法趣旨にあるとおり、541条を債務不履行一般（ただし、その総則性は大きくはない──〔281〕）についての解除の要件を定めたものと解すべきであり、543条は、履行不能の類型が特殊な考慮を要する（→〔284〕参照）が故におかれた規定だと解するのが、日本民法の構造に即した解釈だと言うべきである。

〔289〕　　（iii）上記(ii)のように考え、かつフランス民法における解除条件の要件を考慮に入れると、帰責事由を要件にすべきか否かが問題となってく

る。前述のように、近時の学説は、損害賠償の要件としては帰責事由を要すると解しつつ、債務不履行による解除の要件としての帰責事由の必要性を否定する傾向にある。ただし、その根拠は損害賠償をもって有責な債務不履行への制裁と位置づけたり、国際統一売買条約からの示唆によるものであったりするものであり（渡辺・前掲論文〔282〕参照）、判例の固守する帰責事由の要件（→〔307〕）を批判してこれを要件から排除しようとするには、この根拠はやや薄弱と言わざるをえないように思われる。むしろ、債務の種類に応じて帰責事由の内容を分化させ、解除の要件に組み入れる方向で考えるべきである（→〔307〕）。

〔290〕　　(iv)　解除の効果についての直接効果説は、これを採るべきではない。効果についての学説の対立（→〔314〕）は、ドイツ民法の解釈論の輸入に由来するが、ドイツ民法学における解釈論は物権行為の無因性を大前提とせざるをえない議論であって、物権変動についての日本民法の大原則と全く異なるからである（日本の直接効果説はドイツ民法の下では成り立たない議論である）。したがって、日本民法の解釈論としては、立法趣旨のとおりに（→〔285〕）、解除は債権的効果のみを有し、契約によって生じた物権的効果は解除によって影響を受けない、と解すれば足りると言うべきである（日本民法における直接効果説は、むしろ「物権的効果説」と呼ぶべきであろう。物権行為の無因性の原則の下では、どの説を採ろうと解除の効果は常に「債権的効果」にとどまるからである）。

〔291〕　　(v)　上に述べたとおり、学説では、伝統的通説は力を失いつつあるように見えるが、後述のように（→〔295〕以下）、判例は通説の立場を固持していると解するのが一般の理解である。したがって、(iv)に示した理論的立場から判例をどのように理解し、判例との関係でその立場をどこまで正当化できるかが、上記の理論的立場の当否を判断する材料となる。この関係で注目すべきなのは、通説に同調していると理解されている判例の扱った事例は、ほとんどすべて引渡債務の解除に関するものであり、行為債務の解除に関するものではない、という点である。判例を考察する際には上記の点に留意されるべきである（この点を指摘するものとして、渡辺・前掲論文。詳細については〔297〕）。

以上のような基本的考えにもとづき、以下に、解除の要件および効果を説く。

〔292〕　（イ）　解除の要件——債務不履行一般（541条）の場合

　　　（a）　契約上の権利義務関係が存在すること。解除は、契約が存在しなかったと同じ法律関係を作りだす制度であるから、契約上の権利義務関係が存在することが解除の当然の前提であり、これを要件と考えなくてはならない（契約が存在すれば足り、権利義務が有効であることまでは要しないと考えるべきであろう。つまり、契約の効力は解除とは独立に主張できると解するべきである）。問題は、そこにいわゆる契約とは何か、である。

　　　（i）　前述のように（→〔282〕）、民法は、旧民法の立法主義を改めて、片務契約にも解除の規定があることを前提として起草され、判例も、一般論として片務契約にも解除の適用を認める（大判昭8・4・8民集12巻561頁——消費寄託（預金）契約につき541条の解除の適用がないという主張を否定したもの）。しかし、解除の機能は解除した者をして既履行の給付を取り戻し、かつ自己の債務を免れさせることにあるから、債務を負わない片務契約に解除を認める必要はない、という理由によって、学説には判例に反対するものが有力である（星野Ⅳ 70頁。比較法的には、双務契約に限る立法例が多い）。この問題は、解除という語の用法如何にかかっている。すなわち、片務契約の債務不履行（たとえば、贈与義務の不履行）に対して「解除」の意思表示がなされたというとき、その場合の「解除」とは、たとえば、履行請求権を放棄して損害賠償の請求だけ（もし受贈者に損害が生じているならば、このような請求をすることも考えられないではない）をする趣旨であるか否かという解釈の対象となる意思表示を指示するにとどまる（受贈者は債務を負っているわけではないから。この例は広中322頁に負う）。解除の語をここまで一般化して、解除がその本来の機能を発揮する場合以外に拡張するのは疑問だと言うべきであり、解除の適用を双務契約に限って認める有力説を支持すべきであろう。

〔293〕　　　（ii）　継続的契約についても解除の規定は適用されるであろうか。継続的契約の語は多義的であるが（→〔75〕）、賃貸借・雇用・委任・組合については解除の効果に関する規定（545条）が適用されないことは、明文

で示されている。したがって、この問題は、継続的契約の要件に541条が適用されるか、という形に定式化され、具体的には、とくに賃貸借に対して同条の適用があるか、という問題として、議論される。判例・通説は、これを否定しているが、詳細は賃貸借の箇所に譲る（『債権各論Ⅰ下』）。

〔294〕　　　(iii)　地上権・抵当権のような物権の設定契約についても、履行の観念を入れる余地があるかぎり（したがって、更改や合意による債務免除・相殺にはこの余地がない）、解除の適用があると解するのが通説である（我妻・上〔208〕、大判大9・5・8民録26輯636頁は、永小作権について541条による解除を認めたが、用法違反および賃貸借の規定の準用を根拠にしたもの）。

〔295〕　(b)　「当事者の一方がその債務を履行しない」（541条）こと。

　(i)　前述のように、判例・通説は、「履行しない」とは履行遅滞のみを意味すると解し、かつそれは損害賠償の効果としての履行遅滞と同義だと解する（→〔286〕）。しかし、「履行しない」とは、債務不履行一般を意味し、かつそれは解除の効果に即して構成されるべきであって、損害賠償の要件から分化させられるべきである（→〔284〕）。そうだとすると、この要件は次のように解すべきこととなる。

　　①　履行が可能であること。履行不能の場合は543条が適用される。したがって、通説にいわゆる不完全履行の類型も、追完が可能であるか否かを問わず、「履行しない」ことになる（541条の適用対象に含まれる）。追完の有無は、次述のように、債務の性質において顧慮される。

　　②　「履行しない」とは、「契約の趣旨に適合した債務が履行されない（厳密には履行の提供がされない）」結果、「契約をした目的を達することができない」こと（この趣旨の条文がないわけではない。542条、とくに「契約をした目的を達することができないとき」（566条1項）を参照）」を意味すると解すべきである。契約を締結するのは、当事者がそれによってなんらかの（多くは経済的利益を得るための）目的を達成しようとするためであるから、契約の目的が達成されれば解除までも認める必要がない（損害があれば契約の目的が達せられない場合でもその賠償は認められるべき場合があるであろう——566条1項参照）からである。したがって、単に契約の趣旨に適合

した債務が履行されないことだけでは足らず、それに加えて契約の目的を達成できないという要件を付加すべきである。従来の判例・学説はこの要件については多くを語らない。しかし、ⓐ「[契約の]主たる目的の達成に必須的でない付随的義務の履行を怠ったに過ぎないような場合には、特段の事情のない限り」解除できない、という判例理論が固まりつつあることに加えて（最判昭36・11・21民集15巻10号2507頁——固定資産税の負担義務を怠っても解除できないと判示。最判昭51・12・20民集30巻11号1064頁——農地の売買で農地法上の許可申請協力義務の不履行を理由とする解除を認めない。ただし、代金完済の場合)、ⓑ「契約締結の目的に必要不可欠なものではないが」、「目的の達成に重大な影響を与える」約款の不履行について解除原因と判示するもの（最判昭43・2・23民集22巻2号281頁）をあわせて考慮すれば、「契約の目的」によって解除の可否を決するという基準が存在することも事実である（さらに、一部の不履行で契約全部を解除できるか否かという問題に関しても、既履行部分が「契約の目的を達成」するか否かによって判断するものがある——大判大14・2・19民集4巻64頁）。ⓒ従来の学説も、不完全履行による解除の要件について、541条が適用されるのは、追完を許す場合であり、それは「追完すれば契約の目的を達し得るもの」（我妻・上〔258〕）である、と述べるのが一般であり、ⓓしかも、後述するように、行為債務の不履行においては、この要件の存在はこれを認めざるをえないと考えるべきだからである（→〔297〕）。これまで判例で扱われてきたのは、もっぱら引渡債務の不履行であり、したがって引渡債務を念頭においてきた判例・学説は、この要件の所在を認識できなかったのではないか、と推測される。以上のⓐ～ⓓを根拠として、「契約の目的を達成できない」という要件は、解除の要件である「債務を履行しない」という要件を構成すると解すべきものであると思われる。そうだとすると、要件を成すところの、契約の趣旨に適合しているか否か、および、契約の目的を達するか否かは、いずれも契約の解釈によって決せられるので、その意味は一義的には定まらないことになる。しかし、債務の性質を手掛かりとして一応の基準を示せば、以下のとおりである。

〔296〕　　　③　履行すべき債務が純然たる引渡債務、すなわち、契約の趣旨

に適合した物（たとえば、契約どおりの品質を備えた代替品や合意した設計図どおりに建てられ、欠陥のない建物）を履行期に引き渡す債務であるときは、履行期において目的物の引渡（その提供）がなければ契約の目的を達することができないと考えるべきであるから、引渡のないことが、原則として直ちに「履行しない」ことという要件に該当する。履行期は412条によって定まる（平井・総論〔56〕参照）。これまで「履行遅滞による解除権発生の要件」という名の下に説かれていた内容は、この場合にほぼそのままあてはまる（後述〔300〕の要件を参照）。

〔297〕　　　④　当事者が契約の趣旨に適合した行為をする債務（行為債務）を負っているとき（引渡債務とともにこれを負う場合も多いであろう。たとえば、契約どおりの品質を備えない物が引き渡されたため、その取換えや修補をした上で引き渡すべきとき）、行為債務が履行されなかったか否か（契約上の債務が履行されなかったか否か）を一般的に述べるのは、困難である（行為債務における履行の提供とは何か、という問題も明確でないことについては、平井・総論〔144〕）。というのは、いかなる行為債務を負っていると解すべきかは、契約の目的が何かに帰着し、それを明らかにするのは契約の解釈によらざるをえないから、その不履行があったか否かも契約の解釈に依拠することになり、これを一義的に明確化することはできず、まして、行為債務の不履行があった場合でも契約の目的を達することができるか否かを判断するには、いずれも契約の解釈で決せられるから、問題は一層複雑化する。こうして、行為債務の不履行の要件は、解除の要件として従来説かれていたところよりも甚だしく不明確となるわけであるが、判決例の蓄積のない現在では、その要件を一般的に明らかにすることは、引渡債務におけるよりもはるかに困難である。以下に、下級審判決を素材として若干の基準を挙げるにとどめる（渡辺・前掲論文は、最近下級審に現れることの多い預託金会員制ゴルフ場の入会契約を素材としてこのことを明らかにした示唆に富むものであり、以下の叙述はこれに負う）。

　　　　　⑦　行為債務においては、債務不履行（履行不能以外のもの）と履行不能との区別が、引渡債務におけるほど明確でない。たとえば、一定の時間的範囲内に行為すべき債務（契約後、工事に着手すべき義務・訓練

や教育を行う義務がその例)は、その時期を過ぎれば直ちに履行不能となるのか(履行遅滞・不能の2類型しか持たなかった改正前のドイツ民法では作為・不作為義務の不履行は後者となる。この類型の別を廃した現行民法ではこの問題は生じない)、それとも、行為が可能である以上なお「相当」期間(相当か否かは裁判所の裁量によって決するほかない)内では債務不履行(伝統的要件論では履行遅滞または不完全履行)にとどまるのかは、明らかでない。履行不能による解除には催告を要しないから(→〔300〕)、履行不能であれば催告を欠く解除でも有効であるが、そうでなければ無効となり、要件および効果の差異は大きいが、要件の解釈をめぐっては、このように不明確な問題が生じる。したがって、履行不能であるか否かが疑わしい場合には、履行遅滞か履行不能かに拘泥せず、すべて催告を要しない種類の債務不履行であると判断し(不履行一般につき解除を認める日本民法では、そのような解釈は可能である。催告の要件が重要な意味を失っていることについては〔305〕)、かつ不履行か否かを契約の解釈(諸般の事情を考慮して裁判所が判断するしかない)によって決する、と考えるべきである。

〔298〕　　㋑　行為債務においては、履行期の定めは引渡債務におけるほど法律的意義を持たない。行為債務によっては、何をもって履行の提供と解するかが明らかでない上に、履行期そのものが明確でなく、「相当期間」経過後に到来すると解さざるをえない場合が存する(上記㋐の例参照)。履行期が明らかであっても、また解釈によってそれを明らかにしても、その時点における行為債務不履行の有無のみを判断して解除を認めるわけにはいかない。とくに不作為債務の不履行の場合には、不作為の状態は履行期以後も変化しないので、どうしても、履行期後にも債務者がどのように行為したかを考慮して、行為債務違反の有無を判断せざるをえないことになるからである。

〔299〕　　㋒　行為債務においては、後述する(→〔307〕)「責めに帰すべき事由」の要件は、引渡債務におけるのと異なり、独立の要件としての意味は乏しい。行為債務における債務とはいかなるものかは、契約の解釈によって決するほかないが、それは同時に行為債務の不履行を判断することであり、それはまた、「責めに帰すべき事由」の存在を肯定する

ことでもあるからである。つまり、行為債務については、債務の存在、内容・その不履行・「責めに帰すべき事由」の存否はいわば一体として判断されるのである（この点については、平井・総論〔69〕参照。行為債務の解除に関する判決例は乏しく、例示することはできない）。

　以上述べたことに鑑みると、541条の解除の要件が典型的にあてはまるのは（あるいは、同条の要件が念頭においているのは）、1回的な売買契約（一時的契約）から生じる引渡債務のみであると言うべきであろう（来栖・各論194頁参照）。

〔300〕　　(c)　原則として、「相当の期間を定めてその履行を催告」すること（541条。ただし、債務の性質により、または履行不能においては、催告を要件としない──542条・543条）。

　　(i)　催告とは、債権者が債務者に対して履行を促す旨の意思を通知することである。方式はなんら要求されていないから、このような趣旨の意思が通知されれば足りる。これを要件とした本来の趣旨は、旧民法の「恩恵上ノ期限」を引き継いだためであるが（→〔283〕）、起草者の1人によれば、その立法趣旨は、弁済期に不履行があるからといって「直チニ契約ノ解除ヲ為スハ其者〔不履行をした者〕ニ対シ酷ニ失スルノミナラス当事者カ契約ヲ締結セシ当時ノ意思ニ反スルコト甚シキコト多ケレハナリ」というにある（梅446〜447頁）。当事者は履行を前提として契約を締結したのだから、まず債権者に催告をさせて履行を促すべきだ、という趣旨である。裁判上の解除という旧民法の立法主義を捨てた以上（「恩恵上ノ期限」は裁判所が許与する──旧民法財産篇412条2項）、このような説明にならざるをえないであろう。したがって、履行不能の場合は催告を要しないのは当然であるのみならず、「契約の性質又は当事者の意思表示により、特定の日時又は一定の期間内に履行をしなければ契約をした目的を達することができない場合」（542条。このような場合における当該契約を定期行為と言い、中元用の団扇の売買契約等がこれにあたる）にも催告を要求するのは、「全ク無用ノ手続ニ過キス故ニ此場合ニ於テハ直チニ契約ノ解除ヲ為スコトヲ得ルモノトセリ」（梅448頁）。

〔301〕　　(ii)　本条の定める催告の要件に関しては、多くの判決が蓄積されて

いる（ただし、かなり前の時期に属するものが多い）。解除を無効ならしめるには、この要件の存在を否定すればよいため、当事者が争うことが多いからである。判例の準則（学説にも異論がない）を挙げれば、次のとおりである。

①　催告するにあたって要求される「相当の期間」（以下、相当期間と言う）とは、債務者が履行の準備の大略を終わっていることを前提として（履行期がすでに到来しているのだから）起算すべきである（大判大13・7・1民集3巻362頁等多数）。この前提の上で、期間が「相当」であるか否かは、債務者の主観的な事情（旅行中であるとか病気で入院中であるというような事情）ではなく、債務の性質（たとえば、短期間に調達可能な金銭債務であるか否か）等の客観的事情を考慮して、個々の事案に応じ個別的に判断される（判決例では金銭債務の場合が多い）。したがって、一般的に論じるのは困難であるが、概して言えば、金銭債務は、それ以外の債務に比べれば比較的に短期でも相当期間だと解され（金銭は調達が比較的容易であるから）、金銭債務の中では、金額と期間との相関（金額が大であればあるほど、相当期間は長期であることを要する）で判断されることが多い、という傾向にある（古い判例が多いので、詳細は、山中康雄『履行遅滞による解除』小野清一郎ほか編『総合判例研究叢書〔第2〕(10)』〔1958・有斐閣〕に譲る）。

[302]　②　期間を定めなくとも、または定めた期間が「相当」でなくとも、催告は無効になるのではなく、客観的に見て相当期間が経過すれば有効となり、したがって、解除権は発生する（大判昭2・2・2民集6巻133頁、同昭9・10・31新聞3771号11頁等）。

[303]　③　催告が効力を生じるには、履行期が到来し、かつその時に不履行の状態（履行の提供がない状態）になっていることを要するが、ⓐ期限の定めのない場合には、催告をして相手方を遅滞に付しておかなければならず（412条3項）、また、ⓑ不確定期限または履行期の定めがあっても、双務契約で当事者ともに同時履行の抗弁権を有する場合には、解除の相手方は履行期が到来しても不履行の状態になっているわけではないから、解除しようとする者は履行を提供して遅滞に陥らせておかなければならないが、両者ともに履行期を過ぎた場合には一方が履行の催告

をしないと遅滞は生じない。したがって、上記ⓐおよびⓑのいずれの場合にも、まず催告をして不履行の状態に陥らせておき、その後に、改めて相当期間を定めた催告をしてはじめて、解除できることになるはずである。しかし、これらの場合であっても、催告を2度することを要しない、というのが、判例の準則である。つまり、相当期間を定めた催告をしてその期間内に履行の提供（判例に現れた事案は、すべて引渡債務に関する履行の提供である）をすれば（判例は明らかでないが、論理的にはこの期間の解釈についても、②に述べたことがあてはまる）、相手方は不履行の状態に陥ったことになるから、改めて催告をしなくとも、解除できる（大判大6・6・27民録23輯1153頁、同大13・5・27民集3巻240頁等）。

〔304〕　　　④　催告として扱われるには、債務の履行を促す趣旨であり、かつ履行すべき債務を特定していると解されれば、それで足りる。「不履行の場合には解除する」という趣旨を示す必要はない（解除か損害賠償かの択一しか認めなかったドイツ民法（旧326条）が、これを厳格に要求するのと異なる。現323条も参照）。方式を問わないことはもちろんである。問題となるのは、代替物の引渡債務（数量または金額で示される債務）において、催告に示された量と実際に負う債務の量とが食い違っていた場合（前者の額が後者の額よりも少ない場合を過小催告、多い場合を過大催告と言う。後者についての判決例が多い）である。判例・通説は、原則として催告に示された量について催告の効果が生じると解している（ただし、数量の差または差額が僅少である場合は、本来の債務につき催告の効力が生じる）。

　　　　　⑤　催告は履行を促す目的でなされるのであるから、履行しない意思が明確である場合（履行をあらかじめ拒絶している場合等）には、催告の必要がないように見える。しかし、判例の一般論は、相当期間を定めた催告はなお必要であると説く（大判大11・11・25民集1巻684頁。ただし、相当期間を定めた催告ではないが、催告自体はなされている事案）。翻意する可能性が残っているというのが、その理由である。しかし、この場合には履行の提供は不要と解されており（平井・総論〔146〕）、かつ②で述べたように、相当期間経過後には催告は効力を生じるのだから、実質的には催告不要というに等しい（我妻・上〔229〕等多数説）。不要という解釈論に踏み

切るべきであろう。

〔305〕　　　(iii)　以上述べたところに鑑みると、(c)の要件（→〔300〕。とくに「相当期間」の要件）は必ずしも重要ではない。催告の内容は厳格である必要がなく（④参照）、期間を定めなくとも、期間が相当でなくとも、相当期間経過後に催告は有効であって（②参照）、1度催告さえしておけば（同時履行の抗弁権が存在する場合には、これに加えて履行の提供さえしておけば）、足りるからである（③参照）。しかも、以上は、引渡債務について典型的にあてはまるに過ぎず（→〔300〕）、行為債務についてそのとおり適用されるかは疑問である（→〔297〕）。そして、実際の紛争では、履行を促す趣旨の意思が表明されていることが多いであろうから、訴訟上の争いになれば、裁判所は(c)の要件の欠けていることのみを理由に解除を無効とせず、解除原因の存否に関する実体法的要件（とくに重要なのは前記(b)の要件——〔295〕）に立ち入って審理することができる。民法の解釈としては、解除の手続的要件である(c)の要件（→〔300〕）よりも、実体的要件の存否によって解除の効力を決するほうが望ましいと考えるべきであり（判例の準則の背後にも、そのような価値判断があるのではないかとも推測される）、したがって、(c)の要件の比重を小さくするような解釈論にくみするべきである。そうだとすると、解除原因の存否の判断は、あたかもフランス民法におけるように（そこでは解除するには訴えによらねばならないから、解除の可否の決定は裁判所に委ねられる）、かなり大幅に裁判所の裁量に委ねられることになる。したがって、旧民法の立法主義を捨てドイツ民法的な立法主義を採ったにもかかわらず（→〔282〕）、フランス民法への回帰とも解される現象が生じていることとなる。

〔306〕　　　(d)　上記(c)の要件が要求される場合において、(c)における「相当期間」内に履行されなかった（履行の提供がなかった）こと。この要件は、催告の要件が重要性を失う程度に応じて、その意味を減じるであろう。この場合における不履行にも帰責事由を要し（→〔308〕）、また、相手方が同時履行の抗弁権を有する場合には履行の提供をしてそれを失わせる必要がある（→〔303〕）。

〔307〕　　　(e)　債務不履行につき、債務者に「責めに帰すべき事由（以下、帰

責事由と言う）」が存在すること。

　　　　(i)　541条は帰責事由の存在を要件としていないけれども、これを要するというのが、判例の準則であり、通説でもある（我妻・各論上〔214〕等）。その理由は必ずしも明らかではないが、415条におけるのと同様に解するのであろう（平井・総論〔67〕参照）。これに対して543条は、明文上帰責事由を要件としている（415条後段と同様である）。543条が履行不能も「履行しない場合」（541条）の一場合であることを示すためにおかれた注意的な規定であることは前述のとおりであるが（→〔284〕）、履行不能の場合において帰責事由の存在が要件とされたのは、415条におけると同様の趣旨にもとづくからであり、また、理論的にも帰責事由の存在は危険負担との差異を示すために必要であるからである。

〔308〕　　(ii)　相当期間を定めた催告の要件が必要な場合には、帰責事由は、履行期においてのみならず、相当期間経過時にも必要である。つまり、相当期間内に履行しなかったことにも帰責事由が要求される（判決例は存しないが、通説はこう解し、異論がない）。

〔309〕　　(iii)　何が帰責事由にあたるかについては、損害賠償におけるのと異なり、判決例の蓄積は十分でなく、帰納的にこれを明らかにするのは困難であるが、損害賠償の要件におけるのと同じく、債務の性質に応じて考えるべきである（平井・総論〔68〕参照）。そうだとすると、引渡債務においては、履行期に引渡がなければ、それだけで、原則としてこれにあたると解すべきことになる。引渡債務においては、引渡自体が契約の目的であることが多いであろうから、それは同時に解除の重要な要件（→〔296〕）を満たすことにもなる。これに対し、行為債務においては、行為債務とは何か自体が、当該契約の解釈に依存するから、その解釈によって債務者の負うべき行為債務が特定されれば、同時にその不履行が判断されることになり、それと表裏一体となって、帰責事由の存在も肯定されることになる（→〔299〕）。そしてそれが解除の要件たりうるかどうかも契約の解釈に依存する。このように見てくると、帰責事由は、独立の要件として意味を有するかは疑問であり、債務の性質論の中に吸収され、かつ「契約の目的」の解釈に組み入れられるべきものと考えられる。

(iv)　履行不能は、引渡債務において主として問題となる概念であり（判決例に現れたものは多くないが、引渡の目的物の二重譲渡に関するものが大部分である）、したがって、履行不能は引渡債務の不能を常に引き起こすから、上記(iii)に述べたように、引渡債務においては、原則として履行不能があればそれだけで常に帰責事由があるということになるであろう。

〔310〕　　　(v)　上述のように考えるならば、帰責事由の要件は、債務の性質によって異なり、そして債務の性質は契約の解釈によって定まり、それは契約の目的の解釈（→〔299〕）に帰着することとなる。その結果、この要件は独立の存在理由を失って、契約の目的を達することができないこと、という要件（→〔297〕）の解釈に帰着する。債務不履行一般について解除権を承認した民法の構造（→〔284〕）からすれば、それは自然の解釈であると考えられる。

〔311〕　　(f)　解除の意思表示が存在すること。
　　　　(i)　解除の意思表示は、催告（それが必要な場合には——〔300〕）して相当期間が経過した後でなければできないわけではない。催告と同時に、つまり相当期間内に履行のないときは当然に解除したものとする趣旨の催告（停止条件付きの催告）も有効であり（判例・通説であって、異論はない）、実際にもそのようにして解除される場合が少なくない。

　　　　(ii)　解除の意思表示であるか否かは一般の意思表示の解釈の問題であるが、必ず「相手方」に対してなされなくてはならない（540条1項）。なぜなら、「相互間ニ成立シタル契約ヲ解除シテ其関係ヲ絶タント欲スルモノナルカ故ニ相手方ニ対シテ其意思表示ヲ為スヘキ」だからである（梅444〜445頁）。したがって、相手方とは、解除をしようとする契約当事者のもう一方の当事者（法定解除においては債務不履行をした当事者）を意味する。

〔312〕　　　(iii)　解除の意思表示は、これを「撤回することができない」（540条2項）。撤回を認めない理由は、一方的意思表示によって権利関係の変動をもたらす解除の撤回を許すならば「相手方ノ権利上ノ位置」を乱すからである（梅445頁。ただし、通説〔我妻・上〔278〕等〕は、相手方の信頼に撤回不許の根拠を求める）。相手方の同意を得て撤回するならば、その合意の

効果として、当事者間においては解除前の権利関係の復活を認めてもよいであろう（梅・前掲箇所は、解除により契約が全く消滅したとの理由でこれを認めないが、合意についての基本原則〔「合意優先の原則」〕からすれば、不当であると思われる。結論としては、我妻・前掲箇所と同旨）。同様の理由で、解除の意思表示に条件を付すことは、原則として認めるべきではないし（ただし、(i)参照）、期限を付しても、遡及効のある解除（→〔315〕）には無意味だから認められないと解されている（通説。506条1項但書参照）。

〔313〕　　(g)　通説（我妻・上〔215〕等）は、以上のほか、「履行しないことが違法であること」、という要件を挙げる。しかし、この要件は、「相手方が同時履行の抗弁権を有しないこと」と同じ意味に用いられており、そうだとすると同時履行の抗弁権の存在する場合に生じる問題としてのみ論じれば足り、ことさらに「違法」の要件を掲げる必要はない（判決例にもこの語は現れない）。通説は、解除の要件を損害賠償の要件と同視した上で、損害賠償における「違法性」と「故意過失」との対比を解除の要件に持ち込んだものであるが、この2つの要件を対比させることは、損害賠償の要件においても意味がないのであるから（平井・総論〔74〕）、まして、解除の要件として挙げる必要はない、と言わなければならない。

〔314〕　　(ウ)　解除の効果

　　　(a)　総説　　(i)　効果に関する考え方　　(イ)に述べた要件が満たされると、ⓐ「各当事者は、その相手方を原状に復させる義務（以下、原状回復義務と言う）」（545条1項本文）を負う。これが、解除の基本的効果である。次に、545条1項但書は、ⓑ「第三者の権利を害することはできない」と定め、同条2項は、ⓒ上記ⓐによって返還すべき金銭には受領の時から利息を付すること、同3項は、ⓓ解除権の行使は損害賠償の請求を妨げないこと、をそれぞれ定める。これらの諸効果およびその相互の関係をどのように説明すべきかについて、古くから学説の対立がある（学説史については北村・前掲論文（→〔282〕）参照）。もっとも、上に述べた規定が示すように、解除の基本的効果は、明文で定められている限りにおいて動かし難いから、解除の効果に関する学説のいずれを採ろうとも、結果において変わりがなく、判例の態度も、いずれの立場によって

も説明できないわけではない。このことを理由に、いずれの学説に拠るべきかを論じることの意味を疑い、重要なのは、具体的問題の妥当な解決を考えることであって、「それをつらぬく説明をすればよい」という考えも表明されている（星野・Ⅳ 94頁）。しかし、将来生ずべき未知の問題に解決を与える手掛かりを提供するためには、解除の効果を理論的にどのように解しておくべきかは、やはり重要だと言わなければならない。以下の叙述は、この前提で展開されている。

〔315〕　　①　学説　　近時に至るまでの学説の状況は、ほぼ次のとおりであった。

　⑦直接効果説と呼ばれるものは、次のように説く。解除によって契約の効果（債権債務のみならず契約によって生じた物権または債権の移転の効果も）は遡及的に消滅する。したがって、未履行の債務は消滅し、既履行の給付については法律上の原因がなくなったのだから（703条参照）、不当利得返還義務が生じる。ⓐの原状回復義務とは、この不当利得返還請求権を意味する。物権または債権の移転の効果も解除によって遡及的に消滅するとなれば解除前に権利を取得した第三者を害する。ⓑはこのような第三者を保護するために規定されたものである（解除後の第三者は対抗問題として保護する）。ⓒは、不当利得返還請求の範囲についての例外（原則は703条・704条）を定めたものである。解除によって債務不履行にもとづく損害賠償請求権も遡及的に消滅しているはずであるが、ⓓは、その例外を定めたものであり、履行利益の賠償請求権（つまり債務不履行による損害賠償請求権）を解除する者に与えたものである。

　④これに対して間接効果説と呼ばれるものは、次のように説く。解除によって未履行の債務については履行拒絶権が、既履行の債務については新たに返還請求権が生じる。ⓐの原状回復義務とはこれを言い、ⓒはその範囲を規定したものである。また、解除によってはじめてこの義務が生じるのだから、解除前の第三者は害されるはずはないので、ⓑは注意的な規定である。解除には遡及効はないのだから、解除と損害賠償請求とは両立する。ⓓはこのことを注意的に規定したものである。

　なお、このほかに、⑰折衷説と呼ばれるものがあり、それによれば、

解除により未履行の債務は消滅し（この点で直接効果説と同じ）、既履行の債務については新たに返還請求権が生じる（この点で間接効果説と同じ。折衷説と呼ばれるのは以上の理由である）ことになる。これまでの通説は、直接効果説である（我妻・上〔295〕等）。

〔316〕　　② 判例　判例の準則も、直接効果説に立つものと解されている（むしろ、我妻・前掲箇所の主張する直接効果説は、学説史的にはそれ以前の直接効果説と異なっており、判例と整合的である必要上生まれたとも考えられる）。すなわち、ⓐ解除の効果が契約上の債務関係を遡及的に消滅させること、およびⓑ原状回復義務は不当利得返還義務であることを、一般論として表明し（大判大6・10・27民録23輯1867頁。ただし、具体的結論は保証人の責任が原状回復義務に及ばないと判示したもので、この結論自体は、現在の判例ではほぼ意味を失っている──平井・総論〔272〕参照。）、ⓒ売買・贈与契約により移転した所有権、債権譲渡により移転した債権は、解除の結果、当然に譲渡されなかった（すなわち、これらの権利は解除前の権利者に依然として帰属している）ことになると判示する（売買につき、大判大6・12・27民録23輯2262頁、贈与につき、大判大8・4・7民録25輯558頁、債権譲渡につき、大判明45・1・25民録18輯25頁〔ただし、債権は復帰するという表現を用い、復帰につき対抗要件を要するとしたもの〕）。さらに判例は、ⓓ545条3項が、「415条ノ原則ニ従ヒ損害賠償ノ請求権」を解除権者に与えたものと解し（大判明40・6・25民録13輯709頁）、解除の遡及効によって「損害賠償ノ原由ナシトスルトキハ……解除権ヲ与ヘタル法意ヲ貫徹スルコト能ハサル」ことになるから、同項の規定が設けられているのだと述べている。ⓔまた、解除前に相殺の自働債権として用いられた債権は解除によって発生しなかったことになるから相殺は無効である旨を判示した判例（大判大9・4・7民録26輯458頁）も、直接効果説に立つと考えられる。以上のⓐ〜ⓔの諸点は、その後も多くの最上級審判決によって踏襲されており（ただし、ⓓについては、これと矛盾する大審院判決〔大判昭8・6・13民集12巻1437頁──545条3項によって認められる損害賠償は信頼利益の賠償であると言う〕があるが、特異なものとして顧みられていない）、これらは判例の準則となっているものと解される（ただし、直接効果説の最も論理的な帰結を示すのは、おそらくⓔのみであろう

が、これは567条の解除に関するものである——星野・Ⅳ 89頁・94頁）。

〔317〕　　　③　学説の現況　　しかし、現在では、直接効果説に対する批判が有力となってきている。批判の要点は、次のとおりである（前掲・北村論文に負う）。

　　　　⑦　解除の効果を遡及的消滅と解する直接効果説は、545条と論理的に整合する解釈を導くことができない。すなわち、遡及的消滅と解するならば、契約上の権利のみならず損害賠償請求権まで消滅することになって、同条3項が損害賠償と解除とが両立すると定めていることを説明できない。また、同説は、原状回復義務の性質を不当利得返還義務だと説いているが（遡及的消滅と解すればこうならざるをえない）、同条2項の定める原状回復義務の範囲は、不当利得における利得返還の範囲に関する原則（703条・704条）と異なっている。したがって、直接効果説は、これらを遡及的消滅の例外として説明せざるをえず、解釈論を根拠づける理論としては、論拠が十分ではない。

　　　　④　判例の準則の説明に際しても、上記と同様のことがあてはまる。すなわち、解除後に同条1項但書の第三者が登場した場合を、判例は対抗問題として処理するが、これは遡及的消滅という論理（これを貫くならば、解除後であっても、第三者は同項但書によって常に保護されるはずである）とは矛盾する。また、保証人の責任が原則として原状回復義務にも及ぶという判例の準則（→〔320〕）は、原状回復義務が解除により不当利得返還義務という別個の債務になるという帰結と矛盾する。

〔318〕　　　④　評価　　直接効果説に対する近時の批判は、適切だと考えるべきである。しかし、だからといって間接効果説または折衷説を採るべきだという結論にはならない。これら学説の対立は物権行為の無因性および解除と損害賠償との択一的存在（ただし、後者については〔330〕参照）というドイツ民法固有の構造を前提として生まれたものであって（→〔290〕）、日本民法では意味を有しないからである。日本民法の解釈としては、起草者の説明に見られる日本民法の構造を前提として（→〔285〕）、出発するほかない。以下の解釈論は、そのような前提に立ち、かつ判例の準則と可能な限り整合的であることを意図して、構築されたものであ

る（発想および結論において、高森・前掲論文（→〔282〕）に負うところ大である）。

〔319〕　　(b)　**基本的効果(1)——原状回復義務の発生**　　(i)　当事者間においては、解除の意思表示によって、その時に、新たに原状回復義務が発生する。契約から生じた権利義務関係が遡及的に消滅するのではない。旧民法の解除条件的構成を捨てた以上は、このように解すべきである（→〔282〕）。したがって、この義務の性質は不当利得返還義務でなく、解除の目的から要請される独自の義務（債務）であると考えなくてはならない（→〔320〕）。上記の解釈は、この２点において、判例の一般論（→〔316〕）とは、理論的には大きな差異を見せるが、実際の帰結はそれほど異なったものではないことは、以下に示すとおりである。

〔320〕　　　　(ii)　原状回復義務が契約解除の効果として規定されている以上、それは契約解除の目的、すなわち、契約締結前の状態へ戻すという目的を達成するための義務であり、その性質は、解除された契約と無関係な不当利得返還義務一般だと解すべきではなく、当該契約上の債務の性質を帯びたものと解すべきである。したがって——

　　　①　解除後の当事者が相互に負う原状回復義務は、解除前の契約が双務契約であるという性質（→〔292〕）を受け継いで、同時履行の関係に立つ。546条は、このことを前提とし、ただ、契約にもとづく債務に関する規定（533条）が解除権の行使によって生じる義務には当然に適用されないために、「特ニ本条ノ規定ヲ設ケ……〔533条の規定を〕準用スヘキコトヲ明示」（『民法修正案理由書』）したものである（ただし、梅456頁は、「結果ノ不公平」を論拠として、533条の適用を認めるようである。不当利得返還義務と解する通説では、このような根拠が必要となる——山中・前掲書（→〔301〕）参照）。

　　　②　契約不履行にもとづく損害賠償債務を保証した保証人の責任は、原状回復義務に及ぶ（最判昭40・6・30民集19巻4号1143頁。契約上の債務と別個の債務であることを理由に特約のない限り及ばないと解した大判大6・10・27民録23輯1867頁を改めたもの——平井・総論〔272〕参照）。

　　　③　契約上の債務が商行為によって生じたものであるときは、原状回復義務も同じ性質を有すると解すべきである（大判大5・7・18民録

22輯1553頁——原状回復義務に年6分の商事利率（現商法514条）の適用を認めたもの。最判昭35・11・1民集14巻13号2781頁——消滅時効期間を5年（商法522条）と解したもの）。

〔321〕　　④　原状回復義務の性質が契約上の債務のそれと同じであると解するならば（上記③）、その消滅時効の起算点も履行期と解すべきことになるはずである（契約上の債務の起算点は、166条1項の原則により履行期である）。したがって、契約上の債務（解除前の本来の債務）が時効消滅すれば、原状回復義務は常に消滅していることになる。しかし、判例理論は、原状回復義務が解除によって新たに発生する義務であることを理由に、解除時を起算点と解し（大判大7・4・13民録24輯669頁——売買契約において、履行期より10年近く経った時に解除し、数年を経て売買代金の返還を請求したもの）、時効期間を債権と同じく10年だと解する（直接に扱ったものは見当たらないようであるが、前掲最判昭35・11・1（→〔320〕）を根拠としてこう解されている）。起算点に関しては、直接効果説に立つ学説もほぼ一致して反対する（我妻・上〔329〕、星野・Ⅳ 94頁も次述の理由で反対する）。その理由は、本来の債務の時効消滅後でも解除して原状回復を請求できるとすれば、本来の債務について時効により消滅させた意味が失われるから、原状回復請求権の時効を本来の債務の時効と独立に観念する必要はない、というにある（このほか、形成権たる解除権は原状回復を請求するための手段的な権利にすぎないから、原状回復請求権は解除権の存続中にのみ主張できると解すべきだという論拠も主張されるが、これは形成権の時効という一般的問題である。総則の講義に譲る）。上記の判例理論は、時効期間を不当に長期化させるものだという実質的根拠によっても、また、上記①～③に述べたところと平仄が合わないという理論的根拠によっても、これを支持できず、学説にくみするべきであろう。したがって、解除権そのものの時効期間を論じる必要がないと考えるべきである。

〔322〕　　(iii)　原状回復義務の範囲については、545条2項が、「金銭を返還するときは、その受領の時から利息を付さなければならない」と規定するが、これは金銭を返還すべき場合に関するものであるから、それ以外の場合については、解釈によって決しなければならない。もっとも、それ

以外の場合のうち、実際上重要なのは、引渡債務が履行され、返還すべき物が現存している場合である。後述のように、解除権を有する者は、解除した上でさらに損害賠償を請求できるので、返還すべき物が滅失または毀損した場合に、それを金銭に評価して返還を求めるよりは、損害賠償請求を選択することが多いと思われるからである。なお、545条2項は、金銭の返還にあたっては元本を返還するだけでは足らず、受領時からの利息（果実）を付して（返還する者が利息をとらずに他に貸与していようとも）はじめて、原状を回復することになると規定しているのであるから、解釈にあたってはこのような考えを基本とする必要がある。

　　① 本来の債務が引渡債務であり、その履行として物（についての所有権）を受領した者（受領者つまり引渡債務の債権者）は、その物が現存する場合には、ⓐその物および受領時からの果実を返還すべきである。このことは、545条2項の趣旨から明らかである（通説）。それに加えて、ⓑ物を使用したら得たであろう利益（現実に得ていなくとも）も返還すべきであるから、それを金銭に評価して返還することになる（最判昭34・9・22民集13巻11号1451頁等。通説も同じ。ただし、この点については、起草者は反対のようである――梅454頁。評価の時点は、解除時だと解するのが通説である――我妻・上〔303〕）。なお、物の返還だけなく元の権利関係を回復させることが必要な場合（不動産登記が受領者に移転している場合等）には、完全な権利関係にすること（登記を抹消したり、債権を復帰させるための通知をする等）も同義務に含まれることは言うまでもない（通説）。

〔323〕　　② 上記①において、物が現存しない場合、すなわち、物が滅失または損傷した場合にはどのように解すべきか。現存しないのであるから、それに相当する金銭（価格）を評価によって定め（評価の時点については学説はわかれているが解除時というのが有力説である――我妻・上〔302〕。判決例は見当たらない）、返還義務を負う者がそれを返還するほかないことは確かであるが、問題は、どのような要件の下に、誰が返還義務を負うか、である。これまでは、滅失または損傷につき物の受領者に帰責事由があるときにのみ返還を認めるべきだと解するのが有力であった（我妻・上〔302〕。帰責事由のない者に責任を負わせるのは不公平だという理由による）。しか

し、近時は、双務契約上の債務であるという性質を根拠として（→〔320〕）、危険負担の法理の類推によって処理すべきだという説が主張されている（好美・前掲論文（→〔282〕）およびそこに掲げられた文献参照）。それによると、受領者の帰責事由によらない滅失または損傷の場合には、債務者主義の類推により、受領者は返還義務を負わないことになる。危険負担の法理が大きな意義を有しなくなった現在（→〔260〕）、それを根拠として返還義務を負わせるべきか否かを決定するのは問題ではあるが、原状回復義務の双務契約的性質を承認し、かつ危険負担についての合意が存在しない以上（→〔320〕）、理論的には、危険負担の法理の類推で処理する方向を基本とすべきであろう。なお、解除権者に帰責事由（ただし、「行為又は過失」である——〔335〕）がなく、受領者に帰責事由のある場合には解除権は失われないから（548条2項）、解除権者は、545条1項を根拠として解除することによって相手方に原状回復義務を負わせ、損害賠償を請求することができる。解除権者に帰責事由（これは548条2項と同じ表現である）のある滅失または損傷（「著るしく」の要件がなく、規定の仕方は異なっている——〔335〕）の場合には、解除権は消滅する（548条1項）。

〔324〕　　　③　解除前の契約により、労務・サービス等の給付がなされていた場合（すなわち、行為債務の場合）には、受領者は、原状回復義務の履行として、それらを金銭に評価して返還しなければならない（評価の時点は、解除時と解すべきことになろうか——〔323〕）。545条1項但書により、第三者が保護される結果、受領した物を返還できなくなる場合も（→〔326〕）、これと同様である。

〔325〕　　　④　契約上の債務が未履行である場合には、解除による原状回復という問題が生じない。問題は、解除によって未履行の債務をどのように扱うべきか、である。考えられるのは、債務が存続し、履行を拒絶する抗弁権が生じると解するか（いわゆる間接効果説の立場がそうである）、それともすべて消滅すると解するか（いわゆる直接効果説の立場がそうである）、であるが、結論的には後者の解釈が権利義務関係を簡明に処理できるので、適切だと解すべきである。この解釈は、いわゆる直接効果説と同一であり、解除による原状回復義務の発生という解釈（この限りでは間接効

果説と類似する）と首尾一貫しないという批判もありえようが、日本民法の解釈としては、直接効果説対間接効果説という図式に拘泥する必要はなく、回復すべき「原状」が存在しないという理由によって未履行債務はすべて消滅すると解すべきである。

　以上のような解釈に従うならば、既履行の債務については解除により原状回復義務が生じ、未履行の債務は（行為債務を含めて）解除によりすべて消滅する、という帰結になる。

〔326〕　　(c)　基本的効果に関連する効果——原状回復義務と第三者
　　(i)　545条1項但書は、「第三者の権利を害することはできない」と定める。この立法趣旨は、前述のとおり（→〔285〕）、取引の安全のために、解除の効果は遡及しないという前提、つまり、解除条件的な法律構成を捨てた前提にもとづく注意的な規定である（いわゆる直接効果説は、同項が第三者保護のために特に規定されたものと説明する）。この規定が存しなくとも、第三者への処分行為（典型的には、解除前の契約により取得した所有権が第三者に譲渡される場合）には、解除の効力は及ばず、第三者の地位は影響を受けない。この帰結は、意思表示のみで物権変動の効果が生じ、物権行為の無因性を認めない日本民法の基本原則と相反するように見えるかもしれないが、前述のように（→〔285〕）、解除についての起草者の意思は明確であり、したがって、解除については取引安全のために上記の基本原則の例外を認めたのだと解するほかないであろう。

〔327〕　　(ii)　545条1項但書にいわゆる「第三者」とは、解除されるべき契約によって給付された物の譲受人・その物につき差押または仮差押命令を得た者・その物の賃借人などである（判決例は乏しい）。契約上の債権の譲受人は、同項にいわゆる第三者ではない（判例の準則）。解除されるべき契約を基礎として生じた債権の譲受人も第三者に含まれると解し、かつ1項但書により、解除の効果がそれに及ばないとすれば、当該契約について解除する意味がなく、解除権を認めた意味も失われるからである（大判明42・5・14民録15輯490頁）。

〔328〕　　(iii)　上記但書における「第三者」は、(ii)に例示したような利害関係を有するに至った者であるが、その利害関係の程度を判定するために

はなんらかの要件が必要であるか。具体的には、第三者に給付されたのが物の引渡である場合に、第三者たりうるには、当該第三者が上記目的物につき登記または引渡（とくに前者）を取得していることを要するか、という形で問題になる。理論的には、この場合は対抗問題ではないから、対抗要件を要求する必然性は存せず、第三者であるか否かは個別的に判断すれば足りるとも言いうる。しかし、判例の準則および通説は、第三者が対抗要件を備えることを要求している（大判大10・5・17民録27輯929頁〔ただし、目的物が動産で引渡がなされていない場合〕。最判昭33・6・14民集12巻9号1449頁〔登記が問題になった場合であるが、合意解除の事案〕）。とくに重要な不動産に関しては、現在の不動産取引において、登記の所在がすべての法律問題の解決（対抗問題だけでなく）の基準として決定的に重要であることに鑑みると、いわば「利害関係の大きさの程度」を判定する基準として登記を要求することは（登記があれば、「それだけで同項の第三者となりうるほどに利害関係が大だと判断すべきである」という裁判規範を認めることである）、承認されるべきだと思われる（これを推及すれば、動産については、第三者が引渡を受けていることを要求することになるが、重要性は不動産の比ではないからか、あまり論じられていない）。したがって、判例・通説を支持すべきである。

〔329〕　　(iv)　上記但書における「第三者」が上述のような利害関係を有すると判断すべき時期は、解除前に限られるか、それとも解除後であってもよいか。解除におよそ「物権上ノ効果カ生スルコト」を認めないという立法趣旨にかんがみると（→〔285〕）、解除の前後を問わず、常に第三者の権利は害されないという帰結を認めるべきであり、この解釈で一貫すべきである。しかし、解除後に利害関係を持った第三者と解除権者との関係は対抗問題であり、したがって、対抗要件を備えた時の先後によって権利の優劣を判定すべきである、というのが、判例の準則と考えるべきであり（大判昭14・7・7民集18巻748頁〔不動産の場合。動産の場合を含め同旨の判決は他にも多い〕）、通説も、結論的にはほぼ一致して、これに賛成する（我妻・上〔310〕）。すなわちたとえば、解除前の売買契約により不動産所有権が買主に移転した後に解除され、その後に買主が第三者に転売

した場合には、解除によって買主の負う原状回復義務（その内容をなす所有権を売主に返還する義務）と転売契約によって生じた第三者への所有権移転義務とを、あたかも二重譲渡において買主の負う相矛盾する２つの所有権移転義務であるかのように扱い、登記の先後によって所有権の所在を決すると考えるのである。しかし、通説であり判例の準則とも解されている直接効果説に立ちつつ、解除後の第三者にかぎって対抗問題として扱うのは、批判説の主張するように（→〔317〕）論理的に矛盾しており、前記の立法趣旨どおり（→〔285〕）、解除の前後を問わず取引の安全のために第三者は保護されると考えるべきである。したがって、解除後に登場した第三者は権利を取得できるのは当然である。ただし、その利害関係の大きさを示す標識として不動産取引の場合においては登記を要すると解すべきであることは、解除前の第三者と同様であるから、解除の意思表示がなされた後に、解除された者から不動産所有権を取得した者は、登記を備えない限り第三者とはならない。したがって、登記を備えない間に原状回復義務の履行として登記が解除権者に回復された場合には第三者たる地位は失われるから、結果的には対抗問題として扱うのと同じになる。

　以上の解釈によれば、解除前に利害関係を持った第三者は（不動産取引の場合には登記を有する限り）、解除によって権利を害されることがなく、解除後の第三者も同様であるが、害することのできない第三者という要件を満たすには登記が必要である（動産取引の場合にはこれを類推して引渡）と解すべきことになる。

〔330〕　　　(d)　基本的効果(2)——損害賠償　　(i)　解除と損害賠償との両立
　「解除権の行使は、損害賠償の請求を妨げない」(545条3項)。前述のように（→〔285〕）、この規定は、解除権の行使に加えて損害賠償の請求が可能であることを当然の前提とし、ただ、解除と損害賠償とを両立しえないものとする立法例のあることに鑑み（ドイツ民法草案〔ドイツ民法旧規定325条〕が念頭にあったものと思われるが、2001年の債務法改正によりドイツ民法でも両立する旨が規定された〔現325条〕）、そのような立法例に従わない趣旨で、疑いを避けるためにおかれたものであって、注意的な規定にす

ぎない(いわゆる直接効果説は、この規定を解除の遡及効の例外として説明してきたが、起草過程に照らすとこの説明は意味を有しない)。したがって、損害賠償は債務不履行(「責めに帰すべき事由」)にもとづくことを要する——平井・総論〔67〕参照)一般の効果であって、解除固有の効果ではない(好美・前掲論文(→〔282〕))。そして、解除の要件を〔295〕のように構成するならば、要件においても解除と損害賠償とは分化されるべきことになる。この結果、損害賠償について述べることは、債権総論における債務不履行の箇所(平井・総論〔45〕以下)に譲るほかないが、次の点だけは注意されるべきである。

〔331〕　　(ii) 損害賠償の範囲　　545条3項にいわゆる損害賠償が、一般の債務不履行にもとづくものだとすれば、損害賠償の範囲は、原則どおり、416条によって定まるはずである(この点を明示するのは、星野・Ⅳ 93頁)。ところが、これまでの通説は、同項にいわゆる損害賠償を履行利益の賠償と説明している(我妻・上〔314〕等)。これは、通説の依拠するいわゆる直接効果説への批判を顧慮するからであろう。すなわち、同説を貫徹すれば契約を遡及的に消滅することになって履行利益の賠償はありえず、したがって、同項の定める損害賠償とは信頼利益(消極的契約利益)の賠償だと説く少数説(新版注釈民法(13)735頁〔山下〕参照。この解釈はスイス債務法に倣ったものと考えられる)が存するからである。しかし、履行利益と信頼利益との区別はドイツ法系特有の概念であり(ただし、債務法改正によりその意味は大幅に失われた——〔148〕参照)、ドイツにおけるような法技術的意味(ドイツ民法122条1項等参照)をも有しないから、損害賠償の範囲は履行利益だという解釈は日本民法上意味を持たない。現在の判例理論も(かつては履行利益と信頼利益との区別を前提とした大判昭8・6・13民集12巻1437頁のような判決もあったけれども、判例理論中では孤立したものと評すべきである)、解除した上での損害賠償請求を認めるにあたって債務不履行による損害賠償の一般原則に従っており、この概念を用いているわけではない(たとえば、最判昭28・10・15民集7巻10号1093頁)。したがって、上述したように、損害賠償の範囲は(履行利益の賠償という概念を介在させることなしに)債務不履行の一般原則どおりだと考えるべきである。

〔332〕　(iii)　解除権の不可分性

　　　　① 意義と立法趣旨　　当事者の一方が数人である場合には、解除するには「その全員から又はその全員に対してのみ、すること」を要する（544条1項）。上記の場合において、解除権が当事者の1人につき消滅したときは、他の者についても消滅する（同2項）。つまり、当事者が複数の場合の解除権は、行使も消滅も常に同じ運命に服すると定めたものであって、このような性質を解除権の不可分性と言う。不可分性を定めた規定の立法趣旨は必ずしも明確でない。起草者は、契約の一部の解除を認めると「当事者ノ意思ニ反シ又実際上ニ不便」であると言い（梅451頁。なお、『民法修正案理由書』は、427条の分割債務の原則によって解除権も分割されるのを防止する点にも、本条の存在理由を求めているように見えるが、解除権は債権ではないから、この理由は適切でない。——梅452頁）、通説は、これに加えて法律関係が複雑になることを挙げている（我妻・上〔281〕等）。しかし、立法趣旨が法律関係の複雑さの防止にあるならば、本条が合意によって排除できることを認めるのは（次述②参照）、不当であるように思われる。本条は、ドイツ民法草案をはじめとするドイツ法系に由来するもので（現ドイツ民法356条）、不可分性を要求したのは、意思表示によって解除するというドイツ的立法主義（同民法351条参照）の採用という沿革との関連において理解するほかない（その理解の上での立法趣旨の解釈については、次述②参照）。

〔333〕　　　　② 不可分性の非強行性　　解除権の不可分性は、当事者の特約によりこれを排除できると解されている。起草者もそのように述べており（『民法修正案理由書』）、現在の通説でもあって、異論がない（本条の母体でもあるドイツ民法旧規定356条〔第1草案433条、第2草案305条、現規定351条〕の解釈としても同様）。そうだとすると、不可分性を定めた立法趣旨は、少なくとも日本民法の解釈としては、解除権の個別的行使を認めるならば当事者の意思に反することが多いからだ、という点に求めなければならないことになる（前述①参照）。

〔334〕　　(iv)　民法の定める解除権の特殊な消滅原因　　解除権は、一般の消滅原因（放棄・消滅時効。ただし、判例は、解除権が独立して時効消滅することを

認めるが、学説には反対が強いことについては、〔321〕参照）のほか、次の場合にも消滅する。

　　①　解除権の行使について期間の定めがないときは、相手方は解除権を有する者に対し、相当の期間を定め、その期間内に解除するか否かを確答すべき旨を催告することができ、もし期間内に解除の通知を受けないときは、解除権は消滅する（547条）。解除権の行使は解除権者の意思のみにかかっているので、相手方の地位は、不確定かつ不利益なものとなるために設けられた規定である。期間の定めを要件としているので約定解除の場合のみに適用される規定のように見えるが、法定解除の場合においても、催告期間満了後（催告を要しない履行不能にあっては、履行不能後）には、本条が適用されると解されている（通説）。

〔335〕　　②　解除権を有する者が、ⓐ「自己の行為若しくは過失」によって、契約の目的物（契約の履行として解除権者に引き渡されまたは引き渡されるべき物）を著しく損傷し、もしくは返還することができなくなったとき、または加工もしくは改造によってこれを他の種類の物に変えたときは、解除権は消滅する（548条1項）。本項の立法趣旨は必ずしも明確でない。すなわち、ⓘ元来は、同項に規定するような解除権者の行為があれば、解除権を放棄したものと法律上みなすという趣旨であったように見えるが（『民法修正案理由書』）、起草者の1人は、次のように説き、現在の学説もこれにほぼ同調している。すなわち、ⓘⓘそのような行為があっても理論上はなお解除が可能であり、相手方は損害賠償（または原状回復——我妻・上〔324〕）により保護されるが、それだけでは十分ではないから解除権を消滅させたのだ、というのである（梅460頁）。しかし、ⓘのほうが簡明であって、これに従うべきであろう。なお、「行為若しくは過失」（フランス民法上の le fait ou la faute に倣った語だと言われている。たとえば同法1245条）とは、「故意または過失」の意味だと解するのが現在の通説（我妻・上〔326〕）であるが、権利を取得した目的物を権利者たる解除権者がどのように処理しようと自由であるはずだという趣旨で規定された文言であり（好美・前掲論文（→〔282〕）が指摘する。現に、起草者も通説も、第三者に目的物を譲渡した場合に同項の適用を認める。解除前に目的物を譲渡するのは、

解除権者の「故意または過失」にあたらないのは明らかである——梅・461頁。我妻・上〔326〕）、「行為または〔フォートに含まれる〕故意若しくは過失」、と解すべきであるように思われる（こう解すると、理論的には1項の適用範囲は拡大する。この点に関する判決例は見当たらない）。なお、「著しく」と規定されているので（したがって、「著しく」ない場合には解除でき、損害賠償または原状回復の問題が生じるだけである）、損傷が僅少であるときには本条は適用されない（通説。同旨の古い大審院判決〔大判明45・2・9民録18輯83頁〕がある）。以上に対して、ⓑ「行為または過失」によらずに目的物が滅失または損傷したときは、解除権は消滅しない（548条2項）。本項の規定する場合は危険負担の法理（534条）によって処理されるべきものであるが、1項と同じく解除権者が目的物を返還できない場合であるので、1項が適用されるという疑いを避けるために明文をおいた、というのが、本項の立法趣旨である（『民法修正案理由書』）。

4 組織型契約における権利義務の消滅

〔336〕 (1) **組織型契約の終了原因一般**

組織型契約（その意味については〔78〕）は、その性質上当然に継続的契約であるから（→〔76〕）、組織型契約における権利義務の消滅、つまりその終了は、継続的契約の一般理論に従うことは当然である。すなわち、①組織型契約の終了原因の1つは告知であり、その効果は将来に向かって生じる（→〔75〕）。ただし、継続的契約一般に共通する告知の要件の加重は（「信頼関係の破壊」の要件のごとき）不要と解すべきである。組織型契約においては、告知して他の取引主体と取引しようとしても、契約当該取引の対象たる財は市場から入手できないかまたはきわめて困難であるから、取引相手を発見するのは難しく、告知によって契約を終了させることの意味は、原則として大きくないためである。したがって組織型契約においては、債務者の負う各種の債務について、その実現を確保するための法律的手段（高額の違約金条項等）が定められ、かつ債務不履行の場

合にも、その不履行を治癒して再度履行を続けさせるための様々な工夫（再協議して契約内容を変更した上で契約を続行する等の条項）がこらされているのが通常である。②存続期間が定められ、その期間が満了すれば契約は終了するのも、継続的契約の一般理論によれば当然の帰結である。組織型契約においては、ほとんどすべての場合に存続期間が定められており、かつ期間満了の際の更新または更新拒絶にあたって採るべき手続が詳細に定められているから、そこにおける更新拒絶の要件に該当する事態が生じればそれによって契約は終了することも、「合意優先の原則」からの当然の帰結である。もちろん、論理的には期間が定められていない場合もありうるけれども、入念な交渉により詳細に権利義務関係についての合意を経て成立する組織型契約においては、そのような場合は現実にはほとんどありえないと思われる（きわめてまれであろうが、定められていない場合であれば、告知の要件の解釈に帰着することになる）。

〔337〕　(2)　**告知による終了における組織型契約の特質**

（ア）　組織型契約が告知により終了する場合は少ないと思われるけれども（→〔336〕）、とくにこれに特有な告知原因は次の点にある。すなわち、①組織型契約には「組織原理」を顧慮した各種の権利義務が認められるべきであるが（→〔133〕・〔135〕以下）、一方当事者に基本的な「組織原理」に反する義務違反（とくに「同一性保持義務」違反、「独立的合意」としての秘密保持義務違反・情報提供義務違反等——〔140〕）が存在すれば、このような義務違反の効果について仮に明示の合意または契約書の条項を欠いていても、「組織原理」に由来する規範的解釈によって他方当事者は告知しうると解すべきである。このような義務違反は組織型契約の基礎を揺るがすものだからである。これは、取引の対象たる財の入手を断念することであるから、告知は取引上の重大な決断にもとづいて行われることが多いとは思われるけれども、法律的には原則として常に告知事由に該当すると解すべきである。②組織型契約においては、存続期間が満了し、または更新拒絶の定めがある場合に拒絶の意思表示がなされても、ただちに契約が終了すると解すべきではない。法律論としてこれを表現すれ

ば、「更新拒絶するのに『やむをえない事由』の存在が必要であり、それが存在して初めて更新拒絶が効果を生じる」、または「当該契約は存続期間満了または更新拒絶によってただちに終了せず、なお『相当の期間』存続する」という命題になるであろう（前者の命題が判決例の多くに採用されているが、次述のように理論的には後者のほうが望ましい）。このような解釈を採るべき理由はこうである。すなわち、組織型契約にあっては、契約当事者は、市場からは調達できない財の取引であるがゆえに、当該取引に特に必要となる費用を投下（「取引特殊的投資」）しているのであり（たとえば、共同事業契約における経営ノウハウの提供、これに対する特有の店舗の建設や土地の提供、仕事委託契約における特有の部品製造機械の開発製造、これに対する技術の習練のための教育や資金援助等）、しかも他に市場を求めることが不可能である以上、その投資は当該契約を通じてしか回収できず、したがって少なくともその回収に必要な期間（これが「相当な期間」と表現される期間ということになるであろう）だけは、契約は存続すると解するのが、契約行動の理論モデル（→〔48〕）によれば合理的であると考えられるからである。組織型契約に関する下級審判決の多くは、結論的に（言うまでもなく組織型契約という概念とその特質に注意が払われているわけではないが）これを判示していると解すべきであるが（その例は少なくない。川越・前掲書（→〔135〕）、中田・前掲書（→〔75〕）を参照）、次のごとき理由を述べた下級審の決定（札幌高決昭62・9・30判時1258号76頁）および判決（名古屋地判平2・8・31判時1377号94頁）は注目に値する。すなわち、前者の事案は、農機具メーカーと田植機の独占販売総代理店契約を結んだ者との紛争に関するものであって、契約書中には、契約の有効期間の定めの次に「期間満了の3ヶ月前迄に契約内容の変更又は契約を継続しない旨の申し出のないときは、この契約は同一の条件で更に1年間継続するものとし、その後もこの例による」との条項が存在する。農機具メーカーが自ら販売業を行うために、上記条項にもとづいて更新拒絶の通知をしたのに対し、他方当事者が、これまでも継続的に更新されてきた等、従来の経緯等を根拠として通知は無効だと争い、裁判所は、上記の定めがあるからといって契約が終了すると解するのは相当でないと述べ、詳細に理由を挙げ

て終了を認めなかったものであるが、その判断をする事情の1つとして、「抗告人〔田植機の供給を受けていた者〕は本件田植機のソフト面における研究開発等及びその普及のため多大の資本と労力を投入していること」を挙げているのである。後者は、持ち帰り弁当店のフランチャイズ契約に関するものであって、フランチャイザーが契約条項にもとづき満了期間の180日前にサブフランチャイジーに対して行った更新拒絶の意思表示の効力が争われた事案である。判旨は、更新拒絶には「契約を継続し難いやむをえざる事由」が必要であるとしてフランチャイザーの主張を認めなかったが、この事由が必要である根拠を説くにあたって次のように判示する箇所がある。すなわち、「〔フランチャイズ契約に〕期間の定めのある場合には、その間にフランチャイジーが営業権使用許諾を得るためにフランチャイザーに支払った対価を回収しようとすることは合理的期待として保護されるべきである」。上記判示部分のいずれもが、組織型契約の特質を無意識のうちに明らかにしていると評すべきであり、今後、裁判所がこのような解釈上の根拠を自覚的に採用することが期待される（継続的契約の終了に関する判例については、川越・前掲書（→〔135〕）、中田・前掲書（→〔75〕）を参照せよ。その中には、組織型契約にあたるものが多く含まれている）。

〔338〕　（イ）　組織型契約において、告知によりただちに終了することが認められない理由が取引に投下した対価の回収にあると解するならば、告知しようとする当事者（たとえばフランチャイズ契約におけるフランチャイザー）が告知によりただちに契約を終了させたいならば、他方当事者（フランチャイジー）がその取引に投下した費用相当額を告知の意思表示にあたって提供することを要する、と解すべきことになる（借地契約または借家契約の解約にあたって、地主または家主が立退料を提供してはじめて「正当の事由」が具備されると判示する判例法理を考えよ）。これによってはじめて「契約を継続し難いやむを得ざる事由」が補完され、具備されると解すべきだからである。いかなる額をもって「相当」とするかは、当該取引に必要であった投下費用（「取引特殊的投資」）が基準となると解すべきである。

事項索引

A-Z

- B2B契約 …………………………33, 35, 42, 179
- B2C契約 ……………………………………33
- C2C契約 ……………………………………33
- cic法理 ………………………………128, 129, 134
- CISG………30, 93〜95, 150, 153, 155, 157, 158, 161
- contra原則 …………………………………106, 107
- culpa in contrahendo ……………………………128
- falsa原則 ……………………………86, 89, 92〜94
- HOA …………………………138〜143, 163, 181
- letter of intent ………………………………66, 67, 136
- LOI……136〜138, 140, 142, 143, 147, 166, 167, 181
- LOI（狭義の）………………………………138, 141, 142
- LOI（広義の）……………………………………163
- MOU ………………………138, 139, 141〜143, 163, 181
- PECL……30, 71, 83, 93〜95, 100, 101, 106, 113, 131, 143, 145, 146, 150〜161, 213
- UNI原則 ………30, 71, 83, 84, 93〜95, 100, 106, 113, 131, 143〜147, 150〜161, 213
- WTO ………………………………………30

あ

- アウトソーシング契約 ……………………………116

い

- 遺言 …………………………………………5
- 意思解釈 ……………………………79, 80, 87, 89
- 意思実現による契約 ………………………………126
- ――の成立 ………………………………170
- 意思理論 ……………………………28, 71, 73, 83, 90, 94
- 一時的契約 ………………………………………59, 61
- 委任 …………………………………6, 63, 226
- 違約金 ……………………………………197
- 違約手付 ……………………………………93

う

- 請負 …………………………6, 58, 63, 191, 193
- 受取証書 …………………………………201
- 訴え提起前の和解 …………………………………47

- 訴えの併合 …………………………………12, 13
- 訴えの変更 ……………………………………13
- 売渡承諾書 …………………………………168, 181

え

- 延着の通知 …………………………………154, 159

か

- 解釈規定 ……………………………………103
- 解除 ………………………………60, 67, 178, 197
- 解除権 ……………………………………214
- ――の消滅 ………………………………249
- ――の不可分性 ……………………………249
- ――の留保 ………………………………215, 218
- 解約 ………………………………………59
- 解約手付 ……………………………………93
- 隔地者………………………154〜156, 159, 160, 166, 170
- 確定期限 ……………………………………11
- 確定契約 …………………………………137, 139〜143, 167
- 確定効 ………………………………………55
- 過小催告 ……………………………………233
- 過大催告 ……………………………………233
- 仮契約書 …………………………………168, 181
- 仮登記担保 …………………………………89, 102
- 仮登記担保契約に関する法律 ……………………102
- 慣習 ……………………………………79, 90, 94, 103
- 間接効果説（契約解除における）…223, 238, 240

き

- 危険負担……7, 45, 67, 178, 187, 202〜204, 208, 211
- 寄託 ……………………………………6, 7, 58
- 規範的解釈………………91, 92, 98, 99, 102, 104, 106, 116〜118, 124, 142
- 既判力 ……………………………………12, 13, 22
- 寄附行為 ……………………………………5
- 基本契約 …………………………………62, 150, 165
- 基本合意書 …………………………………170
- 吸収的合意 …………………………………143, 167
- 旧訴訟物理論 ………………………………13, 21

事項索引

強行規定 …………………………………74, 75
強行法規違反 ………………………………49
競争入札 …………………………………148
鏡像理論 ………145〜147, 150, 156〜158, 171, 172
共同事業型契約 …………………119, 120, 123
虚偽表示 …………………………………217

く

組合 ……………………………………6, 58, 226
クレジット契約 …………………………190
グローバリゼーション ………………………30

け

経験則違反 …………………………………90
継続的契約 …………35, 59〜61, 66, 68, 114, 115,
　　　　　　　　213, 218, 219, 226, 227, 254
継続的な取引 ……………………………8, 61
継続的（売買）契約 ……………………165
競売 ………………………………………172
契約 …………………………………………27
　――の成立 …………………………………81
　狭義の ―― ………………………………27
　広義の ―― ………………………………27
契約行動 …………………………………179
　――の理論モデル ………41, 66, 92, 99, 121, 253
契約自由の原則 …………………………69, 79
　――の意義 ………………………………70
　――の制限 ………………………………73
契約準備段階 …………126, 131, 133, 135, 140
契約書 ………………………………………36
　――の解釈 ………………………………99
契約締結上の過失 ……………………127〜130
契約の解釈 ……………38, 39, 66, 75, 78, 86
　――の意義 ………………………………76
　――の基本的要件・効果 …………………84
現実売買 …………………………………147
原状回復義務 ………7, 200, 238〜241, 244, 245
原状回復請求権の時効 …………………242
懸賞広告 ……………………………5, 7, 174, 176
　――における契約説 ……………………174, 176
　――における単独行為説 …………………174, 175
牽連関係 …………………………………187

こ

故意または過失 ……………………………11
合意解除（解除契約）……………215〜217, 219
行為債務 ………6, 8, 62, 63, 195, 203, 209, 211,
　　　　　　212, 225, 228〜230, 234, 235
行為債務型契約 ……………………………62
合意優先の原則 ……50, 72〜75, 78, 79, 83, 89, 93,
　　　　　　　　135, 180, 237, 252
合意理論 …………………147, 151, 152, 158, 167
更改 ……………………………………190, 216, 227
交換 …………………………………………58
交換的正義 ……………105, 106, 108, 110, 133,
　　　　　　　　135, 180, 188, 195
広告 ……………………………………152, 176
交叉申込 ………………………………144, 171
行使効果説（同時履行の抗弁権における）
　…………………………………………198, 199
交渉 ……………………………………163, 182
公序良俗違反 ……………………………49, 75
公正な手続 ………………………………112
拘束力排除条項（letter of intent における）
　………………………………138〜141, 143, 166
合同行為 ……………………………………4, 76
抗弁の接続 ………………………………190
告知 ……………59, 60, 62, 67, 123, 219, 251, 252, 254
互譲 ………………………………………45, 47
コモンロー ………………………………149
雇用 ……………………………6, 58, 191, 193, 226

さ

財 ……………………………………………3, 39
再協議義務 ………………………………213
再協議条項 ……………………………121, 123, 181
債権証書 …………………………………201
再交渉義務 ………………………………123
催告 ……………………………………231〜233
裁判上の和解 ……………………………47, 54
債務者主義 ……………………………63, 205
債務約束 ……………………………………28
詐害行為取消権 …………………………218
錯誤 …………………………………………81
　――と和解 ………………………………51, 53
サブリース ……………………………119, 122, 214

し

仕事委託型契約	120, 135, 136
事実的契約関係	148, 173
事実問題	80, 88, 90
市場	29, 31
市場型継続的契約	115, 118
市場型契約	8, 39, 64〜68, 115, 149, 179, 188
市場原理	118, 120, 122, 123
市場的取引の原則	72〜74, 83, 133, 134, 214
事情変更の原則	121, 213
示談	47, 55
私的自治の原則	70, 72
事務管理	1, 3, 6, 24
釈明権不行使	90
社団設立行為	5
自由心証主義	79, 80
終身定期金	56, 57
修正の解釈	83, 87
重要事項説明	164
受益の意思表示	184
準委任	191
準消費貸借	190
準備行為	127, 131
消極損害	128
上告受理の申立事由	88
使用者責任	11
使用貸借	7, 58
承諾	7, 144, 156, 157, 159, 172
――の期間を定めてした申込	153
消費者（保護）法	31, 190
消費貸借	7, 58
情報開示	119
情報提供義務	122, 128, 132
情報提供義務違反	252
消滅時効	12
条理	38, 41, 103, 104, 106, 108
助言義務	134
書式の戦い	145, 146, 158
信義則	38, 41, 79, 90, 94, 103, 106〜108, 127, 131〜135, 158, 180
新訴訟物理論	13〜15, 17, 22
信頼利益	128, 130, 131, 248

せ

請求異議の訴え	22
請求権競合	8, 9, 17, 20, 21
請求権競合説	13, 14, 16, 19
誠実交渉義務	128〜130, 137, 139〜141, 143, 163, 170
正当価格	105
責任能力	11
説明義務	119, 128, 132〜135
責めに帰すべき事由	11
先履行義務	191, 193〜195

そ

相殺	12, 21, 22, 197, 227
造作買取請求権	201
創設的（和解の効果）	51, 55
総則性	6
相当の期間	234
双務契約	45, 57, 58, 148, 178, 187〜190, 195, 200, 202, 226
――の概念	193
贈与	58
組織	29, 31
組織型契約	8, 39, 61, 64〜68, 99, 114〜118, 120, 125, 136, 148, 149, 163〜166, 169, 179, 180, 213, 251, 253
――における権利義務の消滅	251
組織原理	117, 120, 121, 123, 252
訴訟上の和解	47, 113
訴訟物	12, 13, 21, 23
損害賠償債権	6, 8, 9
損害賠償の範囲	11
存在効果説（同時履行の抗弁権における）	198〜200

た

対価的関係	187, 190, 202
対抗問題	246, 247
対抗要件	246
第三者のためにする契約	7, 126, 183〜186
代物弁済契約	102, 110
代物弁済予約	99
代理店	60

代理店契約 ･････････････････････････････119
対話者 ･･････････154, 155, 157, 159, 166, 170
諾成契約 ･･･････････････････････････45, 58
諾約者 ･････････････････････････････184, 185
建物買取請求権 ････････････････････････201
単一請求権説 ･･････････････････14, 15, 17, 18
単独行為 ･････････････････････････････4, 76

ち

遅延損害金 ････････････････････････････197
遅滞 ･･････････････････････････････････11
中間組織 ･･････････････････32, 65, 117, 120
中間の合意 ････････････････････････････135
直接効果説 ･･････223〜225, 238〜240, 242,
245, 247, 248
賃貸借 ･･･････････････58, 63, 191, 193, 226
沈黙（と承諾） ･･･････････････････････157

つ

追完 ･････････････････････････････････223
通信販売 ･･････････････････････････146, 152

て

提供義務 ･････････････････････････････119
停止条件付双務契約 ･････････････････････209
手付 ･･････････････････････････････216, 219
手続的正義 ････････････････････････････113
典型契約 ･･･････････････40, 56, 57, 180, 182
電信送金契約 ･･･････････････････････････186

と

同一性保持義務 ･････････････････････121, 252
統一的要件主義（不法行為における） ････････9
当事者の契約の目的 ･･････････････････････79
同時履行の抗弁権･･･････････7, 45, 67, 178, 187,
189〜197, 200, 234, 237
到達主義 ･･･････････････155, 160, 161, 163, 170, 171
特定物 ････････････････････････････････207
特約店契約 ･････････････････････････60, 119
独立的合意 ･･････････････････････143, 167, 252
取引慣習 ･･････････････････････････････94
取引特殊的投資 ･････････････････67, 117, 253, 254

な

内心的効果意思 ･･･････････････････77, 81, 84

に

二重起訴の禁止 ･･････････････････････13, 22
入札 ･････････････････････････････････172
任意規定 ･･････････････････････････103, 112
任意法規 ･･･････････････････････････79, 106
認定的（和解の効果） ････････････････････55

は

排他的交渉権 ･･･････････････････138, 143, 163
売買 ･･･････････････････････････････8, 58, 63
莫大損害 ････････････････････････････････105
発信主義 ･･････････････････150, 160〜162, 170, 172
ハードシップ条項 ･･････････････････121, 165, 213
パンデクテン方式 ･･････････････････････････1

ひ

引換え給付判決 ･･････････････････････････198
引渡債務 ･･･････････6, 8, 62, 63, 195, 225, 228, 234, 235
引渡債務型契約 ･･･････････････････････････62
非典型契約 ･･････････････････････････････56
秘密保持義務 ･････････121, 135, 137, 138, 141, 143, 163
秘密保持義務違反 ･･･････････････････････252
表示行為 ･･･････････････････････76, 77, 80〜82, 84
標準契約書 ････････････････････････････････42
費用便益分析 ････････････････････････34, 42, 43

ふ

不安の抗弁権 ･･････････････････････････202
不完全履行 ･･････････････223, 224, 227, 228, 230
物権行為の無因性 ･･････････････････222, 225, 245
不動産の売買契約 ･･････････････････････164, 165
不当利得 ･････････････････････1, 3, 6, 24, 216, 224, 238
不当利得返還義務 ･･････････････････････239, 240
不特定物 ･･････････････････････････････207
不法行為 ･･･････････････････････････････1, 3
付与的（和解の効果） ････････････････････51
フランチャイズ契約 ･･････60, 65, 119, 123, 135, 136

へ

片務契約 ･･･････････････････････57, 58, 176, 221, 226

ほ

方式主義 ·· 57, 72, 79, 82
法条競合説 ··· 13, 14, 19
法定解除 ··· 216, 217, 219, 250
法定解除権 ·· 86, 214
法的評価の再施(新訴訟物理論における)······22
法律行為自由の原則 ·· 70, 72
法律問題 ·· 80, 88
補充規定 ·· 103
補充的解釈 ·· 83, 87, 88, 91
本来的解釈 ········· 83, 91, 92, 102, 103, 112, 116, 142

ま

前払いの特約 ·· 192, 193

み

身分行為 ·· 77
身元保証人 ·· 111

む

無償委任 ·· 58
無償寄託 ·· 58
無償契約 ·· 58
無名契約 ·· 56

も

申込 ······················· 7, 144, 146, 151, 156, 172, 173
　　——と承諾 ··· 66, 86, 144, 145, 147, 150, 156, 166
　　——の誘引 ································ 144, 146, 151, 152, 173
黙示の承諾 ·· 156

や

約定解除 ·· 215, 218, 250
約款 ··································· 31, 36, 42, 75, 158

ゆ

有償委任 ··· 58, 191

事項索引　259

有償契約 ··· 45, 58
優等懸賞広告 ···································· 175, 177
有名契約 ·· 56

よ

要物契約 ·································· 58, 126, 176
要約者 ·· 184, 185
預金債権者 ··· 182
予防法学 ·· 36

り

履行拒絶権 ···································· 188, 189, 194
履行請求権 ··· 148
履行遅滞 ························· 221, 223, 224, 230
履行の提供 ··· 195
履行不能 ········· 63, 202, 206, 208, 221, 223, 224, 227, 231, 236
履行補助者の行為 ·· 11
履行利益 ··· 238, 248
利息付消費貸借契約 ····································· 58
留置権 ··· 189

れ

例文 ·· 56
例文解釈 ···································· 83, 103, 109

ろ

ロックアウト ··· 211

わ

和解 ·· 25, 58
　　——と後遺症 ·· 55
　　——と錯誤 ·· 51, 53
　　——の意義 ·· 44
　　——の沿革 ·· 45, 49
　　——の確定効 ······················ 46, 50〜52, 54
　　——の機能 ·· 44

判　例　索　引

明　治

大判　明39・6・8　民録12-937……………48
大判　明40・6・25　民録13-709……………239
大判　明40・11・1　民録13-1059……………48
大判　明42・5・14　民録15-490……………245
大判　明44・12・11　民録17-772……………196
大判　明45・1・25　民録18-25……………239
大判　明45・2・9　民録18-83……………251
大判　明45・3・23　民録18-284……………16
東京地判　明45・7・3　新聞804-24……………109

大　正

大判　大2・11・20　民録19-983……………89
大判　大3・7・3　民録20-576……………171
大判　大3・11・20　民録20-954……………100
大判　大3・12・23　民録20-1160……………97
大判　大5・5・13　民録22-948……………52
大判　大5・5・22　民録22-1011……………196
大判　大5・7・18　民録22-1553……………241
大判　大6・4・16　民録23-638……………216
大判　大6・6・27　民録23-1153……………233
大判　大6・9・18　民録23-1342……………52
大判　大6・10・5　民録23-153……………48
大判　大6・10・27　民録23-1867……………239,241
大判　大6・12・27　民録23-2262……………239
大判　大7・4・13　民録24-669……………242
大判　大7・10・3　民録24-1852……………53
大判　大8・4・7　民録25-558……………239
大判　大8・9・15　民録25-1633……………216
大判　大8・10・9　民録25-1761……………157
大判　大8・12・5　民録25-2233……………97
大判　大9・4・7　民録26-458……………239
大判　大9・5・8　民録26-636……………227
大判　大10・5・3　民録27-844……………109
大判　大10・5・17　民録27-929……………246
大判　大10・5・18　民録27-939……………89
大判　大10・6・2　民録27-1038……………97
大判　大10・9・26　民録27-1627……………192,194
大判　大10・11・21　民録27-1976……………89

大判　大11・6・22　民集1-343……………218
大判　大11・11・25　民集1-684……………233
大判　大13・5・27　民集3-240……………233
大判　大13・6・6　民集3-265……………191
大判　大13・7・1　民集3-362……………232
大判　大14・2・19　民集4-64……………228
大判　大14・10・29　民集4-522……………190
大判　大14・12・3　民集4-685……………98
大判　大15・2・23　民集5-108……………16
大判　大15・10・21　評論16-民法137……………89

昭和2～19年

大判　昭2・2・2　民集6-133……………232
大判　昭2・2・25　民集6-236……………207
大判　昭2・10・27　新聞2775-14……………52,55
大判　昭3・11・1　評論18-商法18……………50
大判　昭4・12・18　新聞3081-10……………89,111
大判　昭4・12・26　新聞3081-16……………100
大判　昭5・2・13　新聞3153-11……………53
大判　昭5・10・28　民集9-1055……………192
大判　昭7・5・3　法律新聞29-112……………82
大判　昭7・9・30　民集11-1868……………54
大判　昭8・4・8　民集12-561……………226
大判　昭8・4・24　法学2-225……………216
大判　昭8・5・24　民集12-1293……………111
大判　昭8・6・13　民集12-1437……………239,248
大判　昭9・3・7　民集13-278……………217
大判　昭9・5・18　民集13-774……………89
大判　昭9・7・11　新聞3725-15……………48
大判　昭9・9・13　民集13-1675……………111
大判　昭9・10・31　新聞3771-11……………232
大判　昭10・3・12　新聞3819-16……………93
大判　昭10・6・25　民集14-1261……………194
大判　昭11・6・12　判決全集3-7-5……………157
大判　昭11・8・10　民集15-1673……………216
大判　昭12・6・30　判決全集4-13-8……………192
大判　昭14・3・10　民集18-148……………206
大判　昭14・7・7　民集18-748……………246
大判　昭15・7・13　新聞4604-11……………52,54

判例索引　*261*

大判　昭15・11・2　新聞4642-7 ……………103
大判　昭19・6・28　民集23-387 ………… 81,102

昭和23〜40年

最判　昭23・2・10　裁判集1-73 ……………169
最判　昭24・5・31　民集3-6-226 …………208
最判　昭24・10・4　民集3-10-437 ……………93
大阪高判　昭24・11・25　高民2-3-309 …………48
東京地判　昭25・8・10　下民1-8-1243 ………109
大阪高判　昭26・12・22　下民2-12-1494 ………209
東京地判　昭27・10・27　下民3-10-1494 ………111
最判　昭28・1・8　民集7-1-1 ……………216
最判　昭28・5・7　民集7-5-510 ……………53
最判　昭28・6・18　民集7-6-629 …………200
最判　昭28・10・15　民集7-10-1093 …………248
最判　昭31・4・5　民集10-4-330 …………217
名古屋高判　昭31・8・27　下民7-8-2305 ……113
東京地判　昭31・9・10　下民7-9-2439 ………112
東京地判　昭32・3・9　判時111-13 …………119
最判　昭32・7・5　民集11-7-1193 …………107
東京高判　昭32・8・9　東高民時報8-8-184…113
最判　昭32・12・24　民集11-14-2322 …………216
最判　昭33・6・14　民集12-9-1449 …………246
最判　昭33・6・14　民集12-9-1492 …………52,53
最判　昭34・5・14　民集13-5-609 …………196
最判　昭34・9・22　民集13-11-1451 …………243
東京地判　昭34・9・30　判時204-26 …………99
東京高判　昭34・10・14　東高民時報10-10-217…112
東京高判　昭35・3・13 ………………………49
最判　昭35・9・20　民集14-11-2227 …………201
大阪地判　昭36・2・3　下民12-2-218 ………112
最判　昭36・5・26　民集15-5-1336 …………53
最判　昭36・11・21　民集15-10-2507 …………228
最判　昭38・2・12　民集17-1-171 ……………52
最判　昭38・2・21　民集17-1-219 …………217
最判　昭38・4・12　民集17-3-460 …………217
最判　昭38・11・5　民集17-11-1510 …16,19,20
最判　昭38・11・28　民集17-11-1477 …………196
最判　昭40・6・30　民集19-4-1143 …………241

昭和42〜50年

東京高判　昭42・9・18　高民20-4-374 …………96
最判　昭42・11・16　民集21-9-2430
　　　　　　　　　　　　　　…89,102,104,110

最判　昭43・2・23　民集22-2-281 …………228
最判　昭43・3・15　民集22-3-587 ……55,103
大阪地判　昭43・4・26　判タ224-250 …………169
最判　昭43・7・9　判時529-54 ………………52
最判　昭43・12・5　民集22-13-2876 …………186
東京地判　昭44・1・17　判時562-54 …………114
京都地判　昭44・3・27　判タ236-151 …………168
最判　昭44・4・25　民集23-4-882 …………100
最判　昭44・7・10　民集23-8-1450 …………113
最判　昭44・10・17　判時575-71 ………………17
東京地判　昭45・3・3　金法580-29 …………169
大阪高判　昭45・3・27　判時618-43 ……………93
東京地判　昭45・6・22　判時613-65 …………111
名古屋高判　昭46・3・29　判時634-50 …………121
最判　昭46・4・9　民集25-3-264 ……………49
最判　昭46・12・16　民集25-9-1472 …………108
最判　昭47・3・7　判時666-48 ……………217
最判　昭47・9・7　民集26-7-1327 ……200,201
最判　昭47・10・12　民集26-8-1448 …………157
東京高判　昭49・3・20　下民25-1=4-189 ………17
最判　昭49・4・26　民集28-3-527 …………217
最判　昭49・9・2　民集28-6-1152 …………202
最判　昭50・4・25　民集29-4-481 …………211

昭和51〜63年

最判　昭51・3・4　民集30-2-48 ……………197
最判　昭51・7・19　裁判所時報695-1 …………95
最判　昭51・10・1　判時835-63 ………………97
東京高判　昭51・10・27　判タ347-181 …………194
最判　昭51・12・20　民集30-11-1064 …………228
最判　昭52・2・22　民集31-1-79 ……………212
東京高判　昭52・3・31　判時858-69 …………132
名古屋高判　昭52・7・20　下民28-5=8-856 ……216
最判　昭53・9・21　判時907-54 ………191,197
広島地判　昭55・4・21　判時982-140 ……………57
東京高判　昭56・2・26　判時1000-87 …………111
東京地判　昭56・8・25　判時1032-80 …………113
東京地判　昭57・2・17　判時1049-55 ……135,168
東京地判　昭57・2・22　判タ474-144 ……………50
東京高判　昭57・11・10　判時1064-57 …………101
東京地判　昭57・11・29　判時1089-63 …………122
最判　昭58・7・5　判時1089-41 ……………218
東京地判　昭58・9・8　判時1105-70 …………122
東京高判　昭58・9・22　判タ516-115 …………113

東京地判 昭58・12・19 判時1128-64……………135
大阪地判 昭59・3・26 判時1128-92………127,128
東京高判 昭59・8・9 判夕539-335 ……………54
東京地判 昭59・8・27 判夕545-138 ……………57
最判 昭59・9・18 判時1137-51………126,129,130
東京地判 昭59・12・12 判夕548-159……………168
東京地判 昭60・7・16 判時1210-66……………108
奈良地葛城支判 昭60・12・26 判夕599-35 ……168
京都地判 昭61・2・20 金商742-25 ………128,135
東京地判 昭61・4・25 判時1224-34……………169
福岡地判 昭61・5・6 判夕611-69………………54
最判 昭62・7・17 民集41-5-1350 ……………211
札幌高決 昭62・9・30 判時1258-76……………253
大阪高判 昭63・10・4 判夕697-241 ……………52
最判 昭63・12・22 金法1217-34…………………195

平成元～19年

東京地判 平元・2・1 判夕717-155……………168
名古屋地判 平元・2・17 判夕703-204…………186
仙台高決 平元・6・21 判時1329-159 …………101
東京地判 平元・11・6 判時1363-92……………132
東京高判 平2・4・12 無体財産例集22-1-291
　　　　　　………………………………………99
最判 平2・7・5 裁判集民事160-187…………129
名古屋地判 平2・8・31 判時1377-94…………253
大阪地判 平2・11・28 判時1389-105 …………123
京都地判 平3・10・1 判時1413-102 …………132
神戸地判 平4・7・20 判夕805-124……………122
名古屋地判 平4・10・28 金商918-35……………168
東京地判 平4・12・16 判夕832-137……………135
東京地判 平5・11・29 判時1516-92……………132
大阪地判 平5・12・9 判時1507-151 …………132
東京高判 平6・2・1 判時1490-87………127,128
東京地判 平6・6・28 判時1535-101 …………169
東京地判 平6・9・21 判時1538-198 …………132
京都地判 平6・11・14 判時1553-109 …………101
水戸地判 平7・3・14 判夕879-215………103,111
大阪地判 平7・10・25 判時1559-94 ………97,110
最判 平7・11・10 民集49-9-2918 ……………100
大阪高判 平8・1・23 判時1569-62………109,110
最判 平8・9・26 金法1469-49…………………132
最判 平8・10・28 金法1469-49…………………132
名古屋高判 平13・3・29 判時1767-48…………100
最判 平15・6・12 民集57-6-563 ……………182
最判 平15・10・21 民集57-9-1213 ………119,122
最決 平16・8・30 民集58-6-1763 ……………170
最判 平16・11・8 判時1883-52…………………123
東京地判 平18・2・13 判時1928-3 ……………170
最判 平19・2・27 判時1964-45…………………126

著者紹介

平井　宜雄（ひらい　よしお）

1937年生れ。東京大学法学部卒業，
現在，専修大学法科大学院教授，東京大学名誉教授

主　著　『債権総論』（弘文堂，1985，〔第2版〕1994）
　　　　『債権各論II』（弘文堂，1992）
　　　　『損害賠償法の理論』（東京大学出版会，1971）
　　　　『法政策学』（有斐閣，1987，〔第2版〕1995）ほか

債権各論 I 上 — 契約総論　　　　　法律学講座双書

平成20年8月30日　初版1刷発行
平成22年4月15日　同　2刷発行

著　者　平井　宜雄
発行者　鯉渕　友南
発行所　株式会社　弘文堂　　101-0062 東京都千代田区神田駿河台1の7
　　　　　　　　　　　　　　TEL 03(3294)4801　振替 00120-6-53909
　　　　　　　　　　　　　　　　http://www.koubundou.co.jp
装　幀　遠山　八郎
印　刷　港北出版印刷
製　本　井上製本所

© 2008 Yoshio Hirai. Printed in Japan

[JCOPY] <（社）出版者著作権管理機構　委託出版物>

本書の無断複写は著作権法上での例外を除き禁じられています。複写される場合は、
そのつど事前に、（社）出版者著作権管理機構（電話03-3513-6969、FAX 03-3513-6979、
e-mail:info@jcopy.or.jp）の許諾を得てください。

ISBN978-4-335-30242-8